U0368357

内容提要

本书为上海市地方高水平大学建设项目(心理学)研究成果。本书基于教育心理、教师心理、教师教育等多学科背景和国内外相关学术演进,在提出和研究“教师专业活力”的概念基础上,对教师专业活力的理论机理、现状特征、影响机制、作用效应、典型案例、实践路径、研究进路等理论、实证、实践问题进行原创性和探索性的系列研究。全书采取学术著作编排体例,文献引注采取国际通用 APA 格式。本书适合各级各类学校教师、师范生(职前教师)、教育学和心理学研究生、教师教育研究者使用。

图书在版编目(CIP)数据

教师专业活力 : 理论与研究 / 陈宁, 刘伟著.
上海 : 上海交通大学出版社, 2025. 4. -- ISBN 978-7-313-32401-6

Ⅰ. G443

中国国家版本馆 CIP 数据核字第 2025ZS4418 号

教师专业活力:理论与研究

JIAOSHI ZHUANYE HUOLI: LILUN YU YANJIU

著　　者:陈　宁　刘　伟

出版发行:上海交通大学出版社

地　　址:上海市番禺路 951 号

邮政编码:200030

电　　话:021-64071208

印　　制:常熟市文化印刷有限公司

经　　销:全国新华书店

开　　本:710 mm×1000 mm　1/16

印　　张:16.5

字　　数:266 千字

版　　次:2025 年 4 月第 1 版

印　　次:2025 年 4 月第 1 次印刷

书　　号:ISBN 978-7-313-32401-6

定　　价:78.00 元

教师专业活力

理论与研究

Teachers' Professional Vitality

Theory and Research

陈 宁 刘 伟 著

前　言

教师专业活力，是学校发展活力、教育事业活力的基础和源泉。对教师专业活力的深入探究，既源于教育事业改革和发展的宏观政策所指，又是拓展教师专业发展研究、推进教育心理等学科发展的理论需要，亦是教师发展和教师教育实践的现实诉求。本书基于教师心理、教师教育等多学科背景和国内外学术演进，对教师专业活力的内涵结构、发展理论、现状特征、影响机制、作用效应、典型案例、实践路径、研究进路等理论、实证、实践问题进行原创性和探索性的系列研究。书稿共九章，整体上构成"问题提出——理论建构——理论实证——理论拓展"基本内容框架。

第一章为本书的选题依据，通过对国内外教师专业发展相关政策、研究和实践问题的概要梳理，论述本书的选题缘由，继而梳理本书的整体构思，并阐明研究的理论和实践意义。第二章和第三章旨在通过学术史梳理与理论构建，明确教师专业活力的概念内涵、心理结构、影响机制及作用机制。第四章至第八章侧重于理论和实证的结合，即通过实证手段检验理论和发展理论，内容涉及教师专业活力工具研制、特征解析、机制探赜、案例采撷、实践指要等。第九章为进一步的理论拓展，首先从师生间、师师间活力感染的角度，提出研究问题和理论构想；其次，提出和界定学校活力的概念，构建教师专业活力和学校活力之间的关系模型；最后，从教师专业活力前置培育视角对职前教师培养进行初步的反思和展望。

通过研究，本书提出了若干理论观点、发现了一些研究结论，主要包括：教师专业活力，是教师在专业实践中表现出的充满身心能量的积极心理与行为状态，以学生发展与教师自身发展为目标导向，具有波动性、适应性、积极性及指向性等属性；教师专业发展理论历经机械发展模型向情境发展模型的演进，以此为基础构建的教师专业活力发展理论，内含生态论、发展资源论和活动论，进一步构建的教师专业活力效能理论，揭示了教师专业活力对个体身心状态、职业状态、学校组织状态的作用机制；《教师专业活力问卷》包含三个一阶因子（积极性、创新性、能量感）和三个二阶因子（教书、育人、服务），具有良好的信效度，是测量教师专业活力水平的有效工具；调查显示，教师专业活力总体上处于中上水平，总水平及各维度在性别、学历、职务、职称、学段、专业类型、工作学校类型上存在不同程度的差异；对新手教师、班主任教师、专家教师、管理层教师等四类具体教师群体细析发现，创新性对教师专业活力的预测具有跨群体稳定性，学段差异具有跨群体的稳定性，新手教师与班主任教师的专业活力更易受各类因素影响；内外部资源作用会随专业活力的维度而发生变化，主动性人格是创造性最显著的预测因子，教师专业活力对师生关系和教师的从教意愿、生活满意度、心理健康和身体健康均具有显著预测作用，对从教意愿的预测作用最大；从实践体系优化、外部资源赋能和内部资源激活等方面并进发力，可促进教师专业活力持续释放；师生、师师之间的活力同样能够教学相长、教教相长，教师专业活力和学校活力相互模塑、互相促进；教师专业活力，固然需要在职期间的内外部资源发挥作用，但职前培养也非常重要，厚积师范生的成长思维和专业活力，促进师范生带着活力走上教师岗位具有源头性作用。

尽管本书提出的“教师专业活力”概念和教师专业活力的可塑观、协同观、积极观、整体观等理念，以及编制的问卷、调查所发现的系列结论、提出的一些实践建议，对教师专业活力的生成发展和效应释放、对教师教育和教师专业发展具有积极的实践意义，也为教师心理、教师教育等学科发展和学术研究提供了新的视角和命题，但受笔者的研究水平局限，这些探索尚是初步的、初浅的，如教师专业发展的国别政策和国内教师研究文献的梳理还不够系统，第八章对实践路径的论述仅运用理论思辨法，尚未进行实证考察等。对于这些不足，我们诚恳期待同行专家、广大教师和读者批评指正！

本书为上海市地方高水平大学建设项目（心理学）、上海高水平地方高校创新团队（教育心理与师生发展）建设的成果。在选题、设计、研究、撰稿和出版过程中，得到了上海师范大学心理学院领导和同事、参与调查和资料搜集的各基础教育学校领导和老师的大力支持，得到了上海交通大学出版社姜艳冰老师、易文娟老师的鼎力相助，同时参考了国内外大量研究文献。除两位作者外，李喜、贺琴、张畅、丁玉婷、孙琳、陈晨、朱静、王雨、唐甜、翟雨佳、李琳瑶、高成孟、赵悦皎、姜刻文、石可、巩芳颖、于睿泽、殷一珈、潘敏婕、罗悦、原静等团队中的青年教师和研究生，积极参与到本书的研究讨论、案例搜集和写作修改过程中，李喜开展了第二、三、四章的初稿撰写和全书校阅工作。在本书付梓之际，谨向所有支持、参与、指导本书的老师和同学们表示衷心的感谢！

目　录

第一章
教师专业活力研究导论

教师是立教立校之本、兴教兴校之源。教育事业能否持续欣欣向荣、充满勃勃生机，学校能否持续欣欣向荣、充满勃勃生机，关键都在于是否拥有一支高素质、专业化、创新型的充满专业活力的教师队伍。教师专业活力，可谓学校发展活力、教育事业活力的基础和源泉！从这一逻辑起点和理念主张出发，本书基于教育心理、教师心理、教师教育等多学科背景和国内外相关学术演进，在提出和研究“教师专业活力”的概念基础上，对教师专业活力的理论机理、现状特征、影响机制、作用效应、典型案例、实践路径、研究进路等理论、实证、实践问题进行原创性和探索性的研究。在具体展开教师专业活力这一新领域研究之前，本章首先对该选题的缘由、内容框架、思路方法和研究意义进行概要论述。

一、选 题 缘 起

对教师专业活力的概念、理论、现状和实践等问题的深入探究，既源于教育事业改革和发展的宏观政策所指，又是拓展教师专业发展研究、推进教育心理等学科发展的理论需要，亦是教师发展和教师教育实践的现实诉求。

（一）政策视域

国际社会和世界各国对教师专业发展日益重视。从各国和国际教育组织对教师专业发展的政策和指导中可以窥得教师专业素质的重要性，以及对教师职业的思考和促进教师发展的努力。明确教师的专业地位、促进教师的专业发展，不仅是相关国际教育组织和各国政府的目标，实际上也是各国教育发展战略的重要举措。

1966年，联合国教科文组织和世界劳工组织发表了《关于教师地位的建议》这份具有划时代意义的报告，它首次提出将教育工作视为一种专业（ILO，1966），并首次对教师专业化做出明确说明，奠定了教育工作的专业化性质，强调了教师专业化发展的必要性。自此教师专业发展逐渐受到各国政府及教育组织的关注，建设一支高素质、专业化的教师队伍成为各国的教育改革重点。

21世纪初，经济合作与发展组织（OECD）展开了系列有关教师专业发展的研究。OECD提出以改善教师的工作条件、提高教师的专业自主权和责任感等方式促进教师发展，从而吸引更多优秀的、以实现自我价值为目标的年轻人加入教师队伍。2018年，OECD针对中小学教师开展了"教师教学国际调查"（TALIS），同样聚焦教师专业发展，强调了关于教师发展的多个主题，着重对教师教学实践、教师自我效能、教师专业实践、教师反馈和发展、工作满意度、学校领导、学校环境等做了系统分析。该组织发布的《有效的教师政策：来自PISA的见解》报告，呈现了国际间教师队伍发展的现状，揭示了各国教师队伍发展存在的主要问题，并对国际教师队伍建设与发展的政策做出了规划。

美国师资培育认证委员会（CAEP）于2011年发布《示范核心教学标准》，2013年又颁布了相应的配套指导手册——《示范核心教学标准与教师学习进阶1.0》，为各学科、年级、级别教师制定了教师专业标准，为教师的终身学习、可持续的专业发展提供了指引、示范和帮助。2022年，CAEP颁布了新版本的《师资培育机构认证标准》，该标准对实践教学具有指导作用，它能够为各阶段教师成长和专业发展提供指引，不仅对教师提出了基本的要求，而且其价值指向在于促进教师成为更优秀的专业工作者。

英国教育部（Department for Education，UK）于2013年修订了教师专业标准，规定了取得教师资质的教师需参加实践的最低标准。为促进教师专业发展，英国教育部发布了一系列卓越教师政策报告，2010年发布学校教育白皮书——《教学的重要性》，规划了教师教育的新蓝图，白皮书再次强调了教师持续性专业发展的重要性，并承诺为各级教师提供支持和服务；2011年发布了《培养下一代卓越教师》，细化了教师专业发展包含的具体内容；2016年进一步发布了《卓越教育无处不在》白皮书，旨在不断促使英国学校教师队伍向专业化发展迈进。

澳大利亚于2015年实行了新一轮的教师教育专业认证改革，明确了各级各类教师的专业标准。其中，教师专业标准针对毕业生教师、熟练教师、卓越教师和教师带头人四个不同阶段教师的专业发展提出了不同专业素质要求（严虹，2023），旨在为促进不同阶段教师的专业发展提供指导。

日本中央教育审议会在2012年重点讨论了将教师作为专门职业所应该具备的知识与技能，引发了学术界关于教师专业化及高度化的探讨。教师教育学会于2014年进行了“探究教师教育之‘高度化’”议题讨论，学者们从不同视角出发对教师专业化发展进行了分析。文部省于2017年发布《公立学校校长和教师标准的制定方针》，强调提升教师必要的资质能力，其中包含了适用于不同学校和岗位的教师成长和发展的内容（李昱辉，2018）。

新加坡教育部于2001年开启了教师专业发展与职业生涯服务计划（Edu-Pac），根据入职教师的特长和优势对其未来发展方向进行规划。2009年，为进一步完善教育体系，新加坡政府决定改进教师专业发展模式，推出专业学习社区，从而推进教师之间的合作共赢并发挥教育领导者的专业引领作用。此后，新加坡教育部于2012年推出全新的教师成长模式，对教师专注专业成长与继续教育提供支持和帮助。2017年，新加坡教育部在Edu-Pac的基础上对入职教师未来发展空间做出了进一步规划，将新入职教师的未来发展方向分为教学、行政以及专家通道。

我国教育部于2002年发布了《教育部关于“十五”期间教师教育改革与发展的意见》，正式提出了教师专业发展的概念，此后为加强教师队伍建设和促进教师专业发展陆续出台了一系列举措。如2018年《中共中央　国务院关于全面深化新时代教师队伍建设改革的意见》提出，“到2035年，教师综合素质、专业化水平和创新能力大幅提升，培养造就数以百万计的骨干教师、卓越教师和专家型教师”（教育部，2018）。2019年，中共中央、国务院印发的《中国教育现代化2035》进一步强调要发挥各类学校的积极性，鼓励积极探索、勇于改革创新，尤其是提出“形成充满活力、富有效率、更加开放、有助于高质量发展的教育体制机制”。2020年9月，教育部联合多部门发布《关于进一步激发中小学办学活力的若干意见》，提出激发广大教师教书育人的积极性和创造性，形成师生才智充分涌流、学校活力竞相迸发的良好局面。

从上述简要的国别政策梳理可见，自20世纪80年代起，教师专业发展逐渐成为各国关注的焦点，也是教育改革的重要内容之一。教师专业发展是教师专业成长或教师内在专业结构不断更新和拓展丰富的过程，也是在教育实践中，教师从新手教师不断学习成长为成熟教师再发展为专家型教师的过程。各国对教师专业化发展提供了政策支持，而这些政策的落地离不开教师专业活力的激发，教师专业活力是落实政策、教育改革、激活教育活力和学校办学活力的基础和重点。

（二）学术空间

教师专业发展是教师个人在职业生涯中专业成长的过程，包含信念的增强、教学技能的提升、教育知识的不断拓展和深入等方面，是一个职业经验和现代化发展不断同化的动态过程，在这个过程中，个体专业素质持续提高、专业经验持续积累(Valentyna et al.，2020)。大量研究者从"知、情、意、行"等方面对教师专业发展进行了研究，"知"主要指教师的专业知识、"情"指专业信念、"意"指专业意识、"行"指专业能力(朱旭东，2011)。从已有研究成果来看，目前学界对教师专业发展已经有了较为全面的认识，从发展目标、发展方式到发展内容以及组织形式都有比较详尽的论述，而且对于内外部的影响因素也有了比较深入的分析。但就教师专业活力研究而言，其尚处于起步阶段。

1. 工作活力研究丰富，但缺乏对教师职业的针对性

随着积极组织行为学(POB)(Luthans，2002)的兴起，活力作为积极情绪研究领域的一种情感状态，受到越来越多国内外研究者的关注，并逐渐应用于各种工作场合。研究显示，工作活力能够提高员工主动性，使员工更加创造性地思考工作中的问题，并使其坚持不懈地付出更多资源，从而能够高质量地完成工作任务(Shirom，2011)。但是对于教师工作活力的研究不足，有研究者认为教师活力提升对学生至关重要，只有师生都具有了活力，整个校园才能洋溢着活力；只有培养出具有活力的学生，未来社会才能更具生机与活力(顾启洲，2019)。也有研究者提出，教师工作活力是指教师在工作环境中，心理上所表现出的持续性的积极情绪状态。具有工作活力的教师，在工作中会激发出更多的体力与热忱，不断思考和进步，充满职业幸福感，表现出高度的创造力(王火炬，2019)。从上述学者对教师工作活力的零散研究中可以看出，教师工作活力相对于其他企业员工的工作活力存在一定的差异，主要在于教师工作环境的特殊性、接触对象的特殊性，以及教师作为专业从业人员所具备的公益属性。总之，一般的工作活力研究不能完全反映教师职业和专业的特殊性，需要开展体现教师专业属性的教师专业活力的研究。

2. 教育活力受到重视，但尚未下沉到具体的教师专业活力

自《国家中长期教育改革和发展规划纲要(2010—2020)》将“形成充满活力的教育体制机制”作为国家层面教育改革的战略目标起，“教育活力”一词逐渐出现在各部门、学校改革文件及学术研究中，其是指教育系统在特定的历史发展过程中自身所具有的自组织、自创生和自我发展与完善的能力(王兆璟，戴莹莹，2017)。而后，教育部等八部门联合颁布《关于进一步激发中小学办学活力的若干意见》，又将“学校活力”进一步引入教育领域，其是指学校组织及其个体迸发出的生命力，是在学校管理、教育教学、德育等方面涌现出的创新与发展的态势(张爽，2017)。但不论是教育活力还是学校活力，均在相对宏观的范畴内把握教育教学中的活力问题，仍尚未下沉到教育系统的最基层实施者——教师，这也在一定程度上使得教育活力或学校活力的提升策略或措施成为无源之水。在此情况下，“教师专业活力”的概念应运而生。教师是勾连教育组织与学生的枢纽，教育活力的激发与释放，归根到底是释放教师这一教育主体的活力。如果说教育活力针对的是宏观的国家教育体制机制的整体活力，学校活力针对的是中观的学校组织内部的办学活力，那么教师专业活力针对的便是微观的教育系统基层实施者——教师所表现的主体活力，教师专业活力因此也成为教育活力的最小单元。但系统的文献分析发现，目前鲜有学者直接针对教师专业活力进行系统研究，多仅在教育活力或学校活力的相关论述中略有提及(李啸瑜，2021；王爽，孟繁华，2022)，且对于教师专业活力的概念内涵、表现与结构等缺乏清晰认知，对教师专业活力的生成因素与实践价值缺乏学理分析。

(三) 实践困境

根据调查，中小学教师的职业倦怠感逐渐增重，通常表现为对于教学工作的热情明显降低、充满疲惫、难以投入自我；将自己只禁锢在教学中，不进一步深入学习，原地踏步，没有自我提高和完善的意愿，自我成长动力低等(Genoud & Waroux, 2021)。由此可见，教师职业倦怠问题较为严重，教师专业发展缺乏内驱力。尽管已有大量促进教师专业发展的政策、措施和实践探索，但教师的持续性专业活力依然未被激活。教育工具的多样性和先进性推动着教育数字化转

型，但快节奏的时代不仅给学生群体带来了巨大压力，也给教师群体的发展带来了重重困难，使其面临着巨大的挑战和压力（Berry，2010）。此外，当前基础教育学校的教师专业发展、专业活力发展还存在着一系列现实问题，一些教师表现出知、情、意、行四个方面的不足，即“发展意识淡薄、本体知识陈旧、专业信念缺失、内生能力弱化”。

1. 发展意识淡薄

教师专业发展意识淡薄，对新兴技术与教育融合的接受度不高，将新技术应用于教育中的态度并不积极。我们在教师叙事研究中发现，部分教师认为已具备的专业知识和能力已经足够应对教学工作，不需要继续提升自我，因此对个人的专业发展没有规划，对教育数字化时代来临所带来的教育变革也缺乏预判意识和内生动力。教育进入智能时代，但部分老师维持陈旧的考核制度，先进的数字技术在课堂上难以得到有效利用。部分教师教学模式也一成不变、毫无技术突破，虽然多媒体技术已经在大部分学校和教室中普遍使用，但利用数字工具优化课堂、创新教学的占据少数。究其原因，一方面可能是教学事务性工作繁多、教学负担较重，导致教师们无法投入更多精力研究教学模式的创新和实践；另一方面可能是学生家长较为看重成绩和录取结果，所以教师们在教学实践中仍采用保守的教学方式。

2. 本体知识陈旧

在教师专业发展中，充足的知识储备是教师所必须具备的。首先，教师需要不断并及时更新学科知识，从而掌握较为全面的知识体系。其次，教师要学习教育教学知识，对于一些新的技术知识的掌握，以及将技术、教学法知识和课程内容知识整合的能力也很重要。最后，教师要不断学习广博的文化知识。虽然目前教师在参加校本教研和自主学习方面情况有所改善，但仍然存在着目标定位不明确、资源缺乏针对性、学习内容与实际工作脱节、知识体系更新缓慢等现实问题，这也对教师专业发展造成了阻碍。

3. 专业信念缺失

在职业态度上，教师理应具有强烈的职业认同感，然而，当下还有部分教师职业认同感不足，只是把从事教师职业当作谋生方式，而缺乏远大的专业理想和坚定的专业信念。在学校教育实践中，教师专业理想与信念的问题也很常见，主要表现为部分教师专业理想不够坚定、专业认同存在偏差、对专业发展认识不足等方面。此外，中小学教师队伍工资待遇普遍不高、教学工作繁多，难以满足关系需求和成长需求，导致生活幸福感大大降低，最后出现教师流失问题（Kelly，2004）。教师的成长需求无法得到满足，这对于教师的专业发展是极其不利的。

4. 内生能力弱化

内生能力指的是个体自我成长、自主发展的内在能力。对于教师个体而言，内生能力指的是在没有外力支持和帮助的情况下，仍然能够积极发挥主观能动性，从而实现自我完善、自主发展的内驱性能力。而目前中小学教师的职业倦怠感日益加剧，教师普遍感到疲惫，自我成长动力低（Genoud & Waroux，2021），表现出内生能力的弱化。总之，发展意识淡薄、本体知识陈旧、专业信念缺失、内生能力弱化等问题表现背后存在的共性问题，是教师专业活力认识不足、促进不力。

二、整 体 构 思

对教师专业活力概念进行诠释并对其核心理论展开研究，既符合理论拓展的需要，也遵循教育实践的规律。我们对教师专业活力这一重要研究问题进行了总体的研究设计。

（一）研究思路

为全面、理性认识教师专业活力的内涵及核心理论问题，本书将基于理论思辨与逻辑推演对以下关键问题进行探索性阐述：教师专业活力概念的提出有何学术理据？教师专业活力这一概念的具体内涵、属性特点与现实表现为何？其心理结构为何又有何种构成关系？教师专业活力概念的提出具有何种意义？教师专业活力的生成机制与作用机制为何？在此基础之上，本书将基于实证数据对以下问题进行论析，并验证上述基于理论推演所预设的观点：如何测量教师专业活力？教师专业活力现状特征表现为何？教师专业活力在具体实践中有何积极效益？实践中又如何提升教师的专业活力？

欲解决上述关键问题，需要对教师专业活力进行规范性论证、功能性剖析、生成性分析，以及对教师专业活力现实状况进行实然描述、对教师专业活力培养路径进行应然阐述。因此，本书将秉持科学、创新而严谨的研究态度，循着“三个相结合”的研究思路对其进行探索：

第一，理论借鉴与理论创新相结合。理论是观察现象、分析问题的工具，是对零散研究结果的意义建构和升华，反映事实的本质与内在逻辑。由于教师专业活力是教师专业发展与工作活力的组合概念，因此本书将选择性地继承上述两个研究领域的理论范式。同时，围绕教师专业活力这一交叉性新概念，可以开展一系列新的理论建构，如教师专业活力的心理结构理论、教师专业活力的生成机制理论及作用机制理论等。总之，教师专业活力这一原创性概念的提出与研究，既是对已有教师研究理论的继承，又是从新的视角为已有理论注入新的内涵，并建构新生理论。

第二，理论构建与实证研究相结合。一个科学严谨的理论不是简单的逻辑推论，它往往源于事实的发现并能够经受住实证检验。能够解释数据、指导实践的理论才具有真正的实践价值，循此才能不断自我修正和完善，保持旺盛的生命力。同时，实践也必须在理论的指导下才可科学进行。也就是说，只有将基于理论的逻辑推演与基于数据的实证研究紧密结合、互为验证，才是全面、科学的研究。因此，理论研究与实证研究的结合互依，是本书必须遵循的研究思路。

第三，定量研究与质性研究相结合。实证研究主要包含质性研究和定量研究以及两种研究的结合。本书将同时采取两种实证研究方法，并通过这些方法实现概念的诠释、理论的建构以及对理论模型的检验。本书采用量化方式对于教师专业活力特征进行较大样本调查，以了解当前教师专业活力现状、积极效益与生成路径，并结合质性研究，挖掘具体教师案例，深入探讨教师专业活力机理。

（二）内容框架

本书在整体上遵循“问题的提出——理论的建构——理论的实证——理论的拓展”的基本研究思路，将全部研究内容划分为九个章节分别进行探析。

1. 问题提出

第一章教师专业活力研究导论，主要通过对国内外教师专业发展相关政策、研究和实践问题的概要梳理，引出选题缘由，继而梳理整体构思，并阐明研究意义与创新所在。

2. 理论构建

通过学术史与理论梳理，明确教师专业活力的基本内涵、心理结构、影响机制及作用机制，这是本书的重点内容之一。具体包括两方面研究：

第二章教师专业活力概念诠释，对教师专业、教师专业发展、活力、工作活力等相关概念进行历时考察，提出“教师专业活力”这一原创性概念，并明确其概念内涵、属性特征与现实表现；并进一步对教师心理相关的心理结构、工作活力结构进行阐述，建构教师专业活力的核心结构及其相互关系；最后，阐明提出教师专业活力这一原创性概念的理论范式意义与教育实践意义。

第三章教师专业活力理论审思，在对教师专业发展相关理论进行系统梳理的基础上，建构教师专业活力的生成发展理论模型（生态论、资源论、实践论），以及教师专业活力的作用机制模型（影响教师个体身心状态的理论模型、影响教师个体职业状态的理论模型、影响教师组织状态的理论模型）。

3. 理论实证

侧重于理论和实证的结合，即在理论研究的基础上，通过实证手段对理论的实践运用效果和理论的进一步发展展开研究，这是本书的又一重点内容。具体包括五个方面：

第四章教师专业活力工具研制，对教师专业发展研究领域问卷、工作活力研究领域问卷进行汇总、分析，研制具有良好信效度的教师专业活力问卷。

第五章教师专业活力特征解析，根据自编问卷，进行较大样本实证调研，分析教师专业活力的现状，对其潜在类别进行探索，对教师专业活力在教师性别、职称、任教学段、学历、任教学科等人口特征变量上的差异进行检验，并进一步对班主任、青年教师、专家型教师、管理层教师四个群体进行具体分析。

第六章教师专业活力机制探赜，对定量调查数据进行深入分析，探究教师专业活力的发展机制与作用机制，采用实证手段验证所建构的机制模型，为教师专业活力的培养提供理论和实证依据。

第七章教师专业活力案例采撷，通过多案例研究、教师案例叙事等方式，从教师内部和外部资源视角解释教师专业活力塑造机理，从而识别促进教师专业活力发展的关键要点，并进一步丰富教师专业活力理论。

第八章教师专业活力实践指要，首先，对教研组制度、名师工作室制度、见习规范化培训、教师轮岗等实践体系进行评述；其次，通过外部资源赋能促进教师专业活力，从组织支持、家庭支持、同事支持和专业共同体、学校专业氛围、激励机制等方面论述实践上如何促进教师专业活力；最后，通过内部资源激活促进教师专业活力，从教师学习、观摩、反思、科研等行为，以及成就体验、教学动机、基本心理需要满足、专业认同等内部资源方面论述教师如何主动作为、促进自身的专业活力。

4. 理论拓展

第九章教师专业活力研究前瞻，分为三部分：第一部分为活力感染初探，从师生间的专业活力和学业活力感染的角度，提出研究问题、理论构想；第二部分为学校活力畅想，从未来研究设想的角度，提出和界定学校活力的概念，对学校活力的研究文献进行综述，提出教师专业活力和学校活力之间的关系模型；第三部分从教师专业活力培育视角对职前教师培养进行初步的反思和展望。

（三）研究方法

上述总体思路和研究内容，体现各研究之间的逻辑关系。各部分内容将总体遵循“问题分析——理论构建——理论实证——理论拓展”的研究思路和技术路线开展研究，并采用多元化研究方法。

首先，以马克思主义理论为指导。马克思强调，一个充满活力的社会是能够变化并且经常处于变化过程的有机体。坚持以马克思主义理论特别是活力理论为指导，确保了教师专业活力研究的根本方向。

其次，遵循系统论方法论。本书对教师专业活力的新探，不但要考察教师专业活力的内涵结构，而且要从发展机制、作用机制、实践路径等方面构建有实证支撑、实践导向的教师专业活力理论，不但要进行基本理论的阐述和构建，而且要开展理论的实证研究。这些研究，无不需要遵循系统论方法论的指导，对所要研究的问题进行多层面、整体性探索。

最后，遵循积极教育理念。从积极心理学视角看，活力本身就是重要的积极心理状态和功能表现，对教师专业活力的研究无疑是从积极视角对教师专业发展的研究。本书的理论建构、实证研究，均体现出教师专业活力的可塑性、可调节性、可发展性，其最终指向仍是在教师教育、学校发展的积极实践中对教师专业活力的有效提升。

在马克思主义理论、系统论方法论以及积极教育研究理念指导下，本书将采取以下具体研究方法：

第一，文献研究法。对包括著作、论文、政策文件等各种类型的文献资料进行广泛搜集。

第二，理论思辨法。对教师专业活力的新探索，涉及一系列基本理论研究，对这些理论的构建，主要采取思辨性方法。即便是本书中的实证研究，也不同于一般的应用性研究，而是以检验理论为目的的实证研究。实证研究中的变量界定、结构建构等，都离不开理论思辨方法。

第三，实证研究法。为检验理论，本书采取了多种实证研究方法。其中最主要的是心理测量学、问卷调查等方法，以检验教师专业活力的现状、特征及其内在机制。其中，问卷调查主要在长三角三省一市以学校为取样单位，涉及幼、小、初、高四个学段的两千余名教师。本书还采取了教师工作室多案例研究和教师叙事研究等质性方法。成功的典型案例蕴含着关于教师专业活力培育的内在逻辑和校本化经验，通过对学校案例、个体案例的深入分析，有助于把握教师专业活力培育的内在逻辑。

三、研 究 价 值

在教育进入高质量发展阶段、教育领域相关改革进入深水区、教育活力备受关注的时代背景下，原创性地提出教师专业活力这一概念、构建教师专业活力的发展理论与作用理论，并深入探究中小幼教师专业活力的现状特征、生成机制与实践路径，具有重要的学术价值、实践价值与政策价值。

（一）学术价值

一是，推进教育心理学、教师心理学、教师教育等学科的发展。教师专业发展是教育心理学等相关学科的重要研究内容，本书从教师专业发展与工作活力的交叉视角原创性地提出了教师专业活力这一概念，不仅是对已有教师研究理论范式的继承，更是对现有教师研究理论范式的创新。围绕这一交叉性新概念，可以开展一系列新的研究，如对教师专业活力的内涵和结构进行本体性研究，对教师专业活力的生成机制及作用机制进行理论建构研究，还可以从教师职业发展阶段论视角对教师专业活力的发展变化进行历时性研究等。这无疑极大拓展了教育心理学等学科的概念和理论体系，并为今后的研究提供了新的学术视角和命题。

二是，厘清了“活力”这一历久弥新的概念的内涵。活力这一概念虽已得到较为丰富的探讨，但已有研究对活力的具体心理结构众说纷纭、莫衷一是。本书首次将基于理论推演的结构探析与基于实证的结构验证相结合，确定了活力是由积极性、创新性与能量感三个核心结构组成，较好地对已有相关研究进行了厘清和发展。

三是，编制教师专业活力测量工具。以往对教育活力、学校活力或教师活力的探讨均是基于理论思辨与逻辑推演的方法，缺少实证研究，这一局限很大程度上是由于缺乏可用于定量测量教师活力相关变量的工具。本书首次编制了符合心理测量学要求的具有较高信效度的《教师专业活力问卷》，为后续的教师活力实证研究提供了可信可靠的测量工具，展现了较好的方法学价值。

四是，建构了教师专业活力的发展机制与作用模型。本书在系统的理论梳理基础上，建构了教师专业活力的发展理论与效能理论，明确了教师专业活力的前置影响因素与后置潜在积极效益，并以实证数据予以验证，可为教师专业活力相关研究结果提供成体系的理论解释，发挥其积极的学术价值。

（二）实践价值

一是，教师专业活力是对教师作为“教学的人”而非“教学工具”的理性回归。长期以来，教师研究过分关注教师的专业能力，强调教学能力对教师职业的重要性，在一定程度上将教师异化为教学工具，而较少关注教师作为“人”的情感心理特性。本书提出的原创性概念“教师专业活力”则基于“以师为本”的路径取向，重视教师作为“人”的存在，不仅关注教师的职业特性，最重要的是关注教师作为“教学中的人”的情感心理特性，强调对其身心活力状态的描述与揭示，将当前盛行的能力取向拉回师本取向的道路，这无疑对改善教师的职业生存状态、身心健康状态、职业倦怠等具有重要的实践指导意义。

二是，为教师专业活力的提升与职业倦怠的缓和提供了理论指向和实践路径。早期对教师活力的培育实践主要基于研究者的教学经验或尝试性探索，本书建构的教师专业活力生成机制模型，揭示了教师专业活力生成与发展的具体路径，可为后续的教师教育提供必要的理论指导。此外，与教师专业活力相对应的职业状态是教师职业倦怠，教师专业活力的培育还可从积极视角缓解教师职业倦怠的难题。

三是，教师专业活力开辟了一条优化教学效果、育人成效的实践道路。从本质上来说,教育最终旨向在于育人,教育改革的目标在于优化育人效果。本书提出的教师专业活力可通过两条路径达成上述目标:第一,从教师视角看,高质量的教师队伍是最基本的教学资源,育人目标的达成依赖教师专业活力的提升与激发。高专业活力的教师在教学中充满能量,在教学实践中有更高的时间与精力投入,不断主动尝试以自身教学经验及专业能力去创新教学模式;第二,从学生视角看,教师积极的活力状态可感染学生的成长状态。根据情绪自我效能理论与情绪感染理论,学生效能感建立、积极学习情绪体验生成的一个重要来源便是教师的积极示范。高专业活力水平的教师以辐射向教学专业实践各个领域的效能感与积极情绪为特征,这种积极状态有利于学生的心理健康及学习情绪,以达到优化育人成效的作用。

(三) 政策价值

一是,促进教育改革。纵观历次教育改革,从其改革过程来看,主要遵循自上而下的程序逻辑,这在一定程度上弱化了教师的改革主体地位,使教师放弃自主性而成为改革亦步亦趋的被动追赶者和机械执行者。自上而下的改革暗含“教师是被定义的对象,其对教育改革不具有自主性”。但实际上,高专业活力的教师在教学实践中并不缺乏自主性,对良好教学效果的追求驱使其不断自发革新教学方法、优化教学模式,借助自身教学经验及教育智慧对具体教育情境中显现出的问题予以创新性解决;且由于这些问题出现于真实的教学实践中,因此相应的解决策略更具有针对性与实际意义。正是在这个意义上,教师专业活力的发挥使其自觉成为改革的主体,从而在具体而微的基层教学实践中生发改革目标、形成改革策略,塑造出自下而上的教育改革格局。

二是,为制定教师专业发展政策提供科学依据。提升专业活力是促进教师专业发展的有效途径,本书基于理论推演与实证验证,探明了教师专业活力的内在核心结构以及生成机制。在后续的教师专业发展政策制定中,有关部门可结合本书的相关结论,寻得提升教师专业活力的有效策略与具体路径,从而有效促进持续释放专业活力的教师涌现和高质量教师队伍的发展。

第二章
教师专业活力概念诠释

概念具有双重作用：既摹写现实，又规范现实；既是对现实对象本质的反映，又作为具体事物的规矩、尺度（冯契，1996）。随着实践和认知的发展，一些原有的概念往往通过逐步递加和累进而生成新的概念。其中，将两个（或多个）概念组合成一个新概念的过程被称为概念组合（conceptual combination），生成的新概念被称为组合概念（combined concept）。组合概念提出的意义在于：超出单纯的概念共现关系，赋予概念新的内涵，以表达完整意义，并开辟新的研究视域。“教师专业活力”是本书的原创性核心概念，由“教师活力”和“教师专业实践”两个概念组合而成。那么，教师专业活力概念提出的溯源依据何在？教师专业活力这一概念的具体内涵、属性特点与现实表现为何？其心理结构为何种构成？教师专业活力概念的提出又具有何种理论范式意义及教育实践意义？这些内容正是本章主要探讨的问题。

一、概念内涵界说

要回答“教师专业活力概念提出的依据何在”这一问题，需要从教师专业活力与教师专业发展、教师专业实践、活力及教师活力等概念之间的关系梳理着手。为解决上述问题，我们首先沿着“教师专业实践”与“教师活力”两条路径进行概念史考察。

（一）概念演绎

1. 教师专业发展与专业实践

1966年，联合国教科文组织在《关于教师地位的建议》中提出，“教师职业应当被视为一种需要经过持续性的学习和严格性的训练以使其获得并保持特殊技能和专门知识的专业”(ILO，1966)，自此，“教师专业”这一概念开始出现在社会学及教育学的论述中。具有专业性意味着教师职业需要通过社会分工获得排他性、合法垄断性与不可代替性，而试图确立教师职业的专业地位或获得教师专业核心特质的过程则被称为“教师专业化”。根据 Hoyle(2001)的观点，教师专业化包括两重内涵：其一是教育学意义上的专业化，指教师个体的专业发展，即教师作为专业人员，在教育思想、教育知识、教育能力等方面不断发展和完善的过程，是一个由“非教”个体逐渐“成教”，再由教学新手到专家型教师的发展过程(余文森，连榕，2007)；其二是社会学意义上的专业化，即教师职业的专业化，指教师职业形成自身独特的职业要求和职业条件，使其专业特质与非教师群体之间的差异从“一般区隔”提升到“明显区隔”，从而实现教师职业社会声望、社会地位提升的过程(杜亚丽，丁娟，2021)。本书探讨的主要是教育学意义上的教师个体专业化。

专业化的教师是那些合法垄断教育专业技能的人，是高效率教育活动的操作者，是在教育组织中有效履行职责的执行者(赵昌木，2015)。根据上述定义，实现专业化意味着教师需要在教育思想、教育知识、教育能力等方面获得提升，而这正是教师专业发展的主要内涵。因此，教师专业化的实现，需要以教师专业发展为实现手段。

从现有研究看，对教师专业发展这一概念也存在不同的理解：第一种观点认为教师专业发展即教师专业成长的过程，强调教师在教育知识、教学技能等方面的提升(宁莹莹，2020)；第二种观点则认为教师专业发展是指促进教师专业成长的过程，强调教师自身为提升教育知识、教学技能等教师专业内涵而进行的学习探索，以及外部组织机构对此过程的支持与推动(杜静，常海洋，2018)。但不论何种视角，教师都是专业发展的主体，教师专业发展的目的指向提升教师的专业水平。这里所述的“发展”并不是指教师某一方面素质的单独提升，而是教师各专业领域、各方面素质积极且正向的整体性发展。依据《中小学教师专业标准》及教师专业发展的理论定义，可以将教师专业发展区分出教育知识、教学技能、专业道德及教研科研四个维度(文雪，慕容勋，2013)。其中，教育知识的主要内容包括与教学相关的教育学、心理学知识以及学科专业知识；教学技能主要包括教学目标的设定、教学内容与教学方法的选择、课堂管理、教学反馈及教学反思等；专业道德主要包括内在的教师道德修养与外在的教师道德实践能力两大部分；教研科研主要是指教师针对教学实践展开学术研究的能力。教师正是在内在专业结构的不断更新、迭代，专业支持的不断跟进、优化的过程中获得专业发展。

除教师专业发展的内涵外，教师专业发展与学生发展的关系也是值得探讨的问题，这同时也涉及教师专业发展的旨向价值问题。教师是其专业发展的主体、教师专业发展的目的是提升教师的专业水平，这似乎是不辩自明的问题。然而教育从根本上来说是“培养人的活动”，教师是“培养人的职业”。因此，教师专业发展的目的并不应简单指向浅层的教师自身专业水平的提升，而应最终落实到学生的实际发展中，以学生的成长为逻辑起点（张世英，2018），以促进学生的发展为导向（肖丹，陈时见，2012）。这一论断来自以下两点思考：首先，学生的成长需求是教师进行专业发展的外在动因。学生的成长需求主要表现在两个方面，其一是对科学知识掌握的需要，对应教师视角的“教书”职责。学生的知识需求要求教师不断更新教学理念、掌握全面扎实的学科知识、学习富有成效的教学方法，从而有效促进科学知识由“教师端”向“学生端”的有效流动，提升教学效果。其二是对社会性发展的需要，对应教师视角的“育人”职责。学生的社会性发展意味着除掌握牢固全面的科学知识外，还应树立正确的世界观、人生观、价值观，以及保持健康的心理状态，这就要求教师自身具备积极导向的三观、掌握学生心理发展的特征规律。而上述教学理念、教学知识、教学方法的提升也正是教师专业发展的核心内容，这就意味着，学生成长的需求是教师专业发展逻辑起点，驱动着教师的专业成长。其次，教师专业发展的成效依托学生检验。这就涉及教师专业发展的评价问题。对教师专业发展水平的考核固然可以通过教学竞赛、公开课等形式进行检验，但最终应切实落实到学生的发展上，以学生发展状态为验证。也就是说，学生发展状态是反映教师教学质量的最优“风向标”，教师可从学生的发展不足之处获得自身专业发展水平的评价反馈，从而有针对性地进行专项提升，即学生的发展状态引领着教师专业发展的具体方向。综合上述两点原因，教师专业发展决定着教师的专业水平，进而影响学生的发展质量。因此，教师专业发展不仅是以教师发展或学生发展为唯一旨向，至少是教师与学生共同、交互发展的双主体格局。

从教师专业发展的实现路径出发，存在的问题是：教师专业发展又从何处来？教师从何处发展？学者们对这一问题的回答是：教师专业发展从专业实践中来，在实践中发展，教师之“教”是教师专业发展（教师之“学”）的实践路径与“得道”法门（崔允漷，王少非，2014；杨汉洲，2021），突出了教师专业实践对其专业发展的重要性。依据教育哲学的观点，教师在学校施行的有目的的教育教学活动就是教师的专业实践（杨骞，2007）。对教师专业实践与专业发展之间关系的探讨仍要回归到对教师与学生之间关系的论析当中（王鉴，2019）：由于从本质上来说，教育是“培养人的活动”，教师是“培养人的职业”，因此，教师之“教”的本质是为“学”而教。这里的“学”并非教师学习，而是学生，即教师实践之“教”是为学生的发展而“教”。这就意味着，一切教师专业实践的最终旨向是学生发展，而当教师在专业实践中发现学生某一领域的发展不利时，便意味着自身教学知识、教学能力等对应方面的不足，而破除这一困境、弥补这一不足并促进学生发展的路径便是进行教师专业发展。简而言之，上述过程也即《学记》所谓的“教然后知困，知困然后能自反”的实践逻辑，旨在促成“教学相长”的积极教学循环。

综上所述，教师试图获得与教师专业相关的核心特质的过程被称为“教师专业化”，教师专业发展是实现教师专业性的有效手段，而教师专业发展的目的指向师、生发展的双主体格局，主要通过教师日常的专业实践活动来实现。

2. 活力与教师活力

活力是一个历久弥新的概念。对“活力”（vitality）的论析可追溯到较早时期，如我国古代道教将“精气神”作为生命活动的核心要素，认为其代表着个体内在的力量与能量（常大群，2009）；在西方传统中，弗洛伊德也将“能量”作为驱动个体行动的有限资源（Freud，1923）。这些古老的“活力”概念的共同主题是“流经生物的潜在生命能量或力量”（Lavrusheva，2020）。随着积极心理学的兴起，研究重点从活力或能量是“如何被损耗的”这一问题，逐渐转移到活力的“维持与提升”，并将活力作为积极人格特质的重要维度。如 Peterson 与 Seligman（2004）将“活力”作为 24 种积极的人格特质之一，表征充满激情、能量的活跃感觉。Toner 等人（2012）将性格优势划分为节制、活力、好奇、关系优势、超越五个维度，其中“活力”特质主要表现在幽默和娱乐、领导力、勇气和胆量、视角主义、热情和能量、社会智力等方面。在本土化研究中，黄希庭等人（2002）探索了我国高中生的理想人格结构，发现其包括有理性、宜人性、虚伪性（负价）、内外倾和有活力五个因素。其中，“有活力”的代表性特质词为“多才多艺、思想开放、德才兼备、有创造性、精力充沛和兴趣广泛”。

由于对活力的概念内涵研究并不深入，早期多数研究仅将活力作为其他变量的一个测量指标，抑或是将其作为一个简单的整体性构念进行测量。如1997年，Ryan和Frederick首次尝试将活力进行概念化，将其定义为“一种充满精力和能量的积极感觉”，并据此编制了单维度的《主观活力量表》，未进行详细的概念解析。因此，在后续研究中，活力这一概念的构成内涵及定义问题受到学者们的广泛探讨。宋洪波等(2015)的综述将活力内涵归纳为能量、警醒和生机三个典型成分。其中，能量是活力作为行为动力以及产生积极情绪的源泉；警醒是一种积极的、开放性的认知状态；生机是一种充满生命力的精神状态。在Lavrusheva(2020)的系统综述中，活力被界定为“一种可量化的主观积极概念，由波动的生理和心理能量组成，可以被调节和利用”，通过文献分析，揭示出活力的五个并行特征：主观性、积极性、波动性、适应性和身心能量。其中，主观性强调活力是个体的主观感受，活力水平只能通过自我报告评估来衡量；积极性是指积极的情感，与热情、幸福和欣快感等密切相关；波动性用于描述活力可恢复、更新或复原的能力；适应性指活力可以被控制、利用和调整，以适应外在要求；身心能量用于表征个体对目前状态下生理和心理内在能量充沛程度的感知。宋传颖等(2020)在编制《大学生活力量表》时，将大学生活力划分为生存力(生命力、健康)、适应力、外向性、发展力(创新性、进取性、自我实现)四个成分。Shapiro与Donaldson(2022)在开发领导活力量表时，将身体活力、心理活力和情绪活力作为活力的组成部分。其中，身体活力被定义为自己可用的能量或身体活力感；心理活力被定义为清晰思考、专注、警觉、灵活思维和创造积极前景的精神能量；情绪活力被定义为个体有效调节情绪的能量。结合上述观点间的差异，可以说研究者们对活力这一概念的内涵尚未达成一致意见，但“能量”与“积极情绪”作为活力的基本内涵似乎已得到广泛认同(见表2-1)。

表2-1　活力的核心结构对比

研究者	活力的核心结构
Ryan、Frederick(1997)	能量、积极
宋洪波等人(2015)	能量、警醒、生机
Lavrusheva(2020)	主观性、积极性、波动性、适应性、身心能量

续　表

研 究 者	活力的核心结构
宋传颖等人(2020)	生存力(生命力、健康)、适应力、外向性、发展力(创新性、进取性、自我实现)
Donaldson(2022)	身体活力、心理活力、情绪活力

目前,对活力的研究主要存在两种取向:第一种身心取向研究主要将活力作为测评个体身心健康的指标之一,认为身心健康是范围从活力衰竭到活力充沛的连续体(Rozanski & Cohen, 2017)。相应的研究发现,活力水平降低与随后较高的多系统生理失调风险有关(Deen et al., 2020);与高活力组相比,低活力组出现疼痛和不适的概率增加了5.6倍,抑郁和焦虑的概率增加了10.3倍,整体工作障碍增加了3.4倍,日常活动受损的概率增加了5.8倍(Tardy et al., 2023);而高活力能够加速身体疾病的恢复,增强身体机能(Kubzansky & Thurston, 2007),有助于提高个体的自我控制表现(Bertrams, 2021)及幸福感(Akın, 2012)。第二种职业取向研究则不局限于活力对个体身心健康的影响,进一步将其拓展至组织行为层面,强调组织环境、领导方式等对组织及其内部成员活力的影响,同时也引出了工作活力等相关概念(Karkkola et al., 2019; Tummers et al., 2018; 李锡元,夏艺熙,2022)。

工作活力是指个体在与工作本身或工作环境的交互过程中,所体验到的一种强度适中的积极情绪反应,是对自身身体力量、情绪能量和认知活跃这三种身体状态的认知,并感受到由这三种身体状态组合形成的一种相互关联的情感体验(Shraga & Shirom, 2009;许科等,2013),它的职业对比状态是职业倦怠(Shirom, 2011)。相关研究发现,积极的领导方式和工作自主性能够满足员工的基本心理需求(Karkkola et al., 2019),进而增强其工作活力(Binyamin & Brender-Ilan, 2018; Tummers et al., 2018),并提升其工作绩效(赵红丹等,2021)。

教师活力是工作活力在教育教学领域的具体化。自《国家中长期教育改革和发展规划纲要(2010—2020)》将“形成充满活力的教育体制机制”作为国家层面教育改革的战略目标后,“教育活力”一词逐渐出现在各部门、学校改革文件及学术研究中,其是指教育系统在特定的历史发展过程中自身所具有的自组织、自创生和自我发展与完善的能力(王兆璟,戴莹莹,2017)。而后,教育部等八部门联合颁布《关于进一步激发中小学办学活力的若干意见》，又将"学校活力"进一步引入教育领域，其是指学校组织及其个体迸发出的生命力，是在学校管理、教育教学、德育等方面涌现出的创新与发展的态势（张爽，2017）。但不论是教育活力还是学校活力，均在相对宏观的范畴内把握教育教学中的活力问题，仍未下沉到教育系统的最基层实施者——教师，这也在一定程度上使得教育活力或教学活力的提升策略或措施成为无源之水。

综上所述，活力是一个历久弥新的概念，是一种积极的人格特质或心理资源，包括能量、积极情绪等复杂成分，其在职业组织领域引申为工作活力，对组织绩效具有重要影响，更具体地，其在教育领域引申为教育活力、学校活力、教师活力。

（二）概念提出

上文按照"教师专业发展"和"教师活力"两条路径，进行了概念史考察，为教师专业活力的提出奠定了上位概念基础和理论依据。那么，教师专业活力这一概念的具体内涵为何？其属性特点与现实表现又为何？

1. 教师专业活力的内涵

教师专业活力（teachers' professional vitality）是本书提出的原创性概念，从概念生成的角度看，它无疑属于组合概念。从概念的语词构成角度来看，教师专业活力由动词"教师专业实践"和名词"教师活力"构成，属于动-宾组合概念。与此相应，从意义生成角度看，教师专业活力是由两条路径交汇组合形成的新的概念：第一条路径是"活力——工作活力——教师活力"，该路径揭示了教师专业活力的核心内涵与特征；第二条路径是"教师专业——教师专业化——教师专业发展——教师专业实践"，该路径揭示了教师专业活力的来源与外显领域，即教师专业活力来源于教师专业实践，并表现在教师专业实践的各个方面（见图 2－1）。

教师专业活力是什么？这便是第一条路径所强调的概念核心内涵。教师专业活力是"活力"的引申概念，是"活力"在教育教学中的具体化，是对教师在专业实践中的状态的生动描述。具体而言，教师专业活力描述了一种充满身心能量的积极心理与行为状态，涉及生理上的适度激活与能量感、心理情感上的积极感、行为上的主动性等，具有主观性，可以为教师所调节和利用，并成为其重要的心理资源。

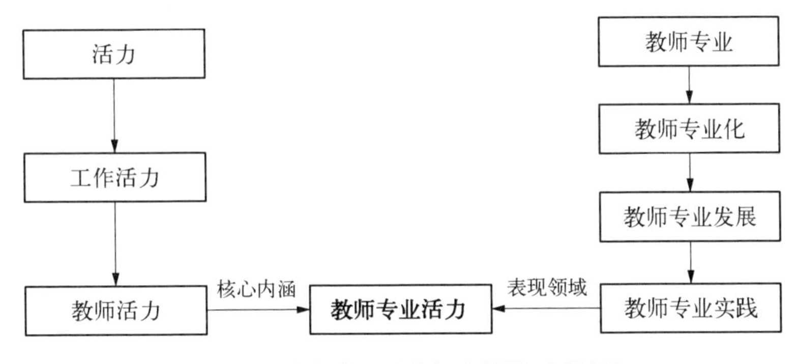

图 2-1　教师专业活力概念的“组合”过程

教师专业活力来源于何又外显于何？这是第二条路径所主要回答的。获得专业地位是教师职业的最大追求，而试图获得专业地位或与教师专业相关的核心特质的过程则被称为“教师专业化”。因此，实现自身的专业化也成为教师专业活力的重要来源。就教师个体而言，教师专业发展是其获得专业地位、实现专业化的有效手段，而在为实现专业化而进行专业发展的过程中也就激发了教师自身的专业活力，并广泛外显表现于教师日常的专业实践活动。

总而言之，教师专业活力是“活力”及“工作活力”的后置概念，由“教师活力”与“教师专业实践”交互组合而成，是教师在其专业实践中表现出的充满身心能量的积极心理与行为状态，涉及生理上的适度激活与能量感、心理情感上的积极感、行为上的主动性等。其中，“活力”是对“教师专业实践”心理与行为状态的描述，“教师专业实践”是“活力”的重要来源与表现领域。

2. 教师专业活力的属性

由于教师专业活力是由“活力”与“教师专业实践”两个概念组合而成，因此教师专业活力也承袭了上述两个概念的部分属性，总体表现为波动性、适应性、积极性及指向性。

1）波动性

教师专业活力虽在相当长时间内保持稳定，可视为一种类状态特质，但根据精神分析理论及需要层次理论，个体的能量存在一个增强与消耗的过程：当需要产生而未得到满足，此时需要便驱使个体积极行动；而当需要得到满足，个体的能量便会快速下降。需要指出的是，能量不是一种完全可耗尽的资源，而是一种可持续再生资源，具有自我更新或恢复的能力，能量的增强-消耗的循环特性也使得教师专业活力表现出波动性。此外，波动性的另一个潜在内涵是：教师专业活力是可发展的，同时也是可退化的。良好的外在环境与工作状态能够促进教师专业活力的生成发展，而消极的外界存在则会导致教师专业活力衰退。

2）适应性

鉴于教师专业活力是在教育环境中嵌入、语境化的，根据个人-环境匹配理论，教师若想在其与工作环境的互动中表现出活力、实现专业发展，就必须对其主动适应，顺应教育环境进行教学专业实践，并在适度的范围内进行教学创新（Jansen & Kristof-Brown, 2006）。因此，教师专业活力是可以被教师所控制、利用和调整的，从而有效适应外在要求（Ryan & Deci, 2008）。

3）积极性

积极性主要由教师专业活力的情感心理特性决定。此处的"积极"并无行为上的主动之意，而强调教师专业活力反映了教师与教育环境持续互动时的一种积极的情感体验（Shraga & Shirom, 2009），这种积极的情绪情感特性辐射教师专业实践的各个层面与教师发展的各个阶段。在效价上，教师专业活力与热情、幸福感和欣快感等积极情绪密切相关（Ryan & Frederick, 1997）；在唤醒上，教师专业活力表现为适中程度的生理激活，教师可以对其加以主动调节和利用，因此它区别于愤怒、焦虑等难控的生理唤醒情绪（Lavrusheva, 2020）。

4）指向性

教师专业活力生成于教师对自身专业地位的追求，激发于实现专业化的教师专业发展过程中，表现在教师专业实践的各个层面。因此，教师专业活力似乎是围绕教师自身发展展开的，似乎仅指向教师自身的专业水平提升，但从根本上来说，教师专业活力的提升与有效发挥是以学生的未来发展为导向的。因此，从发展对象上来看，教师专业活力指向学生与教师的双主体发展；从发展方向上来看，教师专业活力是未来取向的。

3. 教师专业活力的表现

对教师专业活力内涵的分析明确了其核心要素及应用语境，但总体而言仍相对抽象，需要对其在教育教学活动中的具体表现进行总结。一般而言，具有较高活力的教师在日常教学中主要表现出以下心理或行为特征：

1）对教育工作的高度投入

教师工作投入是指教师在职业工作中表现出的积极、完满的心理与行为状态,以活力、奉献和专注为特征(Schaufeli et al., 2002)。由于教师专业活力是嵌入教学实践的,其对于教学实践的优化与促进效益常以促进工作投入的方式加以实现:高专业活力水平的教师会对教学工作表现出更高的能量水平、更多的自我奉献,以及更持久、沉浸的投入状态。工作投入对教师专业活力的表征作用来源于:教师专业活力可作为其进行高强度、持续性工作投入的内在心理资源。教学作为知识性、体力性与情感性兼备的复杂劳动,根据工作要求—资源模型与资源保存理论,若想实现持续的高度投入,需要教师有充足的身心资源与能量储备(Bakker et al., 2007; Kühnel et al., 2012)。也就是说,教师表现出的高度工作投入状态需要以其专业活力作为"能量"支撑。同时,也正是由于教师专业活力"能量"的波动性特征,教师工作投入也表现出周期性的波动(Ruiz-Zorrilla et al., 2020)。

2) 对教师职业的更低倦怠

如果说教师专业活力是一种与教师职业相关的流动、成长或发展的能力,那么它的职业对比状态就是职业倦怠(Shirom, 2011),高专业活力水平的教师倾向于对教师职业体验到较低的职业倦怠。职业倦怠是指教师无法有效应对长期的工作压力而产生的对其职业的消极态度与负性体验,以情感衰竭、去个性化以及低成就感为核心特征(Maslach & Jackson, 1981)。体验到较高职业倦怠的教师认为工作耗尽了自身的情感与身体能量,以消极冷漠的情感态度对待学生。对比职业倦怠的上述特征,发现其与高专业活力教师对职业的能量充盈感、积极情感体验等特征呈相反状态。高专业活力的教师希望通过自身的主动行为,对教学过程施加有方向性的影响,以求得教学效果的优化。正是这种指向"教学效果优化"的有意图的控制感,使教师产生了调动自身生理与心理资源、以积极热情的态度对待学生、以变革创新的态度对待教学的内在动力,而这种高度投入产生的积极成效又进一步激励着教师专业活力的发挥,从而使教师避免落入职业倦怠的困境。而低专业活力的教师则缺乏进行教学投入的内部动机,并在长期的工作中不断得到消极强化,以此逐渐形成职业倦怠。

3) 对教育教学的效能感

教师专业活力属教师内隐的抽象特性,其能量、积极等核心特征外显为教师对于教育教学的效能感。根据社会认知理论与自我效能理论,教学效能感是指教师对自身是否有能力影响学生学习效果的主观评估或信念，由教师对自身能力的评估、对教学任务难度的评估及二者的力量对比三个成分构成(Bandura，1977)。就对自身能力的评估过程而言，评估的对象指向教师自身所掌握的资源或能力，而教师专业活力的"能量"要素则正反映了教师对于其职业的身体与心理资源充沛程度的评估。因此，教学效能感对自身能力的评估实际上部分以教师专业活力的"能量"要素为基础。对教学任务难度的评估过程而言，教师对完成教学任务的效能预期处于主观能力评估的下限与客观任务难度的上限之间，其不仅由客观的任务特性决定，还协变于教师对自身能力的感知，因此，教师专业活力的"能量"要素还影响着教学效能感对任务难度的评估。综合上述两个评估过程，可以说教学效能感的旺盛程度反映了教师专业活力的充盈程度：专业活力充盈的教师对自身能力及任务的完成充满信心，表现出高教学效能感的积极状态。

4）对专业发展的自我实现感

教师专业活力不仅指向学生发展，还暗含着教师自身发展的意蕴，激发教师专业活力的一个内驱力是教师对自我实现的追求。在此层面上，自我实现作为教师提升与发挥专业活力的价值追求而存在，专业活力成为自我实现的达成手段。值得说明的是，此处的"自我实现"不仅指马斯洛需要层次理论中最高层次的"自我实现需要"的满足，而是一个以自我实现为目标指向的动态阶梯式发展过程，指教师为达到自我实现的最终目标而不断学习专业知识与技能、进行专业发展的自我提升过程。就教师这一特殊主体而言，其在专业活力的驱动下，在达成自我实现的过程中积极学习新的专业知识与技能、创新教学方式，并主动将其投诸教学实践，从而优化教学效果、促进学生的发展。在此过程中，履行教学任务，使教师获得了基本的物质保障；掌握与应用新知识与技能，使教师获得了能力；感知良好的教学效果，使教师获得了自豪感、成就感以及尊重；而感知学生的发展，使教师体验到了价值与意义。

此外，自我实现作为一种内在需要，具有强大的动力，这种对自我实现的渴望使得教师将基于职业规范的外在要求转化为内在的自主动机。在此层面上，自我实现作为教师活力提升的内部动因而存在，专业活力成为自我实现的推动目标。教师职业或教学组织为实现教学目标往往会对教师提出相应的教学要求，形成教师教学的外部推力，以推动教学进度、实现教学目标。但由于教师专业活力从本质上来讲是教师自我驱动的结果，而上述基于外部规范的推动往往是被动的，这就造成了教师发展主体性的缺失。在此情况下，若教师自身有着较高的自我实现的需要，便能够以外部压力为推手、以需要满足的驱动力为牵引，将专业活力与专业发展载于追求自我实现过程中，实现外“拉”内“推”，从而在追求自我实现的同时，激发自身专业活力，实现专业发展。

二、概念结构考察

心理结构是心理活动之间的相对稳定、模式化的相互关系，由构成要素及要素之间的关系组成。在心理测验中，心理结构表现为因子或维度。对教师专业活力的结构进行解析，有助于更深刻把握其概念内涵，并据此编制具有较高结构效度的测量工具，从而实现对教师专业活力的量化研究。由于教师专业活力是教师专业实践与教师活力的组合概念，因此对教师专业活力心理结构的把握也应从上述两个主题的相关概念入手。

（一）结构考察

1. 教师相关的心理结构

教学效能感。教学效能感来源于班杜拉的自我效能理论（Bandura，1982）。根据俞国良等（1995）的研究，教学效能感可进一步区分出两种成分：一般教育效能感和个人教学效能感。其中，一般教学效能感是指教师对教育在学生发展中的作用、教师对学生影响程度的一般性判断；而个人教学效能感是指教师对自身教学效果、教学能力的认识和评价。结合上述两个成分，从本质上来说，教学效能感是指教师对教育及自身能够在多大程度上影响学生发展的主观体验，是对教育作用及自身教学能力的内在感知，决定了教师在面对困难时所付出的努力程度和坚持性。

教师胜任力。教师胜任力是指教师具备的旨在促进有效教学的心理与行为特征，包括与教育教学直接相关的知识、能力及人格特征等（李虎林，唐宽晓，2022）。由概念可知，教师胜任力主要指教师自身所具有素质与教学需要的匹配程度，对教师胜任力的探讨更倾向于明确何种素质为教学所需要，以及此种素质是否在教师身上体现，目的是将高绩效者与普通教师作出区分（范文翔等，2022）。

值得说明的是，工作胜任力并不泛指个体所有的知识与技能，而特指与工作要求紧密相关的知识与技能(Sandberg, 2000)，主要包含学科专业知识、教学技能及态度价值观等方面(邓林园，王美璇，2015)。

教学自主。教师的教学自主可分为教学自主权和教学自主性两方面，分别代表学校的外部授权与教师的内部意愿(姚计海，2009)。教学自主权是指教师具有决定教什么和怎么教的自由权限，而不受外在规则的干扰和束缚(Prichard & Moore, 2016)，反映了学校对教师工作的外部支持，是由外而内的授权。相较教学自主权，教学自主性是教师由内而外的主动意愿，表现为教师受内在动力驱使，基于对自身能力的判断去积极地调节和控制教学活动的一种个性特征(姚计海，2012)。综合上述两点，教师自主是指教师有能力(能力特征)且愿意(内部意愿)去自由(外部授权)地控制自己的教学实践和教育过程(Vangrieken et al., 2017)。

教师专业资本。教师专业资本是教师人力资本、社会资本和决策资本的函数(秦玉友，2020)。其中，人力资本是指教师可用于教学实践的知识、技能、能力和经验；社会资本是指教师获得持续支持和合作的能力，可通过教师之间积极的人际关系和专业关系来发展；决策资本是指教师在教学过程中以及在更复杂和通常不熟悉的情况下做出最佳选择、明智和知情决策的能力，包括为个人和团体做出有效决策的能力。拥有良好专业资本的教师具有强烈的确定性，倾向于主动寻求学习机会，并对指导其实践的政策与规划提出批判性质疑(Hargreaves & Fullan, 2015)。从概念来看，教师专业资本着眼于教师拥有的可用于教学实践的资源，强调能力本位，而不涉及教师自身对于日常教学的态度与体验，可用客观的标准加以衡量。

教师专业发展。教师专业发展是指教师在教育思想、教育知识、教育能力等方面不断发展和完善的过程(余文森，连榕，2007)。从横向来看，可以将教师专业发展区分出教育知识、教学能力、专业道德及教研科研四个维度(文雪，慕容勋，2013)。其中，教育知识的主要内容包括与教学相关的教育学、心理学知识以及学科专业知识；教学能力主要包括教学目标的设定、教学内容与教学方法的选择、课堂管理、教学反馈及教学反思等；专业道德主要包括内在的教师道德修养与外在的教师道德实践能力两大部分；教研科研主要是指教师针对教学实践展开学术研究的能力。

表 2-2 教师心理的相关概念结构

相关概念	定　　义	核心结构
教学效能感	对教育及自身对学生影响程度的主观判断	对教育和自身能力的主观认知
教师胜任力	具备的旨在促进有效教学的心理与行为特征	教学能力、专业知识、人格特征
教学自主	有能力且愿意去自由地控制自己的教学实践	能力、内部自主、外部自由
教师专业资本	拥有的可用于教学实践的人力、社会、决策资源	教学能力、合作能力、决策能力
教师专业发展	在教育思想、知识、能力等方面获得发展的过程	教学能力、教学知识、教育思想

由表 2-2 可知，当前的教师研究相对来说更加重视教学环境对教师的能力要求，强调能力本位，要求教师为实现教学效果优化而不断掌握新的教学知识、教学能力，将教师异化为教学工具，而较少关注教师作为"人"的情感心理特性，忽略了对其心理状态的关注，这可能是导致当前教师倦怠高发的重要原因。因此，亟需一个新的概念，将教师研究导向"以人为本"的路径取向，重视教师作为"人"的存在，而教师专业活力正关注到教师在工作中作为"人"的特性，是对教师在教学工作中的身心状态的揭示。

2. 工作活力相关的心理结构

工作活力。工作活力是指个体在与工作本身或工作环境的交互过程中，所体验到的一种强度适中的积极情绪反应，是对自身身体力量、情绪能量和认知活跃这三种状态的认知，并感受到由这三种状态组合形成的一种相互关联的情感体验(Shraga & Shirom, 2009；许科等，2013)，它的职业对比状态是职业倦怠(Shirom, 2011)。相关研究发现，积极的领导方式和工作自主性能够满足员工的基本心理需求(Karkkola et al., 2019)，进而增加其工作活力(Binyamin & Brender-Ilan, 2018; Tummers et al., 2018)，并提升其工作绩效(赵红丹等，2021)。

主动活力管理。由于工作活力是一个波动的动态概念，Op den Kamp 等人(2018)基于工作需求-资源(Job requirements-resources, JD-R)理论，提出了主动活力管理的概念，旨在探究如何使个体保持高活力状态。主动活力管理被定义为个人的、目标导向的行为，旨在管理身体和精神能量，以促进工作中的最佳功能(Op den Kamp et al., 2018)，具有预防职业压力、不断适应新的需求的积极效果(Bălăceanu et al., 2022; Vîrgă, 2022)。主动活力管理具有明确的主动成分，强调由其主导的行为是自我发起和目标导向的(能够在工作中发挥作用并实现与工作相关的目标)，并且个体可通过参与管理身体和精神能量的策略来努力实现这一目标(Parker et al., 2006)。

工作激情。工作激情是一种体验到强烈的积极情绪、认知到工作的内驱力和个体与工作间有意义的关系，从而对工作进行积极投入的心理状态(Perttula & Cardon, 2011)，是一个涵盖情感、认知和意愿三因素的构念(张剑等，2014)。工作激情的产生受到3个过程的影响：工作选择(对某些工作产生偏爱)、工作评价(认为工作特别重要)和从事工作的外部动机的内化(Vallerand, 2012)。基于自我决定理论的二元工作激情模型指出，控制性内化(绩效要求等)导致强迫型工作激情，从而产生非适应性的结果；而自主性内化(如基本心理需求满足)则产生和谐型工作激情，从而体验到持续性的积极工作意义(Vallerand & Houlfort, 2003)。需要指出的是，工作激情并非一种稳定不变的静态特征，其往往会随着时间的推移发生变化。

工作旺盛感。Spreitzer 等(2005)根据社会嵌入模型，将工作旺盛感定义为个体在工作中同时体验到的活力和学习的心理状态，是一种“精神上、身体上和社会上最全面的积极功能状态”(Brown et al., 2017)。活力感体现个体充满工作的能量和热情，反映个体自我成长中心理体验的情绪维度；学习感意味着知识技能的获得与应用，反映心理体验中的认知维度。旺盛感被视为一种状态而不是个人特质，可塑性较强，易受环境和工作情境的影响(Spreitzer, & Porath, 2013)。

工作投入。工作投入指的是一种以活力、奉献和专注为核心的工作状态，其特征是精力充沛，对工作有强烈的认同感(Bakker et al., 2014)。活力是指个体具有充沛的精力和良好的心理韧性，自愿为工作付出努力而不易疲倦，并在困难面前坚持不懈；奉献是指个体具有强烈的意义感、自豪感以及饱满的工作热情，能够全身心地投入工作，并勇于接受工作中的挑战；专注表现为个体全神贯注于自己的工作，并能以此为乐，感觉时间过得很快而不愿从工作中脱离出来(Schaufeli et al., 2002)。总体来说，工作投入具有相对稳定、持久的特性，但也会在个体内部发生短期波动(陆欣欣，涂乙冬，2015)。

心流体验。Csikszentmihalyi(2000)首先提出，心流体验是一种主观的即时心理状态，当任务表现被认为是自动、内在有益、最佳和不费力之时，个体会报告这种体验，表现为完全投入到某件当前任务中，忘记时间和周围环境存在，并以最大能力进行工作。心流理论提出了 9 个关键特征：挑战-技能平衡（活动的挑战和个人技能之间的平衡），行动-意识融合（参与任务且行动变得自动），明确的目标（清楚地知道需要完成什么），明确的反馈（明确和即时的反馈），专注于手头的任务（完全专注于任务），控制感（明确的控制感），自我意识丧失（不关心外表，只关注活动），时间转换（改变了对时间的感知：要么加速要么减速），以及自私自利体验（活动本质上是有益的）（Csikszentmihalyi & Larson，2014）。

表 2－3　工作活力的相关概念

相关概念	定　义	核心结构
工作活力	个体在与工作交互的过程中对身体力量、情绪能量和认知活跃三种状态的认知	身体力量、情绪能量、认知活跃
主动活力管理	个人的、目标导向的行为，旨在管理身体和精神能量，以促进工作中的最佳功能	管理身体和精神能量的主动性
工作激情	以体验到强烈的积极情绪、认知到工作的内驱力和意义为特征的工作心理状态	积极情绪、意义认知
工作旺盛感	个体在工作中同时体验到的活力和学习的心理状态	活力、学习
工作投入	以活力、奉献和专注为核心的工作状态	活力、奉献、专注
心流体验	一种主观的即时、积极、专注的心理状态	积极、专注

由表 2－3 可知，活力与诸多概念存在交叉关系，或是作为一个独立的构念，或是作为其他变量的一个构成维度。已有研究将教师专业活力与工作旺盛感、工作投入等概念进行重叠与渗透，使得教师专业活力概念本身的研究价值无法完全显现。因此，对教师专业活力进行深入研究，揭示其概念内涵及构成，既是对上述概念的继承与深化，又是对教师专业活力这一独立概念研究价值的必要重视。

（二）结构建构

作为工作活力的后置概念，教师专业活力是教师活力在教师专业实践中的具体体现，以活力为核心内容、以教师专业实践的特殊领域为框架载体。因此，欲探明“教师专业活力”的结构内涵，需先依次细致明确何为“教师活力”、何为“教师专业实践”。

1. “教师活力”的结构

对“活力”(vitality)内涵的探析可追溯到较早时期，如我国古代道教将“精气神”作为生命活动的核心要素，认为其代表着个体内在的力量与能量(常大群，2009)；在西方传统中，弗洛伊德也将能量作为驱动个体行动的有限资源(Freud，1923)。可见，早期对“活力”的描述主要关注了其“能量”的特征，这实际与“力”的本源意义对应。《说文解字》将“力”释为“筋也。筋下曰：肉之力也”，其意为“像人的筋骨形状，指体内筋肉运动所产生的效能”。虽然活力可能直接受到身体方面的影响，但它也反映了个体对这些影响的心理感知。因此，此处所述“能量”不仅指生理层面的健康、有力量和精力充沛，还涉及心理层面的资源与资本可用性，心理层面的“能量充沛”增加了个体的行为效能与身处逆境时的心理韧性(Shirom，2003)。

尽管早期研究将活力与能量联系起来，但并未对其进行严格界定。在后续的研究中，Ryan 和 Frederick(1997)则首次尝试将“活力”进行概念化，将其定义为“一种充满精力和能量的积极感觉”。与早期研究不同的是，除关注到活力的“能量”要素外，Ryan 与 Frederick 的研究进一步引入了活力的“积极”要素，这一做法也在后期的定义中得到确认，如 Lavrusheva(2020)对有关活力的 93 项研究进行分析后，将活力总结为“一个由波动的生理和心理能量组成的可量化的主观积极概念”。值得说明的是，根据工作活力理论，此处的“积极”实际上将活力作为一种“情感状态”加以定义，并在效价与唤醒度两个维度加以展开(Shirom，2011)。在效价维度，活力的特征表现为正向性，与愤怒、悲伤等负性情绪相对；在唤醒度维度，活力的特征表现为中等程度的唤醒，与愉快等低唤醒、激动等高唤醒正性情绪相对(Shraga & Shirom，2009)。

而后，由于活力往往是社会嵌入式的，是在社会情境中语境化的，其被进一步引入职业领域，但在教育领域中，除活力的跨领域的普遍特性外(如能量与积极)，还应考虑到教师的特殊职业属性。在以往教育活力或学校活力的相关研究中，除“能量”与“积极”要素外，结合教师职业，研究者进一步提出了活力的“自主性”与“创新性”要素。其中，自主性要求教师能够在协调外在环境的基础上，为优化教学效果而依据自身意志主动开展教育活动，而不是为外在环境所束缚、消极被动地卷入教学(王兆璟，戴莹莹，2017)。出于确保教育目标达成或方便教育管理的目的，各级教育系统均会出台相应的教育教学规范或纲要，以此来指导日常教学，这便形成了教师所面临的主要外在教育环境。但一般而言，整体性自上而下的顶层设计相对宽泛、缺乏实践性，若教师仅是亦步亦趋僵守规范，而不依据具体教学情境自主选择教学方式、安排教学进度，那么在具体生动的教学实践中自然捉襟见肘、缺乏活力。而创新性则是教师自主性得到完全开发后的次生特性，其要求教师在教育环境内、在自主选择教育教学方法的基础上，根据自身特性及学生实际不断探索新的教学方法，以最大程度优化教学效果(王兆璟，戴莹莹，2017)。相较而言，自主性着重于教师自身行为的主动，而创新性更加强调在主动基础上的力求精进之意。

综上所述，作为一个历久弥新的概念，教师活力是指一组由生理与心理能量构成的主动、创新的积极心理与行为状态，其以能量为基础、积极为特征、自主为方式、创新为目标。"活力"的上述特征也成为"教师专业活力"的核心内涵。

2."教师专业实践"的结构

根据教育哲学的观点，教师在教育环境中所实施的有意图的教育活动就是教师的专业实践。就目的而言，教育唤醒的不只是学生，教师专业实践的目的不仅在于"成人"、指向学生的全面发展，其中还暗含着教师专业发展的逻辑，意味着教师通过专业实践的过程提升自身专业水平(杨骞，2007)。教学实践虽主要以学生为对象，目的指向学生的发展，然而专业还意味着教学技能的精熟，学生发展目标的达成依赖教师自身专业水平的提升与发挥。因此，教师专业实践的目的应同时指向"教师与学生"双主体的发展。

就教师专业实践的具体内容而言，王夫艳(2012)在教师专业实践能力的研究中将其划分为受限的专业实践、扩展的专业实践以及元专业实践三个成分。其中，受限的专业实践包括课程与教学、学生教育；扩展的专业实践包括同侪合作、家校合作及政策实施；元专业实践包括专业发展、反思与道德。朱旭东(2014)的研究将教师专业实践的内涵划分为教学、育人和服务三个维度。相较之下，后者进一步厘清并重组了前者的成分划分：后者的教学维度实际涵盖了前者的课程与教学、反思及专业发展等内容，育人维度则涵盖了学生教育、道德等内容，服务维度则涵盖了同侪合作、家校合作及政策实施等内容。因此，本书采用后者对于教师专业实践的划分，具体包括教学维度、育人维度和服务维度三个维度。

教学维度与教师专业实践的目的相对应，所含内容不仅涉及学生“学”的过程，还同时包含教师“教”的专业能力的提升，以此形成教学的双主体格局。在学生“学”的过程中，教师专业实践需要教会学生“学什么”“怎么学”的问题：“学什么”涉及指导学生学习学科知识、生活技能等各类陈述性知识，而“怎么学”需要指导学生掌握学习策略、学习方法等各类程序性知识。在回答上述两个问题的过程中，教师“教”的能力决定着学生的“学”的效果，“教然后知困”，教师自身专业能力也在此过程中得到修正与发展，达成“教学相长”的积极教学效果。

育人维度实际是教学维度的更高要求，是教学的最终目标指向，同时也是教师教学成效的价值所在。如果说教学维度仅在学科知识上对教师或学生提出要求，那么育人维度则更强调教师以学生的全面发展为目标。在此过程中，育人维度要求教师在“授业”的知识本位基础上进行“传道”，即在课堂教学及校园活动中，融入贯彻德育、美育、劳动教育等广阔非智育内容，以促进学生的“德、智、体、美、劳”素质全面发展，回答“培养什么人”的时代之问。

服务维度则超出单一的师生关系，要求教师为社会、学校组织及其中的个体提供专业服务。这种服务需求来源于教师的职业特性——教师是知识分子，教师职业具有知识分享与社会关怀的公共属性(李伟，2021)。依据服务对象不同，可将服务维度进一步区分为面向社会的服务、面向学校的服务及面向学生的服务。其中，面向社会的服务主要是指教师应为其培养所需人才，进行知识分享，实现社会发展；面向学校的服务主要是指教师应服从学校组织的管理，并为其管理提供帮助；面向学生的服务主要是指教师除课堂教学外，还应关心学生的课后指导、心理辅导等工作。因此，教师在其专业实践中，除最核心的教学与育人外，还需要承担相应的专业服务工作，以实现组织与学生的良性发展。

概而言之，教师专业实践是指教师在教育环境中所实施的有意图的教育活动，以学生的发展与教师自身的发展为目标导向，其含括教学、育人及服务三个并行维度。教师专业实践的内涵构建为明确教师专业活力内涵提供了必要的框架基础。

3.“教师专业活力”的结构及内在关系

综合上述对“活力”及“教师专业实践”内涵的分析，本书提出“教师专业活力”是指教师在教学专业实践中表现出的由生理与心理能量驱动的自主、创新的积极心理与行为状态，以能量、积极、自主及创新为一阶本体内涵，以教学、育人及服务为二阶表现领域，以学生的发展与教师自身的发展为目标导向，是“活力”“工作活力”的后置概念（见图 2－2）。

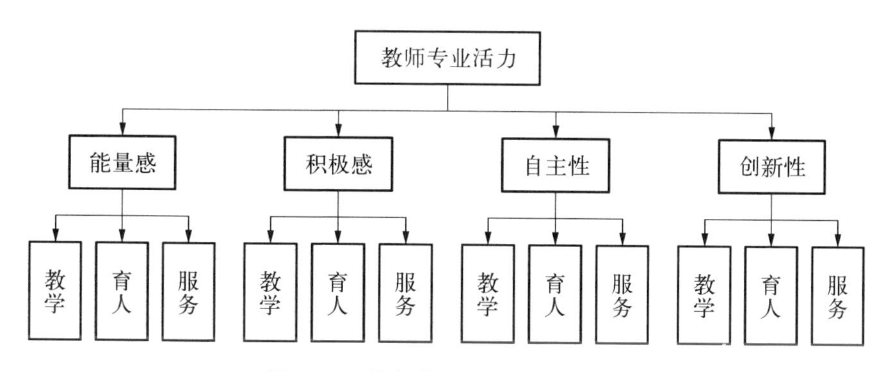

图 2－2　教师专业活力的结构模型

那么，教师专业活力的能量、积极、自主及创新四个核心构念之间存在何种关系？如图 2－3 所示，我们建立了一个表征教师专业活力各构念间关系的冰山模型，具体而言：海平面以下的广泛内容涉及教师的“身体能量”与“心理能量”，旨在为教师专业实践提供基本的驱动能量；最贴近海平面的一层是“教师自主性”，其为教师的身体能量与心理能量提供能量复合的基轴，并将其发挥、运用于主动内驱的教学实践中，同时其表现水平也受到教师身心能量的制约；更进一层的构念为“教师创新性”，其是教师自主性得到完全开发后的次生特性与高阶表现，更加强调在自主基础上的力求精进之意；最顶层的构念为“优化教学”这一最终的目标旨向，其作为外部动因激励着教师积极主动调动身心能量进行教学投入，并在教学创新的基础上达到优化教学这一目标。此外，教师专业活力还以积

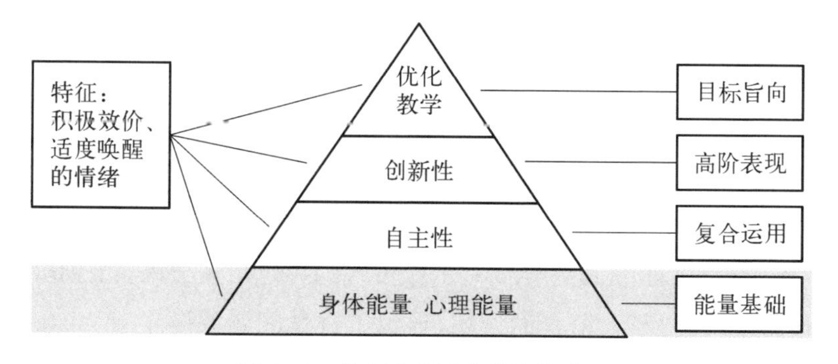

图 2－3　教师专业活力的结构关系

极效价、适度唤醒的情绪为外显特征，并辐射到教师专业实践的各个层面。总体而言，在教师专业活力的核心构念中，身心能量是基础，自主性是对能量的反映与发挥，创新性是自主的进阶表现，优化教学作为外部动因，积极、适度唤醒情绪是情感心理的外显特征。

三、概念意义解读

(一) 理论意义

库恩(2003)认为，任何科学理论都有其基本范式，也就是在科学活动中被公认的范例。在库恩看来，范式集科学理论、方法和研究主体的心理特质三个层面于一体，是一个具有层次结构的、多方面功能的范畴。里茨尔(Ritzer, 1975)对范式作了更为具体的描述："范式是一门科学关于研究题材的基本形象，它的作用是确定研究对象、研究问题及其提问方式，以及获取答案过程中应该遵循的规则。范式是有关一门科学的广泛的共识体系，起到区分不同科学共同体的作用。"实际上，在科学发展过程中，一些概念的诞生不仅预示着理论的丰富、拓展甚至突破，有时候概念本身就成为新的研究范式，因为科学概念本身就集理论、方法和研究时的思维过程、心理活动于一身。本书提出的教师专业活力概念的理论范式意义在于：

首先，教师专业活力概念的提出，是对已有教师研究理论范式的继承。这种"继承"来源于以下两点。第一，活力与诸多概念存在交叉关系，其不仅是一个独立的构念，还是其他相关变量的重要构成维度，与工作旺盛感、工作投入等概念存在重叠与渗透关系。而对工作旺盛感、工作投入等概念界定的研究之所以存在分歧争论，其中一个重要的原因便在于对其活力等下属核心构念的认识不清：以工作投入为例，实际上各研究者对工作投入的核心构念可能存在一致意见，表达的均是相同的意蕴，但由于对活力等构念的认识不清，部分学者认为活力完美地表达了自己的看法，而另外的学者认为活力的描述有所偏颇，导致不同研究者使用了不同的专业词汇，最终导致对工作投入的界定出现分歧。正如语言哲学家维特根斯坦所述"私人语言的误用，导致了哲学问题的诞生"(Wittgenstein, 1953)。因此，对教师专业活力进行深入研究，详细分析、揭示其概念内涵及构成，有助于对工作旺盛感、工作投入等概念的深化研究，属对原有教师研究理论范式的继承。第二，为深化教育改革，已有研究已提出“教育活力”“学校活力”等概念，但不论是教育活力还是学校活力，均在相对宏观的范畴内把握教育教学中的活力问题，仍尚未下沉到教育系统的最基层实施者——教师，这也在一定程度上使得教育活力或教学活力的提升策略或措施成为无源之水。教师是勾连教育组织与学生的枢纽，教育活力的激发，归根到底是激发教师这一教育主体的活力，更具体地说是激发教师的专业活力。因此，对教师专业活力进行系统研究，有助于对学校活力、教育活力进行自下而上的逆向丰富，教师专业活力是对学校活力、教育活力等研究范式的继承。

其次，教师专业活力概念的提出，是对现有教师研究理论范式的创新。这种“创新”得到以下三点理由的支持。第一，正是由于活力被视为其他相关变量的构成维度之一，这使得研究者较少对活力这一概念进行独立研究，使其本身的研究价值、实践价值被其他上位概念遮蔽而无法完全显现。因此，将活力作为一个独立概念，对其概念内涵及构成进行分析，是对活力概念研究价值的必要重视。第二，当前的教师研究相对来说更加强调能力本位，要求教师为实现教学效果的优化而不断掌握新的教学知识、教学能力，将教师异化为教学工具，而较少反思“教师作为‘人’的情感心理特性何如?”“一味对教师能力的关注，能否较好概括教师的整体性存在?”，忽略了对教师心理状态的描述，这也可能是导致当前教师倦怠高发的重要原因。因此，亟需一个新的概念，将教师研究导向“以人为本”的路径取向，重视教师作为“人”的存在，而教师专业活力正关注到教师在工作中作为“人”的特性，是对教师在教学工作中的身心状态的揭示。第三，教师专业活力概念是教师活力和教师专业实践两个概念的有机组合，围绕这一交叉性新概念，可以开展一系列新的研究，如对教师专业活力的内涵和结构进行本体性研究，对教师专业活力的生成机制及作用机制进行理论建构研究，还可以从教师职业发展阶段视角对教师专业活力的发展变化进行历时性研究，等等。总之，教师专业活力概念的提出，为教师研究提供了新的视角、新的切口，属对原有教师研究理论范式的创新。

（二）实践意义

教师专业活力这一原创性概念的提出，不仅是对已有理论范式的继承与创新，还具有重要的教育实践意义：

第一，教师专业活力是对教师作为“教学的人”而非“教学工具”的理性回归。长期以来，教师研究过分关注教师的专业能力，如教师胜任力、教师专业资本、教师专业发展等概念，均强调教学能力对教师职业的重要性，在一定程度上将教师异化为教学工具，而较少关注教师作为“人”的情感心理特性。本书提出的原创性概念“教师专业活力”则基于“以师为本”的路径取向，重视教师作为“人”的存在，不仅关注教师的职业特性，最重要的是关注教师作为“教学中的人”的情感心理特性，强调对其身心活力状态的描述与揭示，将当前盛行的能力取向拉回师本取向的道路，这无疑对改善教师的职业生存状况、身心健康状态、职业倦怠等具有重要的实践指导意义。

第二，教师专业活力开辟了一条优化教学效果、育人成效的实践道路。教师专业活力虽着重关注教师在教学中的积极存在，但其指向的是“师生”的双主体格局，最终目标旨向仍在于育人成效的提高。那么，在教师专业活力概念指导下的教学实践何以能够提升育人成效？第一，高质量的教师队伍是最基本的教学资源，育人目标的达成依赖于教师专业活力的提升与发挥：高专业活力的教师在教学中充满能量，在教学实践中有更多的时间与精力投入，不断主动尝试以自身教学经验及专业能力去创新教学模式。仅某一位教师专业活力的发挥对教学效果的提升效益固然有限，但当学校内所有或大多数教师的专业活力得以激发，那么育人成效的提升自是水到渠成。第二，教师积极的活力状态可感染学生的成长状态。根据情绪自我效能理论，学生效能感建立的一个重要来源便是权威榜样的积极示范(Bandura，1982)。在我国教育语境下，教师无疑在学生心中扮演着权威角色，而高专业活力水平的教师以充满能量、积极自主为核心特征，这种高效能的积极示范也将有助于学生自我效能的生成。此外，根据情绪感染理论，个体可以通过无意识的模仿来感染周边个体的情感状态(张奇勇等，2016)。高专业活力水平的教师以辐射教学专业实践各个层面的积极情绪为特征，这种积极情绪无疑也会对学生的情绪状态产生积极影响，从而优化学生的心理健康及学习情绪，以达到优化育人成效的作用。

第三章
教师专业活力理论审思

理论是观察现象、分析问题的工具,是对零散研究结果的高度浓缩和升华,反映事实的本质与内在逻辑。第二章明确了教师专业活力的概念内涵与核心结构,但影响教师专业活力的前置因素与教师专业活力的作用功效具体为何尚不得而知。因此,本章在对教师专业活力相关理论进行系统梳理的基础上,探索教师专业活力的前因变量和后果变量,建构教师专业活力的形成机制模型(教师专业活力发展论)与作用机制模型(教师专业活力效能论),为后续的实证研究及教师专业活力培养提供理论依据。最后,对各理论模型所蕴含的理念进行阐释,促进对教师专业活力理论的整体性认识。

一、相关理论纵览

机械论与复杂论是教师学习观的两种主导范式(毛菊,2019),教师专业发展的理论基础也从传统理论演进到现代理论。自 20 世纪初,职业心理学和生涯心理学兴起,求职招聘开始强调按照岗位标准和人才特质科学地选拔人才。心理学家普遍认为,在多样化的职业环境中,人们由于兴趣和能力的差异而从事不同的职业。其中,在教师职业发展中,机械发展模型成为过去教师发展的基础理论,线性的发展模式、静态的考核标准、被动的专业测评伴随教师专业发展的全历程。随着组织心理学的发展,心理学家们逐渐认识到人们的职业发展会受到家庭环境、社会环境、人际关系等外部因素的约束,教师专业发展的过程更加符合多维、动态的情境发展模型。

（一）机械发展模型

机械论把复杂关联的事物简单化、机械化的思维方式，认为事物可以运用分析法不断还原为单独、割裂的要素。我们梳理了相关理论后初步认为，相对侧重机械论的教师专业发展理论主要为人职匹配理论、生涯阶段理论、工作要求-资源理论。

1. 人职匹配理论(Person-Vocation Fit Theory)

"人职匹配"模型是最早由"职业指导"的创始人帕森斯(Frank Parsons)提出的一种个人取向的职业选择理论，该理论认为人的个性特征应与职业性质相一致，强调了个体在职业决策时，由被动接受安排到主动出击实现职业匹配的跨越式进步(Converse，2004)。迁移到教育领域，人职匹配理论在早期教师的招聘选拔和后续的专业发展中起着基础性作用。人职匹配理论在教师职业发展中强调线性的发展模式，认为教师的个性特征(能力、知识、技能、性格、气质)应与职业性质相一致。从本质来看，"人职匹配"模式强调教师的特质与教育工作的联系性，注重研究教师人格、兴趣与教育教学环境间的适配性，强调在未来教师专业发展中的可预测性。

正如社会其他职业的招聘一般，人职匹配模式也作为教师招聘的筛选依据。教师入职招聘就是将那些具有潜力或具备教师胜任力特征的应聘者挑选出来，并将其纳入教师队伍中去。人职匹配理论为教师胜任力在教师招聘中的应用提供了理论依据，其核心思想是从岗位要求分析、人员特质分析两方面进行综合评估，然后把二者进行匹配(顾佳，2019)。而教师胜任力一方面能够全面反映应聘者对教师岗位要求的个人能力、素质特点、人格特质等方面的满足状况，另一方面也在一定程度上反映了该教师在专业发展的能力和意愿，要求-素质匹配能够在教师职业和教师个人之间架设一道桥梁。因此，人职匹配理论既可作为最初教师招聘的显性指标，又能作为隐性指标预测教师未来专业发展的效能感和潜力(罗英姿，陈尔东，2021)。

教师入职后的专业发展及其所处的环境是十分复杂且在不断变化的，如受社会因素中人际关系、市场波动、家庭变化、突发事件等的影响(翁清雄，卞泽娟，2015；王献玲，常小芳，2017)。因此，即使随着现代教育理念和技术的进步，教师也并不一定为了达到对教师岗位的要求而选择专业发展，教师专业发展的活力需要情境中线索的激活。人职匹配作为一种线性发展模式，只强调职业素质匹配，依据职业素质的评价方式通常以个体对其所处职业环境中各类要素的适应程度为依据，这些素质指标忽视了情境及其线索的影响，机械式地将教师发展与职业要求强行匹配（Tang et al.，2015）。人职匹配理论只从特质因素的角度考虑教师专业发展，忽视了教师发展可能会经历多个阶段，且多阶段均有不同的专业要求。

2. 生涯阶段理论（Career Stage Theory）

教师专业发展历程呈现一定的时间顺序，发展速度其实有着显著的个别差异，生涯阶段理论从对外在专业要求的顺应以及从教师专业化的成熟状态来分析和梳理教师专业发展的本质。以往研究中，有多位学者对教师专业发展阶段进行划分，如表 3－1 所示。然而无论依据何种标准划分的教师生涯阶段，在任一阶段，教师都有自身在专业发展等层面的一些需求，也可能在专业发展中经历挫折和面对挑战。这些需求的满足情况可能导致教师专业发展进程的停滞，挫折和挑战甚至使得教师专业发展倒退到前一阶段，如一位熟手型教师在面临新的教育技术时同样要重新学习，彼时倒退到新手教师的初始阶段。根据教师生涯阶段理论，教师可分为新手教师、熟手教师和专家教师三类，各阶段教师在专业发展上呈现不同的需求和特征。新手教师工作动机以成就目标为主，教学能力上对课堂的把控能力不高，未能根据学生的即时反应调整教学内容。然而此类教师的工作热情更高涨，渴望展示自我并得到认可，是最有心有力发展专业能力的阶段，具有强烈的专业发展需求和意愿，他们亟需自身有足够的能力去面对各种挑战（Kwok et al.，2022）。熟手教师已经能按照常规的方式处理各种教学情况，形成较为稳固的课堂管理模式。然而国外研究表明，熟手教师最容易受到批评，因为这一阶段的教师工作热情最低，甚至有部分教师被批评“麻木”，等待属于自己的“退休倒计时”。熟手教师经常被描述成抗拒专业学习的群体，教师专业发展意愿较低（Gore & Rickards，2021）。专家型教师能够灵活运用教学知识以适应各种情况（Berliner，2004）。然而，专家型教师提升专业素养的能力感并不会持续上升，甚至会产生停滞感，这就需要专家型教师继续保持对教育的热情和活力。

生涯阶段理论对单一线性发展模式的强调，违背了教师专业发展可能出现倒退、建立、停滞等反复过程的实际，教师专业学习的活力可能也并不会随着教学成熟度的提高逐步上升。教师专业发展被划分为多个阶段，然而这些阶段是每个教师都会经历的吗？会受到学校教育要求和教育资源的影响吗？工作要求-资源理论对此作出了补充。

表 3 - 1 关于教师专业发展阶段的观点

研究者	阶段观点
Fuller(1969)	教学前关注、早期生存关注、教学情景关注、学生关注
Katz(1991)	求生存时期、巩固时期、更新时期、成熟时期
Neman(1980)	求生存阶段、调整阶段、成熟阶段
Fessler(1984)	职前准备、入职期、能力提升期、成长期、职业倦怠期、稳定期、消退期、离职期
Steffye(1989)	预备生涯阶段、专家生涯阶段、退缩生涯阶段、更新生涯阶段、退出生涯阶段
Hubermane(1989)	入口与探索阶段、职业稳定巩固阶段、多样化阶段、平静保守阶段、退休阶段
连榕(2004)	新手阶段、熟手阶段、专家阶段

3. 工作要求-资源理论(Job Demands-Resources Model)

教师并不一定都会经历从新手、熟手到专家的完整线性发展历程，其中教师职业倦怠是阻碍教师专业发展活力的核心因素(Parmar et al., 2022)。职业倦怠会受到学校对教师工作要求和教育资源的影响，工作要求-资源模型揭示了教师倦怠的作用机制。工作要求-资源理论最早由 Demerouti 提出。几年后，Schaufeli 等学者在 2004 年对该模型进行了拓展，将工作投入纳入了工作要求-资源模型。Sandropoulos 等学者于 2009 年将个人资源纳入了模型，再一次拓展了该模型。2015 年，Scoffrey 将参与型领导纳入了模型，再一次完善了工作要求-资源模型。

该模型解释了教师的专业倦怠和发展活力的来源。工作要求被定义为教育工作中对教师生理、心理、教学技能等方面的要求，因此与某些生理和心理资源相关，如情绪耗竭和与教学相关的焦虑。工作资源是教育中激发教师专业发展的积极因素。根据工作要求-资源模型，教育中的低工作资源和高工作要求会导致教师倦怠，而高工作资源会为教师发展带来更多活力。工作要求-资源模型在实际的教师专业发展中也得到了验证。Fernet 等(2013)的研究指出，工作资源通过其对教师工作动机的正向效应而促进教师专业发展，教师对工作要求和资源的体验也被发现与他们自我报告的专业学习行为相关。此外，一项针对荷兰员工的研究表明，随着时间的推移，工作要求和工作资源都与教师专业发展的动机和行为呈正相关(De Lange et al, 2010)。

教师专业发展中的工作资源分为三种，分别为工作自主性、同事的人际支持以及直系主管的变革型领导。首先，工作自主性包括教师自己可以决定何时以及如何执行工作的程度。以往研究调查了工作自主性对教师专业学习的影响，研究发现两者呈正相关(De Neve et al., 2015)；其次，工作资源来自同事的人际支持，例如工作中同事提供的有益的社会互动会促进教师专业发展，这种支持也被发现与教师专业学习的自评结果呈正相关(Kwakman, 2003)；最后，工作资源是变革型领导。多项研究结果表明，变革型领导与教师专业学习之间呈显著正相关(Runhaar ct al., 2010)，它指的是领导者以组织变革为目的，激励教师能力发展和工作奉献的价值观和实践。适合水平的工作需求也会促使教师努力提升专业能力，因此适中水平的工作要求能作为外部动机驱动教师进行专业学习，而资源与教师专业发展呈正相关关系。

但与情境论和整体论等观点不同的是，该理论将工作要求和资源割裂开来。实际上，对于教师发展而言，工作要求和资源之间是可以相互转化的，教育对教师发展中提的要求也可以作为教师发展活力的来源，作为教师专业发展的心理资源(Evers et al., 2017)。同时学校为教师提供的学习资源，如讲座、培训、交流会等途径亦伴随着对教师学习的成长要求，双方动态转化共同激发教师专业发展的活力。

(二) 情境发展模型

随着机械论的弊端逐渐显露，有学者逐渐认识到，教育变革是非线性的；教师学习的分析视角是多维的，而不是非此即彼的简单选择；教师专业发展是复杂、动态、循环的情境发展模型。基于情境论思维，教师专业发展需要生态系统的支持、环境和他人一体化的资源交换、特定情境下专业发展线索的激活、循环发展的实践模式。

1. 生态系统理论(Ecosystem Theory of Developmental Psychology)

生态系统理论由 Bronfenbrenner(1979)在其著作《人类发展生态学》中提出，该理论强调发展中个体与其所处变化中的环境之间的互相影响。其中的环境由五个子系统组成，即微观系统、中系统、外系统、宏观系统和时序系统。五大系统内外相连，相互影响，为教师专业发展提供了新的理论视角。

布朗芬布伦纳提出的生态系统模型在人类发展等研究领域中，成为引用最广、传授频率最高的理论之一（徐彦红，2017）。布朗芬布伦纳以生态化理论为基础建立的关于人的发展研究的新框架为教师专业发展影响因素结构构建提供了借鉴意义。对教师而言，专业发展既受到主体自身情况的影响，又受到所处的家庭、学校和人际关系这一微观因素的影响，且这些影响又是通过教师的教学、科研、社会服务等学术活动这一中间系统来进行的。教师专业发展的中系统又会受到社区、教育环境等外系统变化的影响和冲击，最终被主流信念和意识形态系统所间接影响。实证研究也论证了生态系统理论影响教师专业发展的路径和作用机制。闫纪红等（2022）在“双减”的宏观背景下，通过文献资料和专家访谈等方式，构建中小学体育教师专业发展的生态化路径研究，从教育生态视角为体育教师专业发展提供了建议。Liu 等（2022）对 8 名在中国教学的德语教师进行结构化访谈，探索可能影响德语教师专业发展的环境因素。研究结果表明，在生态系统理论和资源保存理论的基础上，各生态环境因素之间相互作用，共同影响着德语教师的教师专业发展。

借鉴生态系统理论并综合现有的研究成果可知，教师的专业发展会受到诸多因素影响，不同因素的影响程度是不一样的。根据以往研究，我们归纳出影响教师专业发展的三结构因素，主要包括社会环境、教育氛围和个体层面三大类。教师专业发展受这三大类因素相互作用的影响，这些因素通过教师日常教学、学术交流、科研研究以及培训进修活动的开展以及社会、学校对教师发展提供的政策导向、舆论引导和组织管理而共同作用、相互制约。它们之间的相互关系如图 3 - 1 所示。然而，教师专业发展只会被动受到生态系统的影响吗？能否主动进行专业发展资源的互换呢？社会交换理论对此进行补充。

2. 社会交换理论（Social Exchange Theory）

社会交换理论是在 20 世纪 50、60 年代美国社会学家霍曼斯（George C. Homans）的著作中诞生的，是作为对机械主义的反驳而发展起来的。在生态系统理论基础上，这一模型主张人类的一切行为都受到能够带来奖励和报酬的交换活动的支配，因此，人类一切社会活动都可以归结为一种交换（McLeod et al.，2021）。

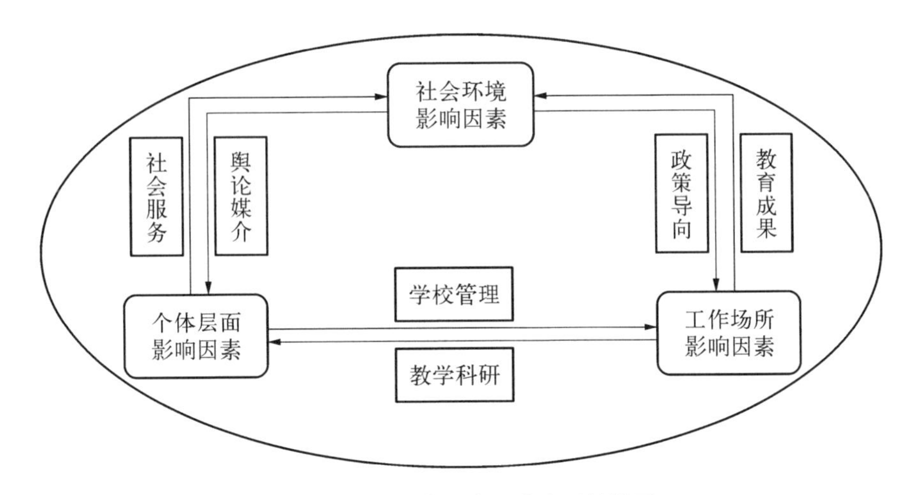

图 3-1　教师专业发展生态系统模型

社会交换理论将教师专业发展视为教师和教育中的其他群体和个体之间的交换过程。教师的专业发展过程对学校变革和发展、促进教学质量的有效提升、推动教育改革的进行和发展等方面均有积极作用。对教师专业发展来说，社会交换通常包括同事间教学知识的相互交换、师生间的教师教学和学生反馈的资源互惠。根据以往的研究和教育实践，教师通常在三种情况下会发生资源交换。① 有目的的正式交换：教师在正式的交流会中互相分享知识，彼此相互学习，完成知识经验的共享。例如新老教师的分享交流会和跨地区的教育合作交流会。② 有目的但非正式的交换：教师在私下聚会活动中相互传达自身的教学理念、经验和方法等。来自同事的有益社交互动也可能有助于提升能力感。例如当同事对(学习)任务给予反馈和支持时，这也为教师提供更丰富的心理资源，帮助他们选择想要进行的学习活动，从而提升学习自主性。③ 无目的交换：教师与学生参与教育活动中得到的资源互换，即教师在教育活动中将自己的知识传授给学生，学生将课堂即时表现和课后的考试评价等信息反馈于教师，使得教师在教育活动中不断积累经验并自我提升专业能力，促进专业发展。除了互惠性外，归属感还可以解释教师专业发展资源交换之间的间接关系。学校在教师专业发展方面的投入可能会被教师视为学校关心他们发展和专业成长的信息。这种信息会增强教师在学校中的归属感，增强专业发展效能感，从而作为内部资源助力教师未来的专业发展(Sharp & Randhawa, 2016)。

社会交换理论从双向动态的角度揭示了教师专业发展的本质。基于交换视角，教师专业发展被视为学校领导通过提供有形或无形的资源让教师感受到重视和关心，以及学生通过正向或负向的反馈让教师在教学实践中不断反思和改进，从而激发教师信任和能动性等积极情绪，进而促使教师更积极地投入专业发展。然而，该理论只分析了教师专业发展资源互换的过程，忽视了情境及其中线索的作用机制。情境学习理论则进一步为教师专业发展中知识和资源的学习、构建提供了理论基础。

3. 情境学习理论(Situated Learning Theory)

与行为主义和机械模型对学习的认知不同，社会文化模式认为学习活动离不开学习情境中的文化、知识、思想、工具的相互交融和碰撞。受其影响，情境学习理论将学习置身于我们所生活和参与的世界中，学习不仅仅是一个个体性的意义建构的心理过程，更是一个社会性的、实践性的、以差异资源为中介的参与过程。情境学习理论是由美国的 Lave 教授和独立研究者 Wenger 于 1990 年前后提出的一种学习方式。根据 Lave 和 Wenger 的观点，情境学习理论的指导思想是：学习是一个积极过程，通过个人在社会文化背景下的实践而发生。

情境学习理论能有效运用在教育情境和教育实践中。情境学习是教师专业发展的一种形式，即教师的知识是通过他们在社会背景下的积极参与而获得并构建的，而不仅仅是通过个人知识的内化(Wenger，2015)。在情境学习理论中，教师专业发展不仅仅是与他人一起参与活动的简单事件，而是一个更广泛的积极参与社会社区实践并形成与其相关的身份认同的过程。

从学习过程看，建立专业实践共同体是促进教师学习的关键。在实践共同体中，教师之间建立了学校发展的共同愿景和价值理念，发展起对学生学业成绩的共同责任，形成对教育的共同承诺。这都有助于教师之间持续性的对话、教学分享和反思。此外，虽然本书强调情境理论的影响，但是也并不排除行为主义、认知主义学习理论的作用。实际上，这些学习理论对教师专业发展的影响是综合而非割裂的，即教师的专业发展不仅关注认知取向的学习维度，即教师如何成为一名充满教师专业发展活力的优秀教育者，还需要关注学习的社会交往和情境维度，即教师如何通过和场域中其他人的交往，以及教学实践不断地自我丰富和发展。从实践过程看，教师通过各种方式和途径获取大量专业知识，这只是认知建构的前提阶段，实现认知建构还需要一个条件保障，即在情境中运用知识和实践知识。对于教师而言，学校无疑是其学习、运用、实践专业知识的最佳情境。

例如 Conkling 的研究(2007)着重探讨情境学习理论在职前音乐教师培训中的应用。研究结果表明,相较于和一位知名音乐教授学习,职前音乐教师在一个普通的音乐学校中学习更能提升自己的音乐水平。

质言之,情境学习的理论研究从教师作为专业建构者的身份出发,注重教师专业发展的实践性、情境性和有效性的特征,有助于教师教育者深入了解教师的专业学习需求,探讨更适切性的教师专业学习方式以促进教师参与专业学习的热情,提高专业发展的效率(刘胜男,2016)。情境学习理论支持或然可变的发展观,认为每个人的成长都是独特的、个性化的,不存在预先设定的发展模式和发展轨迹,根据一种作用情境中的个体发展状况得出的结论,不一定适用于另一种情境的其他个体(Lemer & Miller, 1993)。将情境学习论与教师专业成长相结合或知,教师成长也是一个充满个性化的过程,教师专业发展的普遍路径是循环发展的。

4. 循环发展理论(Circular Development Theory)

有别于生涯阶段理论,教师专业发展并不是单一线性式发展趋势,教师专业发展是循环向前发展的(左岚,2014)。不同教师在不同的专业发展阶段有不同的专业发展需求,其专业发展是一个"专业衰退—专业建立—专业探索—专业成长—专业衰退……"的动态循环发展过程。教师专业发展在教育情境中是动态变化的,例如在教师专业发展的衰退阶段,教师可能会受到某种因素的影响,或是产生教学上的挫折感,或是工作满足程度逐渐下降,开始怀疑自己选择教师这份工作是否正确,彼时教师专业发展呈现衰退,通常表现在学习主动性降低、教学自信心下降等方面。教师在经历衰退后自我调整,会重新建立专业发展的动力和信心。教师在克服专业衰退后将重新热爱教育和继续追求成长,在此阶段,教师已经具有较高水平的专业能力,不断寻找新的方法来建立专业发展的新路径。随后,教师不断探索专业能力发展的过程,通过培训、自我学习、自我反思、教学交流等方式。其发展模式也由"过程—结果"型被动式接受专家学者知识经验的专业化发展范式,转向"反思实践者"型积极主动式的教师个体专业发展范式,最终得到专业成长(刘胡权,2020)。

然而,一部分教师专业发展到更高水平但缺乏阶梯式发展的机制支持,教师专业提升就会陷入发展瓶颈,从而产生"本领恐慌",专业发展的信心和活力下降。另一部分教师缺乏长期专业规划引领,在逐渐安逸稳定的工作环境中日益

"钝化"，难以创造新的教育理念和教育方法，逐步产生抵触情绪和倦怠心理，不能够、也不愿意通过努力提升自己。这两类教师可能会重新陷入专业发展衰退的窘境。此时尤需重塑发展活力、探索教学创新的新路径、成长到更高发展水平，也尤需认识到专业发展是会不断变化发展的，并将职业生涯视为趋向于复杂的、动态的、全面的长期发展过程。

从传统的机械视角转向现代的情境视角，各视角下的代表理论不断演进，共同组成教师专业发展的理论基础，理论演进如图 3-2 所示。

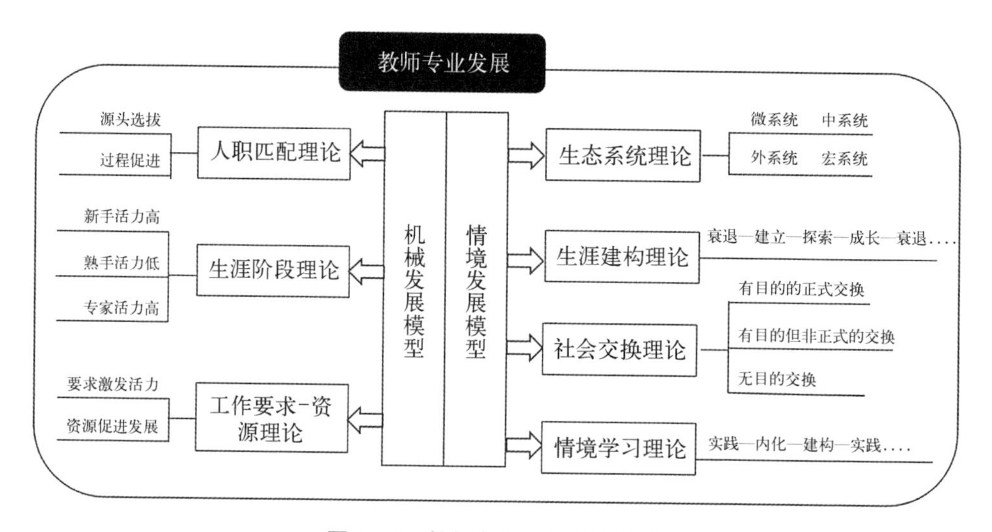

图 3-2　教师专业发展理论演进

(三) 理论展望

由上观之，本书从教师专业发展的本质出发，对相关理论进行了意涵阐述、梳理和评价。从本质来看，教师专业发展理论遵循传统理论—机械发展模型和现代理论—情境发展理论的路径。机械发展模型从静态、一维线性、割裂的角度探究发展模型对教师专业发展的作用和影响因素；情境发展模型则是从多维动态、个体能动、系统的角度探究发展模型对教师专业发展的影响因素。教师专业发展是一个融合了过程因素与结构因素的职业发展过程，教师不再被动接受环境变化，而是主动寻求自我与教师专业要求的适应，建立自身与情境的积极联系，并最终做出专业发展的规划、探索与实践。

本书仅从发展本质的角度探究教师专业发展问题，但教师专业发展是一个教师长期参与、复杂动态的过程。关于教师专业发展的进程，如教师专业发展的过程是连续不断的还是阶段性学习，即更符合阶段论还是连续论（林杰，刘桂秋，2012）？发展模式上是更符合散点论还是整体论？发展动力上更符合外赋论还是内驱论？这些问题都值得今后继续探究。

二、理论框架构建

教师专业发展是教师专业活力生成与发挥的内在动因。在对教师专业发展的情境与机械两类发展模型进行系统梳理的基础上，本节继而阐发教师专业活力的前因影响模型（发展论）与后效作用模型（效能论），从而探明教师专业活力的生成路径，及其对教师自身身心健康、职业状态与组织生态的积极影响与过程路径，为提升教师专业活力、教师身心健康、教学效果提供可资借鉴的实践路径。

（一）教师专业活力发展论

1. 教师专业活力生态论

根据生态取向的观点，我们将模型划分为微观、中观、外观以及宏观的子环境系统，并且参考发展情境论，补充表达内源性因素的个体生态系统。除此之外，我们也意识到，随着信息化时代的到来，互联网得到广泛应用，智能化设备成为生活中不可或缺的部分。生活在信息时代的教师需要不断从互联网中汲取知识，并借助互联网平台传达给学生，这种信息化教学逐渐成为教师必备技能，直接影响着教师的专业发展。因此，网络系统同家庭、学校系统一样，属于微系统的范畴，对教师的专业成长具有重要作用（朱旭东，赵瞳瞳，2022）。综上，模型共包括个体生态系统（成熟和经验）、微观生态系统（家庭、学校、学生、同伴以及网络系统等）、中观生态系统（家校、师生、同伴、社区与网络系统的相互作用）、外观生态系统（父母单位、配偶单位、管理部门、子女学校、家庭收入等）、宏观生态系统（意识形态、文化与亚文化、社会环境等）五个子环境系统，子系统内部相互影响，相互渗透，共同作用于教师专业活力的发展。

影响教师发展活力的个体生态系统应该包括哪些具体内容，即一个优秀教师应该具有哪些方面的专业要求呢？根据教师发展阶段论，不同阶段的教师表现出不同的教学特征，包括知识讲授能力、问题解决能力、信息处理自动化能力等，直接反映教学水平，因此，这些不同的表现特征亦是我们讨论“如何促进教师专业活力”的切入点。专业知识、专业技能和专业情感是一个优秀教师应具备的专业要求(教育部师范教育司，2001)。综上，我们确定影响教师专业活力发展的内部因素分别为专业知识、专业技能和教学情感，与成熟和经验同属于个体生态系统，将之放在其余子环境生态系统中，并结合教师专业活力促进的内涵，我们构建出完整的用于促进教师专业活力的教师专业生态系统模型。

教师专业生态系统模型共包括五个子环境系统，其中个体生态处于模型最核心位置，包括代表有机体生理变化的“成熟”和在外界影响下习得的“经验”，并与反映教师专业化要求的专业知识、专业技能和教学情感交叉作用，共同建构个体生态系统的角色。除此之外，个体生态与外部各系统会发生物质、能量和信息的双向交换。

1）微观系统对教师专业发展活力的直接影响

家庭是教师成长的摇篮，学校是教师发展的主要场所，同伴是教师协作与竞争的共同体，学生是教师展示专业才能的对象，网络为教师提高信息化加工能力提供资源，这些共同构成了教师专业的微观生态系统，对教师发展具有直接影响。

首先，在家庭方面，教师在儿童与青少年时期受教育过程中所经历的、对他们未来从事教师职业有所影响的关键人物和关键事件等，影响了他们日后从事教师职业的教育观念及相关能力(刘胡权，2017)。教师在从教后感知到的家庭支持的程度与教师专业发展水平呈显著正相关(Schock & Jeon, 2021)。其次，在人际关系方面，Carmeli 等(2009)研究发现，当员工在工作中与同事建立起良好的人际关系时会表现出更高活力，并产生强烈的工作动机，从而全力投入工作，进而提升工作质量。最后，在学校方面，学校与教师个体之间教育理念的统一，有利于学校教学改革、教学措施自上而下顺畅地贯彻，使教师与学校之间形成教育合力，构成教师的自主性得到尊重、创新性也得到发挥的空间，其内在的专业活力也被激发。如姚计海和张蒙的研究(2022)指出，“双减”背景下，学校加强教师的心理激励、管理激励，完善教师专业发展的制度保障等积极管理措施，能有效提升教师的专业发展积极性。

2）中观系统对教师专业发展活力的交互影响

中观系统伴随着微观而存在，反映了微观内各教育因子之间的相互关系对教师发展的影响，只有相互之间形成良好和谐的关系方能有助于教师专业的成长。

家校合作模式下，教师能从家长方了解到学生的生活表现、心理状况和家庭关系，借此能加强对学生学业及全面发展的关注，而不仅从分数上评价学生成长状况。这有助于教师对学生进行差异化的教育和评价，从而提升教师专业发展的积极性(Mikk et al., 2008)。此外，学校管理制度下教师的交流模式影响教师专业发展活力。如宋萑在比较传统的师徒带教制度和新兴的专业学习社群对新手教师专业发展积极性的中观研究中指出，师徒带教制度容易将新教师置于被动接受者的位置，去记忆学校既定规则、效仿他人教学技术，这并不利于新教师专业自主发展和专业身份认同；而专业学习社群通过社群的建设来为新教师专业发展提供优质土壤，让新教师以一种独立自主的专业身份进入学校的教师社群，新教师主动学习、自主实践、分享合作，最终实现专业成长(宋萑，2012)。

3) 外观系统对教师专业发展活力的间接影响

外观系统包括父母单位、配偶单位、子女学校、邻里服务等，其不直接作用于教师发展，但又会通过中间关系发挥作用，同样是教师专业生态系统中重要的一环。

在教师专业发展历程中，我国的教育政策作为外系统的核心因素，影响着教师专业发展的活力和视野。新课改前，我国教师专业发展视野的教学定位局限，教师的专业发展仅局限于“教学”，教师的专业水平仅体现在知识的传递和认知实践的过程上，缺乏对课程的整体性关注，教师专业发展活力低下。随后，新课改头十年，教师专业发展视野的课程定位逐渐拓展。2001 年，《基础教育课程改革纲要(试行)》明确指出，“改变课程过于集中的状况，实行国家、地方、学校三级课程管理。”这给予学校课程开发权，教师成为课程开发主力军，教师专业发展从传统的“能教知识”到“会教知识”，极大地提高了教师专业发展的动力和信心。嗣后，随着新课改的实施，教师课程建设的意识与自觉性不断提升。此时，教师对自身的专业发展视野定位已变得更加开阔，教师更新教育观念、优化教育方法、转变教师角色。从课程的实施者转向课程的领导者，专业发展意识逐渐提高。最后迈入“立德树人”新时代后，教师专业发展的视野已经趋向“全面育人”的教育要求。学生发展核心素养的培育要求教师专业素养的进一步提升，专业发展活力作为教师主动提升素养的核心动力，伴随着教育政策的完善而逐步激活(朱忠明，2023)。

4) 宏观系统对教师专业发展活力的宏观影响

教师作为“社会的人”而存在，与教育相关的社会因素构成了影响教师专业活力的宏观环境，受到社会意识形态、文化与亚文化和社会环境的熏陶。具体而言，社会环境对教师专业活力的影响表现在社会对教师的职业期待及社会对教师职业的道德态度两个层面。

适度的社会期待水平激发教师专业发展活力。在我国，教师被期待为“接班人的培养者”，肩负着实现民族振兴的历史重任。这些期待落实在教师角色中，要求其在利益上不计个人得失、在体力上毫无保留、在情感上倾情投入，以无私奉献的方式促进学生全面发展。诚然，适度的社会期待有利于激发教师活力，但过犹不及，长期处于高压态势也容易使教师逐渐走向职业倦怠之境。社会对教师角色的崇高期待、对学生发展的美好愿景本无可厚非，但以社会需求为本位的价值取向在一定程度上弱化了教师主体地位，使其成为被期待、被要求的对象，纠结于“我被期待怎样”而不是“我可以怎样”。在这种意义上，过度期待成为制约教师发挥活力的“桎梏”。因此，社会对教师角色的崇高期待理应作为终极的目标追求而存在，成为激发教师活力的外在驱力，而不应使教师陷入社会期待的一厢情愿之中，束缚教师活力的自由发挥。

尊师重教的社会风尚鼓舞教师的工作投入。近年来教师和学生、家长的冲突不时发生，这导致社会大众产生了对教师群体道德的负面印象，甚至是对其教学投入的否定。这一现象的一个典型后果是：教师尊重需要的满足受损、教学活力减退。为此，2018 年，中共中央、国务院印发《关于全面深化新时代教师队伍建设改革的意见》，提出“让尊师重教在全社会范围内蔚然成风”的任务目标。根据上述“实然”“应然”及“似然”的逻辑，《意见》实际不仅是针对教师队伍提出的要求、对尊师重教的社会风尚的倡导，在某种程度上也是对教师教学投入的肯定，以及对教师“道德沦丧”曲解的拨乱反正。其意义在于，使除小部分“失德教师”以外的广大教师的工作投入得到社会认可、满足其对社会尊重的需要，使其工作投入的精神价值得以显现，从而以此为基础进一步激发其专业活力。

综上，除了各个子环境系统会直接或间接影响教师专业成长外，我们认为，不同系统之间也可以进行物质、能量和信息的转化，处于动态变化之中，这种动态变化的结果亦是教师专业成长的有力因子。简言之，整个系统交互影响、共同作用，具有动态性、完整性和生态性。

2. 教师专业活力发展资源论

发展资源(developmental assets)指的是一系列能够有效促进个体获得健康发展的相关资源，包括外部资源和内部资源两类(Benson，2002)。该理论视角一直专注于青少年发展（常淑敏，张文新，2013），近年来也逐步扩展到其他领域（张畅等，2022）。其理论框架的堆积效应假设认为，内外部发展资源的不断堆积能够促使个体产生更加良好的发展结果（常淑敏，张文新，2013；常淑敏等，2017）。因此，发展资源理论的研究视角可以很好地阐明教师专业发展过程中内外部资源的共同作用将如何促成教师专业活力的发展。

1）教师发展的外部资源

外部资源指能够促进个体健康发展的环境特征，又称生态资源（Benson，2002）。学者指出，外部发展资源使得个体的基本发展需求得到满足，从而促进了其健康发展（Chen & Han，2017）。外部资源作为促进个体健康成长的重要因素，也是教师发展的基础。

学校组织制度。学校组织制度作为教师日常教学工作最重要的外部因素，通过结构性授权使得教师能够获取机会、支持、信息、资源等（Borrego et al.，2023），对教师专业发展产生直接影响。组织环境与教师专业活力间存在显著的正相关关系（刘婕，2021），处于一个积极健康的工作环境中并能够获得稳定的关系支持，对于教师发展有着重要影响（肖薇，罗瑾琏，2016）。良好的组织制度设计不仅是职业道德培养的重要保障（刘志芳，卢旭，2021），也为教师的职业发展提供各类必需的外部条件（洪松舟，王珊，2022）。教师会在组织制度的正向影响下，从专业实践中体会到更加强烈的自我实现感，其所塑造的组织环境也会给予教师更大的发挥空间，满足教师的自主性需求，进而促使其专业活力蓬勃发展。

校长领导方式。校长作为学校的领导者，不仅直接影响了教师的教育实践，也通过设计学校的组织制度间接影响了专业发展的生态环境，对专业活力的发展至关重要。校长的领导应当因地制宜，结合不同的情境而使用不同的领导方式，并没有放之四海皆准的一套领导模式（颜晓程，吕立杰，2019）。只有当领导方式与学校的环境相契合时，校长的领导才能够通过良好的共同愿景，激活教师们专业发展的动因（白磊，2006），提高教师的创新能力（鲍远根，2018；侯浩翔，2018），这体现了领导方式对专业活力的能量感与创新性的影响。除此之外，过于严苛的领导模式，则会限制教师的专业发展，对专业活力的自主性起到损耗作用，影响其效能感与动机的发展（Ryan，Deci，2020）。

教师人际关系。人际关系也是教师在学校环境中获取的重要外部资源之一，能够给予教师社会支持以应对工作带来的压力、焦虑、抑郁以及情绪衰竭

(Li & Li, 2020; Maas, 2021)，提高教师的工作动机，从而产生更高质量的教学效果(Chiu, 2022)；如果教师的支持感知不足，其职业使命感则无法维持(李东斌，2021)，对工作的满意度也会降低，从而影响教师专业活力，甚至产生离职倾向(李紫菲等，2021)。人际关系的建立对初任教师尤其重要，他们能够在与老教师的交流中形成良性的职业认同，并提高胜任力(Roybal, 2022)。教师的人际关系对于专业活力的促进体现在两个方面。其一，是在职业早期，能够帮助教师快速形成职业认同与胜任能力，促进专业活力的适应性发展，以更好地面对教育任务；其二，是在面对职场冲击时，缓解教师的情感枯竭与职业倦怠，从而维护教师专业活力的积极性。

教育教学环境。该环境是教师日常教学的主要场所，隶属于一个更加微观的生态系统，对教师的专业活力影响最为直接。该环境的影响主要体现在学生的表现情况与家长的相处难度中，对专业活力的塑造主要集中在能量感、积极感与自主性这三方面。对于能量感与积极感而言，学生在学习态度、学业成绩等方面表现越是不良，教师越容易产生较差的工作态度与信念(Tran et al., 2022)，在教育过程中更难感受到积极的动力，更容易形成职业倦怠。在自主性方面，难相处的家长也更容易让教师感知到压力，让教师在实际的教育过程中感到束手束脚，影响自主动机(Pelletier et al., 2002)。

2) 教师发展的内部资源

内部资源是个体所持有的，能够引导其成长的价值取向、胜任特征以及内在动力因素等(Benson, 2002)，这些属于个体内含的品质，为个体的成长发展提供方向与动力(常淑敏，张文新，2013)。

价值取向。价值取向代表了对于教育本身的价值判断。俞国良等(2000)提出了教学信念感的概念，认为个体对教育的价值观念决定了其教学生涯的发展(马艳云，董海霞，2013)。林崇德等(1996)在归纳教师五大职业素养的过程中，将教育观念视为重要的因素之一，其反映的也是一名老师有关教育的价值体系。对教育的价值判断是教师专业发展的重要起点。一个坚信教育意义的教师将会形成更加正面的职业认同，而失去信念感的教师往往也会失去成为高质量教师的理想，进而将工作的重点放在应付教学任务上，不再对专业发展抱有积极的态度(程良宏，孟祥瑞，2022；李斌辉，张家波，2016)。因此，价值取向对教师专业发展具有基础性作用，通过让教师形成对教育积极或消极的观念，从而影响其未来的专业发展规划。由此可知，价值取向在教师专业活力结构中，也应充当能量基础，为专业活力的提升与发展提供必要的身心能量。此外，价值取向本身对教育的效价判断，也是专业活力中积极感的重要影响因素。只有对教育本身抱有正面的观念，积极的专业活力才有可能产生。

胜任特征。胜任特征包括效能感与教育知识储备两部分。教学效能感是教师对于能否克服困难，完成教育目标的信念(Guskey & Passaro，1997)，通常分为一般教育效能感与个人教学效能感两个部分，分别代表了个体对于教育本身作用以及个人教学能力的自信程度(俞国良等，1995)。教学效能感充当了教师专业活力的保护因子。正向促进方面，效能感强的教师更容易产生高工作动机与工作满意度(DEMIR，2020；Krasniqi & Ismajli，2022)，从而确保教师在教育中有更好的投入，保持良好的工作旺盛感与激情，这些都是专业活力良好的教师的外在体现。负向阻碍方面，良好效能感水平的教师往往能克服现实教学环境中的压力与冲击，并维持自己的成就动机，缓解职业倦怠感(Alibakhshi et al.，2020；Cho，Shim，2013；Prewett，Whitney，2021)，从而避免教师倦怠的产生，保持良好的能量感与积极感，进而有利于保持良好的专业活力和积极的发展趋势。

教育知识储备则是在教育过程中所需要的一系列技能与教育理论，是来自不同途径、涉及不同方面的各类知识(辛涛等，1999)，也是教师必备的职业素养(林崇德等，1996)，主要来源有理论学习和经验获取两种(Ferguson et al.，2023)。专业知识与能力是通过理论学习所获得的教师技能，是教师专业实践过程中必不可少的知识储备。实践性知识则是教师在教学、育人、服务等实践过程中形成的概念性知识，在教学行为形成与教育理念发展中有相当显著的地位(李爱霞，2022)。实践性知识可以被认为是理论知识在实践过程中得到了进一步的优化，形成了更具适应性的知识储备，这将更有助于教师优化其教学行为。

动力因素。教师在教育活动中的动力因素，主要指支持教师参与加入教育行列，维持教学工作的动机。这种动力因素在教师的职业选择、专业发展上都起到了重要的作用(Correia et al.，2022；Ölmez，2022；Petty et al.，2023)，也是教师专业活力的发展中不可或缺的成分。教师专业活力结构中强调了身心能量的基础性作用，一切自主性、创新性、积极感等专业实践中的积极体验与表现，均需要在坚实的能量基础上发挥作用。而动力因素即重要的心理能量，是教师是否愿意从事教育事业，并为此付出巨大投入的根本条件。高动机的教师往往容易产生更强的职业理想，在有利于专业发展的选择上付出更大投入（Abakah，2023；Simonsz，et al.，2023），且良好的动机水平也能够反哺教师的效能感，增强教师的课堂管理和教学能力，更好塑造教师的职业胜任力（Christian & Sayed，2023；Nalipay et al.，2023）。自我决定理论（Self-determination theory）将个体的动机来源归因于三种基本心理需求（Ryan & Deci，2017）。从广义的工作动机来看，自主、胜任、关系这三类需求的满足不仅可以单纯地增强工作动力，也能够促使外在价值内化，从而形成稳定的内部动机（张剑等，2010）。在教师发展的视域下，渴望良好的师生关系、个人能力满足等相关需求也被认为能够促使教师产生更加积极的动机（Christian & Sayed，2023；Ölmez，2022）。而胜任需要的满足则能够正向促进教学效能感的提升（Crick，. et al，. 2021），有利于教师快速地适应其工作岗位（Desrumaux et al.，2023）。由此可知，在教师的动机培养乃至整个教师发展的内部资源中，基本心理需求的满足或许是相当重要的远端基础因素。

3）教师发展资源理论的关系假设

发展资源理论的优势在于，其理论视角能够很好地区分个体发展中的内外部资源，并分别总结两类资源的不同作用。但正如常淑敏等（2013）所提到的，发展资源理论在假设上存在一定的局限，未能辨析不同资源之间如何相互影响，进而促成个体的发展。因此，阐释不同资源间的关系是教师发展资源理论的重要议题。

堆积效应假设。堆积效应是青少年发展资源理论中的重要假设（常淑敏，张文新，2013），即认为发展资源的不断累加能够促成青少年的发展。以该理论视角查看教师发展时，一般教学效能感会随着在教学工作中的不断打磨而日渐精进，教学能力也会在充实的教学实践环境中逐步提高，使得教师的胜任力不断攀升（王勇，2019；俞国良等，1995），由此可见，在教师视域下，堆积效应假设依然成立，证明了在教师发展中强者恒强的发展趋势。即在好的学校环境中、或对于一个专业活力强盛的优秀教师而言，他们的成长会在日渐发展中不断提高，在个人所处的生态系统中形成良性内循环。

外因塑造假设。宏观而言，外部资源对内部资源的发展起到了促进或约束的作用，这是在生态系统理论的视角下，由于外部资源本身具有的环境属性而产生的效果（Bronfenbrenner，1979）。实际的研究结果也表明，不良的外部资源，包括偏差领导风格、学生的问题行为、家长的难处程度等，都会对教师的内部资源产生消极影响（Fernet et al.，2012；Pelletier et al.，2002；Tran et al.，2022），而良好的外部环境，则可以促进内部资源的正向发展(Chiu, 2022)。外因塑造假设的提出，为教师专业活力的发展提供了可操作性。教师发展的内部资源往往是无法通过他人直接改变的，而如果外部因素的塑造具有实践意义的话，则将对学校组织制度建设、师范院校课程开展乃至学校氛围营造都提供指导方向，为如何更好地塑造教师的内部资源、促进其专业活力发展提供必要的理论指导。

代偿作用假设。在微观视角下，不同类别的资源之间也存在相互影响。已有研究发现，学校组织环境中，教师感知到的支持能够缓解教师在教学环境中承受的压力(Ghasemi, 2022; Li & Li, 2020; Maas, 2021)，这说明积极的外部资源能够对匮乏或消极的外部资源产生一种代偿作用。这种代偿不仅发生在外部资源，也发生在内部资源中以及内外部资源之间。实证结果表明，初任教师在职场初期会感受到强烈的冲击，这种冲击使教师的动机与信念产生动摇(Kim & Cho, 2014)。但在其他教师的支持与帮助下，这种冲击的影响会被降低，让初任教师产生更强的胜任力与信念(Roybal, 2022)。对于动机水平高但胜任力不足的教师而言，他们的生涯起点或许会低于专业背景更好的教师，但良好的动机水平补偿他们胜任力的不足，进而抹平专业发展上的差距(Gorard et al., 2022)。在实际的教师生涯发展中，想要兼顾每一种资源都达到最佳水准是相当困难的。但一种资源的匮乏，如果可以在另一种充盈的资源影响下获得补偿，那么积极的教师发展在实际的学校情境下将会更具有可操作性。

等级序列假设。在内部资源范畴中，不同资源之间可能存在一种等级序列。在该等级序列中，越处于远端的内部资源则是更为基础的内部因素，能够影响下级内部资源的发展。我们在上文有关教师发展内部资源的阐述中，已经提出了三大基本心理需求是最基础因素的观点，认为这样一种由远及近的内部资源等级序列可能存在，且基本心理需求或许位于这个序列中较远端的位置。基于现有的研究，以效能感为代表的胜任特征或许是相对更近端的因素，受到了教育观念与动机的制约(Crick et al., 2021; Shen et al., 2023)；而动力因素则是相对远端的因素，对胜任特征和教育信念都有一定的影响(Christian & Sayed, 2023; Nalipay et al., 2023;Simonsz, et al., 2023)。这一概念的提出，本质上是想说明内部资源之间可能存在的联系，从而串联起不同的内部资源。但不同资源间的影响方向却并非严格的由远及近，近端因素由远端因素发展并制约，远端因素的成长也会反哺近端因素。同时，等级序列关系也试图说明专业活力中能量基础的内在结构。内部资源中的价值取向与动力因素都属于专业活力发展的心理能量，但两者的优先级和重要性存在差异，这对于我们更好地阐释专业活力的结构（尤其是能量感部分）有一定的参考价值。

4）教师发展资源模型及对教师专业活力的影响模式

根据教师发展中涉及的不同资源及相应的理论假设，我们构建了教师发展资源的理论模型及其对教师专业活力影响模式。宏观上，内部资源与外部资源存在联系。外部资源对内部资源的主要影响方式是塑造（外因塑造假设），而内部资源对于外部资源的主要影响体现在代偿，即当外部资源匮乏的时候，由内部资源补偿其影响（代偿作用假设）。内部资源中，不同类别的资源之间存在一定的等级序列关系（等级序列假设），从而塑造了内部资源的结构关系。

两类资源主要都是通过堆积的方式对专业活力产生影响（堆积效应假设），内外部资源越是充盈，专业活力的发展趋势就越好。此外，内部资源本身也是专业活力结构中重要的能量基础，因此对于能量感有单独的影响，见图3-3。

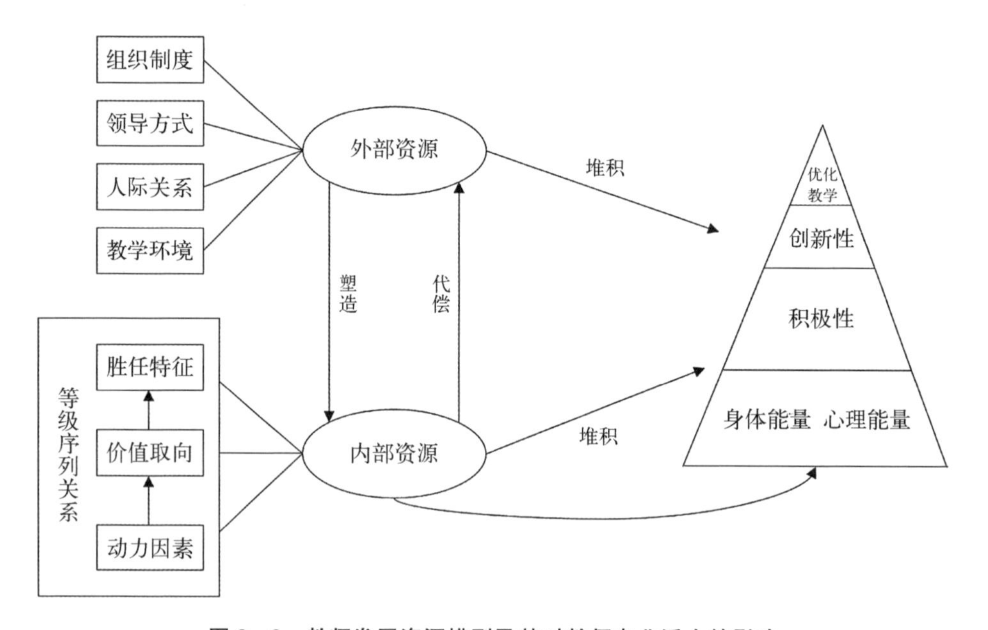

图3-3　教师发展资源模型及其对教师专业活力的影响

3. 教师专业活力活动实践论

1）自我内在活动实践——教学反思

教学反思的有效性和意义性早已成为国内外教师教育界的普遍共识。自

20世纪80年代“反思性实践者”概念提出以来，“教师是反思性实践者”的观念及强调培养教师反思能力的教育思潮首先在欧美等国的教师教育界兴起，之后迅速辐射到其他国家的教师教育。我国学者也充分认识到教学反思对于教师专业发展的重要性，如张学民等(2009)从心理学的视角提出了“优秀教师=教学过程+反思”的教师成长模式；申继亮构建了教学反思的心理结构，横向上包括教学反思的内容、方式、倾向，纵向上包括教师教学反思的不同发展水平、阶段(申继亮，刘加霞，2004)。国内外研究均指出，教学反思是教师专业发展的基础。林攀登等(2021)的研究指出相较于传统的教学反思实践，人工智能赋能教师教学反思，促进教师从经验回顾走向数据驱动，系统化地促进教师专业发展的积极性。为了激发教师提升专业能力的内在动力，需要让教师提升自我反思的意识和能力(Varghese & Jenkins, 2005)。可见，教学反思能够帮助教师改正教学问题，从而提高教学能力和活力。

2) 组织支持活动实践——教学培训

教师培训服务于教师的专业成长，并能充分调动教师专业发展的积极性。传统培训采取听课、评课、赛课、专题培训等方式，在内容和形式上均有一定的局限性，如形式单一、内容枯燥、培训学员体验感差等问题。随着现代信息技术的发展，数字化学习平台的出现打破了传统的培训模式，培训内容多元、培训主题先进，教师培训不再受到时间和空间的约束，能更加便捷地获取知识、存储知识和分享知识。学习平台甚至开设教师自主开发培训课程的专栏，鼓励教师成为培训活动的参与者和设计者，这就需要教师深度参与到培训活动，提升了教师培训和专业发展的主观能动性。尤其对于新手教师来说，在教师初始教育和新教师融入专业的过程中，培训经常被作为支持教师专业发展的一种手段。通过培训，教师获取新的教育知识、理念和技术，引起教师主动学习的积极性。以往研究也发现，在职培训在教师专业发展和个人进步方面发挥着重要作用。积极参加课程培训的教师不仅获得知识和技能，且提升了和其他共同参与培训教师的同伴关系。在过去的二十年里，教育系统已经从校外培训转变为以学校为基础的在职培训，这些培训被视为教师专业发展活力和向学校引入变革的工具(Fejgin et al., 1999)。英国一所学校的体育教师参加了一项独特设计的、以学校为基础的在职体育教师培训，他们在体育学科知识、管理学校体育部门的能力以及对学生的积极影响方面都有了显著提高(Alhumaid et al., 2021)。

3）人际互动活动实践——共同协作

教师共同协作时，可以增加合作，促进资源和经验的共享，从而提升教师的专业能力。在学校里，教师除了和学科教师共同协作，也会和学校领导参与合作，教师在这些活动实践中点燃对教学的热情，从而更加积极投入到教学活动中（Ernst & Erickson，2018）。以往研究还发现，尽管教师可能会与同年龄段或有经验的教育者的个性和意识形态产生冲突，但对于教师长期专业发展来看，一起工作、彼此分享想法和观点仍然有益于教师的专业发展，教师能在交流的过程进行学习并获得其他教师的经验（Knowles，2008）。尤其是对于新手教师而言，与熟手教师、专家教师的分享交流、共同协作等实践交流活动能激发他们专业学习的自信心。在这种榜样作用的示范引领下，新手教师往往会认识到自己在教学上存在的不足，他们主动参与学习以提升专业能力。在澳大利亚进行的一项研究表明，学校领导参与教师专业发展计划对提升教师反思新知识和实践的能力有积极影响，同时这对领导者自身的专业成长也有积极影响（Birks & Ridley，2021）。教师共同实践和实践的分享帮助教师提升专业学习的创造性和思维活跃性，教师通过听取同事的观点来检讨自己的教学理念，提高自身专业水平。

4）数字化活动实践——教育技术

互联网和社交媒体等技术对许多国家的教育体系产生了积极的影响（Al harafsheh & Pandian，2016；Lucero et al.，2021）。目前，许多全球教育系统在教学和评估中采用了电子学习、远程教育、电子评估、人工智能、云计算、游戏化和许多其他基于数字化的技术（Aldosari，2020；Holmes et al.，2019）。教育系统中采用技术创新，给教师学习和培训注入新资源，旨在通过基于研究的程序、过程、工具、资源、技术和策略来帮助改善教学过程，激活教师专业发展的积极性。在信息化教学中，教师作为教学活动的主导者、组织者和促进者，起着顶梁柱的作用。教师的专业发展对信息化教学质量和效益起着决定性的作用。信息技术已应用于教育的每一个领域，它作为一种先进的科学技术，必然要对中小学教师专业发展提出新的要求。教师要把信息技术熟练地运用于课堂教学之中，要把信息技术更加有效地与教学研究结合起来，还要凭借信息技术进行交流与合作。信息技术在推动我国教育现代化的同时，实现了教师教育观念和手段的变革，更为教师专业发展提供了广阔的舞台。

综上，本书梳理并总结了教师专业发展活力的三大影响机制，即教师专业活力生态机制、资源机制和实践机制。其中，教师专业活力生态论从影响专业发展活力的微系统、中系统、外系统和宏系统四个维度出发，研究了教育与其周围生态环境之间相互作用的规律，以及各种教育成因。教师专业活力资源论则从内部发展资源（价值取向、胜任特征、动力组织）和外部发展资源（学校组织环境、学校教学环境）两个维度探究其对教师专业活力的积极堆积作用。最后，教师专业活力实践论从教师专业发展的动力角度，探究自我内在活动实践（教学反思）、组织支持活动实践（教学培训）、人际互动活动实践（共同协作）、数字化活动实践（教育技术）对教师专业活力的积极影响。据此，本书构建了教师专业活力发展论模型图，如图 3-4 所示。

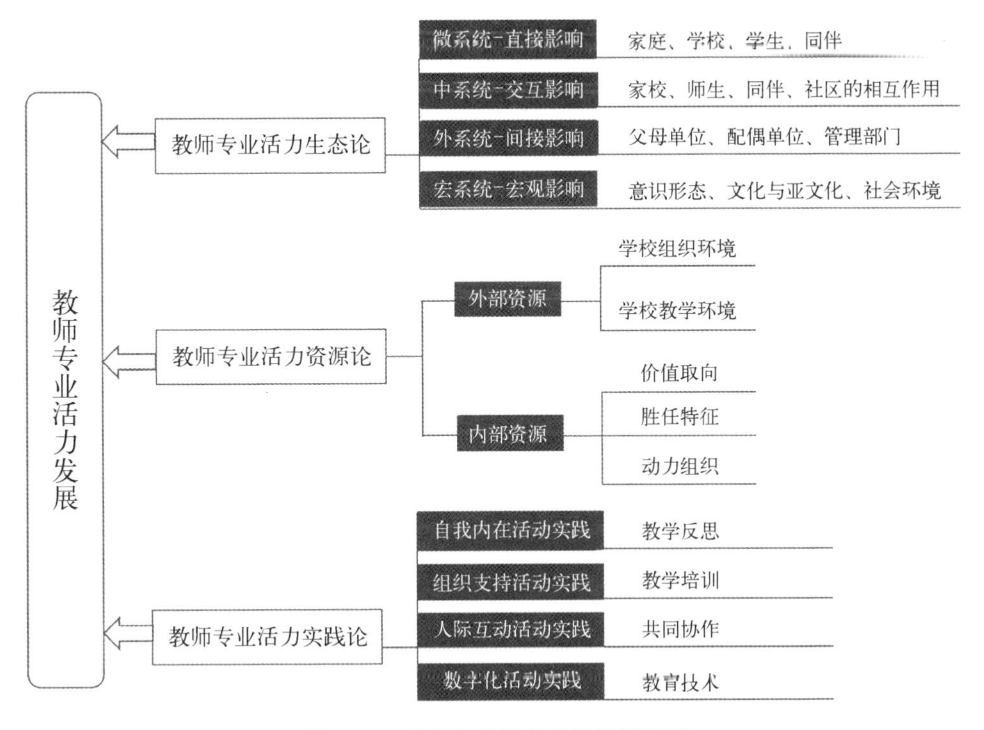

图 3-4　教师专业活力发展论模型图

(二) 教师专业活力效能论

本书提出教师专业活力这一原创性概念更为重要的目的在于：探索其潜在

的积极功能，建立起教师专业活力的作用机制理论模型，以此指导具体的教育管理与实践，从而优化教师的教学体验、增强教学动机、提升教学效果。本部分将主要探讨教师专业活力对教师个体状态及教师组织状态的价值论效益，并建立相应的作用模型，揭示可能的潜在路径。

1. 教师专业活力对教师个体状态的积极后效

在本点内容中，对应第三章所总结的当前活力研究中的教师身心健康取向和职业心理取向两种取向，我们将主要探讨教师专业活力对教师身心健康及职业状态的积极效益。

在第一种身心健康取向的研究中，目前虽缺少直接针对教师专业活力与教师身心健康关系的检验，但我们仍可从活力与个体身心健康关系的研究中获得有益参鉴。在第一种教师身心健康取向的研究中，研究者主要将活力作为测评个体身心健康的指标之一，认为身心健康是范围从活力衰竭到活力充沛的连续体(Rozanski & Cohen, 2017)。如表3-2所示，将活力与生理健康相联系的研究发现，活力已被发现与多种炎症生物标志物呈负相关(Shirom et al., 2008)，与降低死亡率的可能性有潜在的联系(Chida & Steptoe, 2008)，活力水平降低与随后较高的多系统生理失调风险有关(Deen et al., 2020)；与高活力组相比，低活力组出现疼痛和不适的概率增加了5.6倍，整体工作障碍增加了3.4倍，日常活动受损的概率增加了5.8倍(Tardy et al., 2023)。相反，高活力能够加速身体疾病的恢复，增强身体机能(Funuyet-Salas et al., 2019)。在一项为期20年的追踪研究中，研究者发现工作时感觉精力充沛对全因死亡率、缺血性心脏病和糖尿病风险降低具有显著预测作用(Shirom et al., 2010)。最近的一项元分析显示，工作中的精力会更多地参与身体健康，从而降低高敏C反应蛋白水平、纤维蛋白原水平、高脂血症风险、糖尿病死亡风险，减少失眠等身体症状(Cortes-Denia et al., 2023)。

表3-2　活力水平与个体身体健康的关系

引用文献	活力状态	身体健康指标
Shirom et al., 2008	高活力水平	多种炎症生物标志物减少
Chida & Steptoe, 2008	高活力水平	死亡率的可能性降低
Richman et al., 2009	高活力水平	多种心血管疾病的概率降低

续　表

引用文献	活力状态	身体健康指标
Shirom et al., 2010	高活力水平	全因死亡率、缺血性心脏病和糖尿病风险降低
Shirom et al., 2013	高活力水平	高脂血症风险降低
Funuyet-Salas et al., 2019	高活力水平	身体疾病的加速恢复
Cortes-Denia et al., 2023	高活力水平	高敏C反应蛋白水平、纤维蛋白原水平、高脂血症风险、糖尿病死亡风险和身体症状降低
Armon et al., 2014	低活力水平	睡眠质量较差
Deen et al., 2020	低活力水平	多系统生理失调风险较高
Tardy et al., 2023	低活力水平	疼痛不适、活动受损的概率增加

除生理健康外，个体的活力水平还被认为是最佳心理功能的一个指标。一个突出的例子是世界卫生组织对心理健康的测量包括“我感到精力充沛”“我感到活跃”等项目，而这些项目也在其他研究者衡量活力的量表中被使用（Shirom et al., 2008）。如表3-3所示，相关实证研究也发现，高水平活力有助于提高个体幸福感（Muyan-Yılık & Bakalım, 2022）、生活满意度（Baruch et al., 2014）及整体性的心理健康水平（Kleine et al., 2022）。具体而言，高水平的活力与压力（Cortés-Denia et al., 2022）、网络成瘾（Uysal et al., 2013）呈负相关；针对从事高风险职业个体的多时间点测量发现，较高的活力感觉与较少的抑郁症状显著相关（Adrian et al., 2018），高活力个体具有更高的心理韧性（Kubzansky & Thurston, 2007）；与高活力组相比，低活力组出现抑郁和焦虑的概率增加了10.3倍（Tardy et al., 2023），且活力与焦虑存在显著的滞后相关（Rodríguez-Muñoz et al., 2015）。

表3-3　活力水平与个体心理健康的关系

引用文献	活力状态	心理健康指标
Kubzansky & Thurston, 2007	高活力水平	心理韧性更高
Uysal et al., 2013	高活力水平	网络成瘾减少
Baruch et al., 2014	高活力水平	生活满意度提升
Adrian et al., 2018	高活力水平	抑郁症状减少
Muyan-Yılık & Bakalım, 2022	高活力水平	幸福感提高

续　表

引 用 文 献	活力状态	心理健康指标
Cortés-Denia et al., 2022	高活力水平	压力降低
Rodríguez-Muñoz et al., 2015	低活力水平	与焦虑存在显著的滞后相关
Tardy et al., 2023	低活力水平	抑郁和焦虑的概率增加

根据上述分析可知，活力对个体身心健康存在显著影响，由此推断，教师专业活力作为活力的一种类属，其对教师的身心健康也会存在必然影响。根据Shirom(2011)的观点，存在两种主要机制可以解释教师专业活力对其身心健康的影响。如图3－5所示，第一种机制主要是由教师专业活力的能量属性对活力体验的偏好和兴趣所介导的，主要用来解释活力对教师身体健康的影响。具体而言，具有高专业活力的教师之所以选择某种行为，是因为这种行为可以给教师带来活力感觉，是教师基于自身活力管理的主动选择。如基于这一路径可以理解高活力教师为何会倾向于参加更多的体育锻炼等增强身体健康的活动(Solberg et al., 2012)：体育锻炼是一种发挥与获得身体能量的行为，在这一活动中教师能够体验到自身能量的充沛感。因此，为反复感受这种充沛的能量带来的积极情绪状态，教师倾向于参加更多的体育锻炼(Cortés-Denia et al., 2022)，而这一行为的积极后果便是教师自身身体素质的增强。

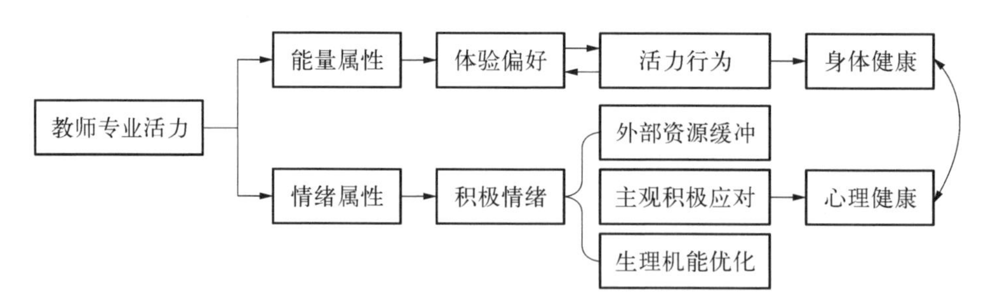

图3－5　教师专业活力影响教师身心健康的理论模型

如图3－5所示，第二种机制主要是由活力的积极情感属性所介导的，主要用来解释活力对教师心理健康的影响，当然其对教师身体健康也具有不可忽视的促进作用。根据第三章对教师专业活力结构成分的分析，积极情绪体验是高专业活力教师的一个典型特征，而积极情绪与个体的心理健康具有紧密关系(董妍等,2012)。首先,积极情绪可以增加教师的支持资源,以缓冲消极影响。研究表明,积极情绪与更多的积极社会联结与支持有关(Chervonsky & Hunt, 2017),而根据压力缓冲模型,积极社会互动建构的社会资源与心理资源有助于缓冲消极事件对个体的不利影响(Harada et al., 2018)。其次,积极情绪可以促成教师对消极事件的积极应对。根据 Lazarus(1991)的情感评价理论,是对事件和情境的情感解释,而不是事件和情境本身决定了人们会受到哪些影响。也就是说,处于积极情感状态下的教师倾向于对当前事件和情境有着更为积极的解释、采取更为积极的应对。更具体地,根据积极情绪的拓展建设理论,积极情绪具有扩大注意范围、增加认知灵活性的功能(Fredrickson, 2001),有助于教师更为全面地审视当前的事件与情境,从更为灵活有效的视角解决问题,从而减少消极事件及消极应对其心理健康的损害。同时,从消极情绪的视角来看,积极情绪还具有撤销消极情绪所带来的认知狭窄与异常激活水平的功能(董妍等,2012)。最后,从生理心理学的视角来看,积极情绪所产生的积极生理过程有助于教师心理健康的维护。相关生理心理研究发现,积极情绪状态下,经由下丘脑—垂体—肾上腺皮质轴会释放更多的皮质醇等激素,而皮质醇对缓解压力具有不可替代的作用(孟瑶等,2019)。此外,积极情绪会提升大脑多巴胺的释放水平(Sharpe, 2018),而多巴胺参与了与心理奖励有关的过程,对认知和情感的特定大脑区域具有离散的影响,诸多证据表明,多巴胺释放不足可能是包括精神分裂症和抑郁症在内的多种精神疾病的病理生理基础(Grace, 2016)。

在第二种职业状态取向的研究中,教师专业活力不仅作为描述教师身心健康的指标,还是对教师工作状态的揭示,对其职业心理及工作绩效存在重要影响。如表 3-4 所示,从工作体验来看,活力象征着积极的工作体验,高活力水平教师有着更高水平的工作满意度(Shirom, 2011)、更多可用于自我控制的积极资源(Bertrams, 2021)、更高水平的创造力(Kark & Carmeli, 2009),以及更低的职业倦怠与离职意愿(Elci et al., 2018);从工作动机来看,活力被认为是工作动机的先驱(Forgas & George, 2001),高活力水平会引起更加积极主动的工作行为(Lam et al., 2012);从工作绩效来看,高水平活力能够优化工作表现(Dubreuil et al., 2014),降低反生产行为(Spanouli & Hofmans, 2021),员工主动的活力管理能够显著预测创造性工作绩效(Op den Kamp et al., 2020)。

表 3－4　活力水平与个体职业状态的关系

引 用 文 献	活力状态	职业心理指标
Forgas & George，2001	高活力水平	工作动机提升
Kark & Carmeli，2009	高活力水平	创造力增加
Shirom，2011	高活力水平	工作满意度提升
Lam et al.，2012	高活力水平	工作主动性提高
Dubreuil et al.，2014	高活力水平	工作表现优化
Elci et al.，2018	高活力水平	职业倦怠与离职意愿降低
Op den Kamp et al.，2020	高活力水平	创造性工作绩效提升
Spanouli & Hofmans，2021	高活力水平	反生产行为减少
Bertrams，2021	低活力水平	自我控制努力下降

可见，活力对于优化个体的职业状态具有积极效能。那么，教师专业活力又具体通过何种机制路径实现对教师职业状态的积极影响呢？为此，本书基于资源保存理论及自我控制的图式模型，建立了一个以教师专业活力为核心资源的作用模型，以揭示教师专业活力影响教师教学体验、动机及绩效的潜在机制。

为更清楚对教师专业活力的作用模型进行说明，有必要对资源保存理论及自我控制的力量模型及图式模型进行简要介绍。Hobfoll(1989)的资源保存理论(conservation of resources)认为个体具有努力获取和维持资源的基本动机，资源的损失、缺乏以及丧失的威胁会导致主体压力和倦怠等问题(Heath et al.，2012)。资源保存理论进一步认为，正如“资源大篷车”(resource caravans)概念所反映的那样，资源不是单独出现，而是共同旅行，资源池(pool of resources)中某些资源的增加或减少均会使其他资源协同变化，进而建构出资源演化的两个路径——增益螺旋和丧失螺旋(Hobfoll，2004)。增益螺旋是指，当个体处在资源丰富的环境中，坚实的早期资源储备不但能够使他们增强维持自身原有资源的能力，还可以增强其发展其他资源和保护自身免受资源损失的能力，从而使原有资源不断得到新的生成；而丧失螺旋是指，当个体暴露在资源匮乏的环境中，不仅不能有效地生成原始资源储备，反而还会削弱其积累、调动和开发其他资源的能力，从而使其更易处于资源贫乏状态(Hobfoll，2011)。

自我控制是指以自主行为替代优势主导反应倾向的过程(Baumeister et al.，1998)。自我控制的力量模型(strength model of self-control)解释了个体何时以及为什么会在自我控制方面失败(Baumeister & Vohs, 2016)。根据力量模型,成功的自我控制依赖于有限资源,而在最初的自我控制努力之后,自我控制资源暂时耗尽,并使后续的自我控制受到损害,但力量模型并未充分解释自我控制资源耗竭的具体过程。而后,Bertrams(2020)提出了自我控制的图式模型(schema model of self-control),认为个体自我控制不足的其中一个原因可能是:自我控制努力往往伴随着不愉快的主观能量损失体验,激活了主观活力下降的认知图式(自我控制资源是否客观存在并不重要),而后激发了其保存能量的内在动机,从而降低了进一步进行自我控制的努力程度。相较力量模型而言,图式模型更加突出认知与动机在自我控制中的作用,强调是由主观活力损耗诱发的回避动机(为保存有限的活力资源)导致了后续的控制不足。值得说明的是,在图式模型所述的"由主观活力下降图式激活导致的后续自我控制不足"的逻辑中,实际还涉及个体对活力的操纵成分——主动活力管理,其是指个人的、目标导向的行为,旨在管理身体和精神能量,以达到自身的最佳活力状态(Op den Kamp et al., 2020)。

在正式的理论建构前,有必要结合资源保存理论对教师专业活力的演化路径进行说明。正如自我决定理论提出者 Deci 与 Ryan(2008)所述:"当我们考虑到活力和能量与更好的表现和坚持以及心理和身体健康有关时,很明显,活力代表了一种重要的资源。"鉴于此,本书首先提出:教师专业活力可作为教师的必要内部资源而存在。在本书中,之所以认为教师专业活力可以被视教师自身的积极资源,不仅是由于教师专业活力以积极的情绪体验与充沛的能量为特征,而这种积极情绪与能力可作为教学实践的动力;更重要的是教师专业活力具有适应性,是可控制、可管理与可利用的,这种可操作性(即所谓的主动活力管理)可使其区别于不可控的激动、愤怒等情绪。这不仅意味着教师自身可对教师专业活力进行自主调节,还意味着学校等教学组织可通过对教师专业活力的生成培养,从而促进教师的教学投入与教学效果。其次,根据资源保存理论,本书建构出教师专业活力演化的两种路径:"活力增益螺旋"与"活力丧失螺旋"。具体而言,活力增益螺旋是指,对于具有较高水平的专业活力的教师而言,其不但具有较高的原始活力资源储备水平,这种丰富的原始资源储备还可进一步增强其继续发展活力资源及保护自身免受活力资源损失的能力,进而实现教师专业活力的二次提升;而活力丧失螺旋是指,对于专业活力原本就处于较低水平的教师而言，其不但缺乏早期坚实的活力资源储备，且这种资源的匮乏感还会进一步损害其后续的活力资源获取及资源保护能力，进而导致教师专业活力的二次流失。

在上述两种教师专业活力演化路径的基础上，结合自我控制的图式模型，本书对教师专业活力影响教师教学体验、教学动机及教学绩效的潜在路径进行探析。如图 3-6 所示，具体而言，教师专业活力状态主要表现在教师的专业实践当中，然而，教师专业实践作为一种社会劳动也需要以教师专业活力为能量资源进行驱动。由于教师专业活力的能量资源是有限的，因此前期的专业实践会导致教师生理和心理上能量的损耗，进而激活“活力下降”的认知图式（强调教师对活力资源剩余量的主观感知，而不论实际的资源剩余量如何）。这时由于不同教师在专业活力资源储备量上的差异，其专业实践异化为两种相反的路径：对于处于活力增益螺旋中的教师而言，由于具有较高的活力资源储备，因此虽前期的专业实践会导致其能量资源产生一定的损耗，但其不论在主观体验上还是客观实际中仍有较高水平的能量富余，因此仍可保持较高的活力水平，进而表现出能量感、积极感、自主性与创造性等教学体验，并保持原有的教学动机（至少不会因保存能量的意图而回避教学），并在此活力资源与动机的驱使下进行教学投入，产生良好的教学效果。反之，对于处于活力丧失螺旋中的教师而言，由于其原本

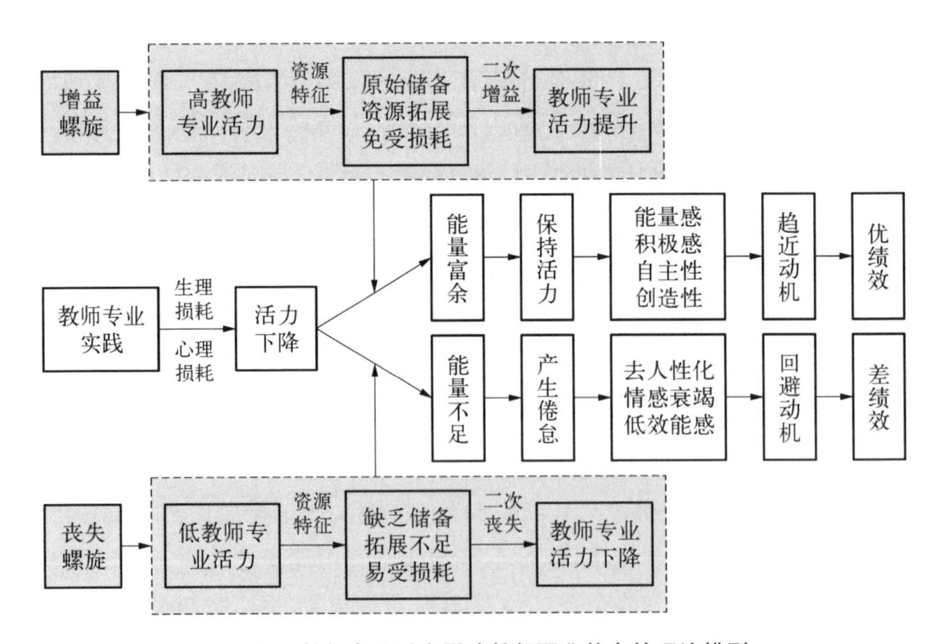

图 3-6 教师专业活力影响教师职业状态的理论模型

就缺乏活力资源储备，因此前期的专业实践产生的能量资源损耗，会使其不论在主观体验上还是客观实际中，均感受到更多的能量不足以及激活程度更高的“活力下降”认知图式，产生去人性化、情绪衰竭及低效能感等表征职业倦怠的主观教学体验，进而产生保存剩余活力能量的动机，进行主动的活力管理（保存活力资源），从而回避教学实践等消耗能量资源的行为（回避动机）、减少教学投入，从而损害教学效果。

2. 教师专业活力对教师组织状态的积极后效

与个体一样，组织由身体（参与者的共同目标、背景信念）和精神（参与者的想法、假设和思维过程）组成（Nielsen et al.，1995）。学校组织是教师个体存在的微观环境社区，教师作为学校组织中的一员而存在，因而教师专业活力高不仅对教师自身的专业发展存在促进效益，而且还可发挥其辐射作用，自下而上地优化其所处的组织生态。教师职业作为一种专业而存在，专业能力是教师专业活力的生成基础，因而在组织生态的各子类系统中，组织专业生态对教师专业活力具有最强的塑造作用。那么，教师专业活力是否也可对其进行反向塑造？本节内容将以教师专业活力对其所处的组织专业生态的影响为例，主要探讨教师专业活力对其所处的组织生态的影响。

如图 3－7 所示，就教师专业活力对教师组织专业生态的影响而言，根据生态管理理论，教师组织的生态互动是一个拉动教师初始生态位改变的过程，教师个体主要通过专业合作与竞争两种形式对组织生态进行反哺（胡芳，2013）。具体而言，专业学习共同体是教师合作存在的一种组织形态，指教师在对共同愿景追求的基础上，以主题研讨、深度对话及结对帮扶等形式形成的专业共生关系。在此合作性生态中，教师得以走出专业发展的“孤岛”：教师专业知识的获得是在与共同体成员之间的合作中完成的，只有当教师之间愿意彼此分享他们的实践经验并接受反馈时，教师的经验才能得以巩固，学习才能有效地发生，并在榜样指导及同侪交流的集体合力下实现教学能力的稳步提升（杜静，常海洋，2020）。在专业合作中，高专业活力教师出于对专业发展的追求及自身的学习主动性，具有更高的合作积极性，对其他教师的不同教学方法、教学理念持开放性态度，能够丰富专业合作的参与形式、增加专业合作的频率及合作过程的融洽度。由高专业活力教师驱动的这种个体间知识的横向流动过程，有利于组织生态内的知识共享与和谐向上的专业生态的建构。

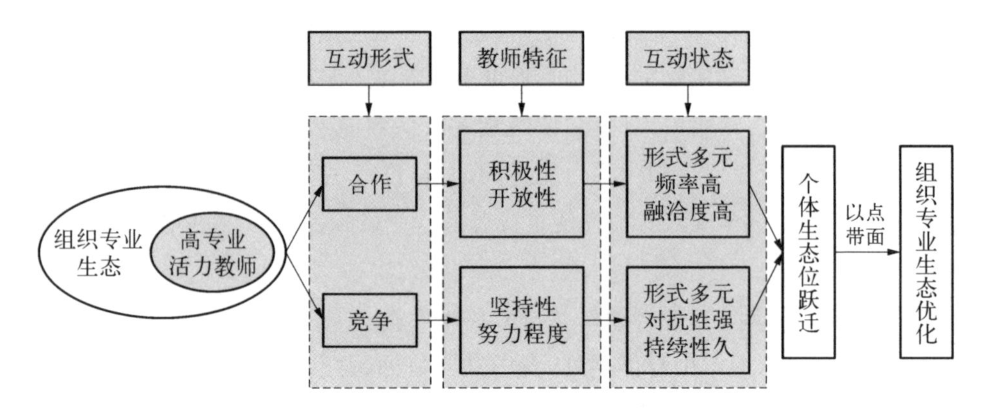

图 3-7　教师专业活力影响教师专业生态的理论模型

与合作不同，竞争性互动则以教师之间的对抗为特征，以教学竞赛的方式开展。在良性的竞争性生态中，迫于对抗性压力，教师常以查漏补缺、专项学习的方式进行自我提升，以拉动教学能力生态位的向上跃迁。在专业竞争中，高专业活力教师有更高的坚持性与努力程度，对专业竞争带来的压力也有更高的忍耐度，希望通过适度的专业对抗拉动自身专业生态位的跃迁。因此，其在专业竞争中会付出更多的竞争努力，这也在无形之中增加了专业竞争的激烈程度，迫使其他潜在竞争者也相应增加竞争投入度以与高专业活力教师相匹配。正是在这一投入度不断增加的过程中，无论是自觉的还是被动的，各教师的专业生态位均得到了有效的纵向拉动，组织实现了整体性的专业能力提升。

总体而言，尽管单个教师个体的专业活力对组织专业生态的优化程度有限，但高专业活力教师在专业合作与竞争中表现出的积极性与对抗性，有利于调动组织其他个体的知识分享与专业提升，以点带面地推动各级组织专业生态的优化。它是一种自下而上的活力激发过程，有利于营造“各美其美、美美与共”的良好专业生态氛围。

三、理念意涵阐发

理念是人们关于理论的理性认知，是一种具有相对稳定性、延续性和指向性的价值认识和观念体系。理念是理论的标志，是理论精气神的集中体现，它源于理论但高于理论，属于理论却统领理论。感悟理论所蕴含的理念体系，是认识理论整体面貌的关键。

前文基于教师专业发展理论的再审思，从教师专业活力的影响机制和作用机制出发，分别构建了教师专业活力发展论和教师专业活力效能论，其中发展论又包含了教师专业活力生态论、资源论以及实践论。通过对这些理论中所蕴含的理念进行阐释，将有效促进我们对教师专业活力理论的整体认识。

（一）教师专业活力可塑观

认同教师专业活力的可塑性，是把握教师专业活力理论的基本要义。对教师专业活力动态发展的认识是理解教师专业活力可塑理念的重要前提。从概念内涵出发，教师专业活力是指教师在教育教学专业实践中表现出来的一种积极自主、探索创新的心理与行为状态，由教师的生理能量和心理能量共同驱动。依据教师专业活力生态论，随着教师教育实践的展开，教师个体的能量将在教育情境中进行转换、变化，并且受到教师所处各层级生态系统的直接或间接影响。在不同生态系统的物质、能量以及信息的转化过程中，教师个体能量所驱动的教师专业活力也在实现着动态变化。

教师专业活力的动态变化受到环境系统中各因素的交互影响，这为教师专业发展带来了不可预测性，同时也显示出教师专业活力的可操作性和可生成性。教师专业活力资源论与实践论共同论证了教师专业活力生成有其自身的发展机制。教师专业活力的能量驱动将受到各层级环境系统运作过程所产生的外部资源影响，教师通过对内外部发展资源的不断累积，为其专业活力的成长、发展提供了能量。而在此基础上，教学场景下的日常实践活动，如教师教学反思、教师教育培训等，则进一步拓宽了教师专业活力发展的生长空间，推动、催化教师在实践中实现自我的不断反思和超越，为教师专业活力的发展提供了动力机制。

（二）教师专业活力协同观

教师专业活力理论注重从协同互动的视角，多维度、多层次、跨系统地分析和认识教师专业活力。首先，教师专业活力的成长离不开教师专业发展生态系统之间的协作运行。各层次环境系统对教师专业活力的发展均会产生影响，例如微观系统下的家庭支持、学校领导风格；中观系统下的工作-家庭冲突、校园氛围；外观系统下的社区环境状况、区域经济水平；以及宏观系统之中的社会文化背景、教育发展政策等等(Ji & Yue，2020；Muijs et al.，2004；Wang & Rode，2010)。除此之外，各层次系统之间更是环环嵌套、相互渗透，如微观系统下家庭子系统的支持程度对中观系统中的工作-家庭冲突程度有较大影响；宏观系统中的社会发展政策对外观系统的区域经济水平具有较大影响，而这样的影响又会反映到教师实际的资源获取中，从而最终作用到教师专业活力的发展上。因此，推动教师专业发展生态系统中各环境子系统的互动建构、协同运行，是促使教师专业活力发展的关键。

其次，教师专业活力协同理念同样根植于教师的专业实践过程中。教师专业活力实践论从自我层面、同事层面、学校层面、时代背景层面多层次、多视角地分析、构建了教师专业活力的实践路径。这些实践路径一方面强调了各子环境系统对教师专业活力的具体影响，根据不同影响路径有针对性地设计实践对策；另一方面也十分重视各层面的要素协同与配合，包括实践目标协同、实践理念协同、实践管理协同等，强调各层面之间的合力运行。例如在教师培训开展过程中，必然要从教师个人、学校、社区及国家层面进行跨层次的调查、研究，揭示从宏观到微观系统内要素汇合而产生的叠加与累积效应，以及某子系统要素的良性调节与抵消作用，进而对各地区实行有针对性的政策方案。

最后，教师专业活力协同理念还体现在教师专业活力效能的协同促进上。教师专业活力理论认为教师专业活力的发展不仅仅局限于个体心理范围，同样还作用在群体心理的变化上。一方面，教师个体专业活力的发展将通过社会交往、社会卷入等社会行为，将活力所带有的积极情绪体验传递给与之相处的其他同事，通过教师之间的情绪交流、经验传递、行为模仿、评价反馈、共同协作等互动过程，教师专业活力在更大范围内形成教师群体性的积极情绪与动力，教师专业活力变成一种集体性的心态。另一方面，当教师群体性的活力形成后，又会自上而下地对教师个体产生影响，例如对于刚入职的新教师来说，一个充满活力的教师团队，对其积极情绪的激发以及教师活力的维持发展具有重要的感染作用(蔡亚平，2018)，在充满活力的教师群体氛围中，教师个体的职业活力又会进一步得到发展，从而形成良性循环，产生协同促进效应。

(三) 教师专业活力积极观

教师专业活力积极观是教师专业活力理论的题中之意，首先就体现在对教师专业活力这一本体概念的认知上。概念组成要素中的“活力”一词本身即蕴含着能量、激情等积极的生理、心理要素(Lavrusheva, 2020; Peterson & Seligman, 2004),教师专业活力理论更是从专业角度进一步提出了教师专业活力的自主性与创新性内涵。上述两个延伸内涵,进一步点出了教师专业活力的发展性和成长性定位,深化了教师专业活力理论蕴含积极理念的先导认知。

其次,教师专业活力理论的积极观还表明了理论的积极情感导向。教师专业活力理论所体现的情感价值反映的是教师教学实践过程中的高幸福感、高能量感、高成就感,是一种与教师职业幸福感、教师教学热情等正性体验密切相关,与教师职业倦怠、教师情感耗竭等负性体验背道而驰的积极情绪情感体验(Ryan & Frederick, 1997; Shraga & Shirom, 2009)。教师专业活力理论所蕴含的积极情感体验对教师专业实践的各个层面和各个阶段都将产生影响。

同时,教师专业活力理论的积极观还反映在教师专业实践的行为导向上。教师专业实践是教师专业活力发展的坚实基点,教师专业活力理论强调教师在教学实践过程中展现出积极自主的行为导向,例如积极参与培训实践、积极落实教育新理念、积极创新教学模式等,在不断的积极实践中形成自主反思、主观建构与创新发展,持续发展、培养自身的专业思维能力、教学能力和教育研究能力。在实现自身成长发展的同时,对学生的心智、情绪、思维等方面也将产生积极影响。教师专业活力理论还强调教师专业实践体系的不断创新。教师专业活力的发展,除了教师自身的个人素质提高,教师专业实践体系囊括了学校体系、教师发展机构、教育部等政府部门,他们皆需要在实践中不断反思、总结、发展、创新,提升自我洞察力,发挥自身的积极作用。

最后,在结果导向上,积极理念也体现了教师专业活力对教师发展的积极效益。效能论指出教师专业活力对教师身心健康具有积极作用,高活力水平的教师将更加注重对活力的管理从而维持自身的高活力状态,同时高活力水平的教师还表现出了更为积极的情感心理体验,有效帮助他们积极应对生活中的消极事件,形成良性循环。此外,除了对教师个体身心健康的有益影响,教师专业活力对教师的工作状态也具有积极后效,高专业活力的教师在工作中表现出了更为积极的工作体验、更为主动的工作行为以及更优化的工作绩效。

(四) 教师专业活力整体观

教师专业活力理论蕴含着整体性理念,包括动态性的整体观以及人与人内在关系的整体观。首先，教师专业活力理论所蕴含的动态整体的价值观强调，教师专业活力是动态发展的，教师专业活力理论所蕴含的不同的理论机制也会在发展过程中表现出不同模式，并在动态变化过程中产生交互影响，例如教师的家庭子系统、学校子系统的变化将会影响教师内外部发展资源的累积。因此，对教师专业活力理论的认识不能是割裂性的，对教师专业活力发展的认识也不能仅仅是各部分要素的简单加和，而是要在动态的、整体的视角下去认识、理解教师专业活力，把握教师专业活力理论各部分与整体的关系，领悟教师专业活力的发展与作用机制。

同时，教师专业活力理论还强调了教师专业活力发展在时间上的动态完整性。一方面，重视对过去经验的分析，通过对教师专业发展理论的梳理审思以及现实空间中教师专业活力成长的回顾，累积过去的理论经验和实践经验，在此基础上去认识、理解教师专业活力的影响因素、作用机制以及成长路径；另一方面，教师专业活力理论还包含了对未来教师活力发展的展望，通过发展论为未来教师专业活力的成长提供实践指导，倡导对过去、现在、未来的有机统一，体现了时间上的动态完整性。

其次，教师专业活力理论还注重人与人之间的内在关系，蕴含着人与人内在关系的整体理念。“教师是处在一定社会关系中的存在”是教师专业活力理论内含的基本观点。教师专业活力成长依托于教师个体与外界的有机联系，包括家人之间的支持鼓励、同事之间的交流协作、教师团体的发展培训等。这些关系中的教师自我汇聚为一个完整的教师个体，在教育实践过程中实现个体的有机整合，实现自我在社会整体下的价值升华。

除此之外，教师专业活力理论的整体性理念也为未来对教师专业活力的研究和实践提供了重要视角，帮助我们超越片面的观点和局部的思维方式，更全面地认识和理解事物：从整体的角度思考问题，考虑各部分之间的相互关系和相互作用，以及它们对整体的影响，从而在实践中拓宽对方法的理解与应用，把握事物的本质和复杂性，找到有效的解决问题的方法，并推动系统性的变革和改进。

第四章
教师专业活力工具研制

在文献回溯、概念史梳理的基础上，前文提出了教师专业活力这一原创性概念，并揭示了其内涵与概念结构，但上述内容均仅是基于理论层面的探讨，缺乏进一步的量化分析。为此，本章旨在对教师专业发展与工作活力等相关研究领域问卷梳理的基础上，依据建构的教师专业活力概念内涵与结构，编制具有较高信效度的《教师专业活力问卷》。其目的有二：一是，从实际数据驱动的视角对概念内涵与结构进行验证，检验理论推演与教师实际的契合性与一致性；二是，为后续进一步的教师专业活力量化研究提供具有信效度的测量工具，以探明教师专业活力的发展现状及其与相关概念之间的关系，并对已建构的前因模型与后效模型进行检验。

一、既有工具参鉴

目前虽无直接针对教师专业活力进行测量的可信工具，但由于教师专业活力是教师专业实践与工作活力的组合概念，因此我们仍可从教师专业实践与工作活力的相关测量工具中得到有益启发。

(一) 教师研究领域工具

根据概念史梳理，教师专业活力所述之“活力”本质是教师在专业发展过程中表现出的积极状态。因此，本节内容在对教师专业发展研究领域相关问卷的梳理上，抽取代表性维度及其项目建构《教师专业活力问卷》的原始项目库，具体涉及教学自主、教学创新、教师效能及教师心理资本等诸多方面。

1. 教学自主相关问卷

教学自主可分为教学自主权和教学自主性两方面，分别代表学校的外部授权与教师的内部意愿（姚计海，2009）。教学自主权是指教师具有决定教什么和怎么教的自由权限，而不受外在规则的干扰和束缚（Prichard & Moore，2016），反映了学校对教师工作的外部支持，是由外而内的授权。相较教学自主权，教学自主性是教师由内而外的主动意愿，表现为教师受内在动力驱使，基于对自身能力的判断去积极地调节和控制教学活动的一种个性特征（姚计海，2012）。相应的，目前针对教师教学自主的测量也主要集中于教学自主权与教学自主性两个方面。

针对教学自主权的部分测量工具如下：

Skaalvik 等人（2010）编制了《教师自主性量表》（实际测量的为教学自主权）。量表包括 3 个项目，如"我对工作活动的计划有发言权"，采用 1～6 点计分，用于测量教师在工作计划、工作节奏及任务分配等方面的外部授权；量表的 Cronbach's alpha 系数为 0.89，见表 4－1。

表 4－1　Skaalvik 教师自主性量表

题　项	完全不同意	十分不同意	有点不同意	有点同意	十分同意	完全同意
1. 我对工作活动的计划有发言权	1	2	3	4	5	6
2. 我能影响我的工作节奏	1	2	3	4	5	6
3. 我对分配给我的（教育）任务有发言权	1	2	3	4	5	6

Vangrieken 等人（2010）编制了《教师自主量表》（实际测量的为教学自主权）。量表分为教学自主性（1～7）、课程自主性（8～11）两个维度，共包括 8 个项目，如"我可以用自己的方式自由设计和准备课程"，采用 1～7 点计分；量表效度指标为 $\chi^2/df = 4.48$，CFI＝0.98，TLI＝0.96，RMSEA＝0.065，信度指标 Cronbach's alpha＝0.77、0.90，见表 4－2。

针对教学自主性的部分测量工具如下：

Skaalvik 等人（2017）编制了《教师自主性量表》（相较 Skaalvik 等人前期的量表，该量表更加侧重测量教学自主性）。量表包括 6 个项目，如"我调整学习材料以使所有学生都能掌握经验”，采用1～5点计分，用于测量教师在调整教学内容、教学节奏、教学计划、课堂提问、教学方式及教学目标等方面的决策自主度；量表的Cronbach's alpha系数为0.83，见表4-3。

表4-2　Vangrieken教师自主量表

题　　项	非常不赞同	很不赞同	有点不赞同	不确定	有点赞同	很赞同	非常赞同
1. 我可以用自己的方式自由设计和准备课程	1	2	3	4	5	6	7
2. 我可以在课堂上灵活使用教材	1	2	3	4	5	6	7
3. 我可以自由地为我的学生选择作业	1	2	3	4	5	6	7
4. 我可以按照自己的意愿自由评估我的学生	1	2	3	4	5	6	7
5. 我可以自由选择最适合我的教学方法和策略	1	2	3	4	5	6	7
6. 在我的班级里，我负责时间管理	1	2	3	4	5	6	7
7. 我可以自由使用和调整课堂管理策略	1	2	3	4	5	6	7
8. 我可以自由决定向学生教授的内容	1	2	3	4	5	6	7
9. 我可以自由灵活地在课程中实施课程	1	2	3	4	5	6	7
10. 关于教学方法，课程没有给我太多的自由	1	2	3	4	5	6	7
11. 我的课程我可以选择我认为重要的学习目标	1	2	3	4	5	6	7

表4-3　Skaalvik教师自主性量表

题　　项	完全没有	没有很多	一般	有很多	完全自由
1. 调整学习材料以使所有学生都能掌握经验	1	2	3	4	5
2. 根据学生的能力调整教学的节奏和进度	1	2	3	4	5
3. 改变教学计划以利用当前事件或情况	1	2	3	4	5

续 表

题　　项	完全没有	没有很多	一般	有很多	完全自由
4. 提出课程中没有提到的问题	1	2	3	4	5
5. 以你认为对学生学习和发展最有利的方式对待学生	1	2	3	4	5
6. 为每个学生设定现实的目标	1	2	3	4	5

Okay 与 Balçıkanlı(2021)编制了《教师专业自主问卷》。问卷分为内部动机(1～9)、能力(10～16)、合作(17～19)、时间管理(20～21)和外部动机(22～23)五个维度，共包括 23 个项目，如“我觉得我必须进行专业发展”，采用 1～5 点计分；问卷效度指标为：$\chi^2/df=2.26$，CFI＝0.92，TLI＝0.91，RMSEA＝0.58，信度指标 Cronbach's alpha＝0.73～0.89，见表 4－4。

表 4－4　Okay 教师专业自主问卷(例题)

题　　项	非常不同意	不同意	不确定	同意	非常同意
1. 我觉得我必须进行专业发展	1	2	3	4	5
2. 是我自己的想法驱使我的专业发展	1	2	3	4	5
3. 我好奇我的教学发展的新途径	1	2	3	4	5
4. 为了满足学生需求进行专业发展是必要的	1	2	3	4	5
5. 我喜欢自己的专业发展	1	2	3	4	5
6. 我觉得作为一个老师有义务进行专业发展	1	2	3	4	5
7. 我在坚持不懈地寻找方法来开发我的教学	1	2	3	4	5
8. 我想开发专业	1	2	3	4	5
9. 我想在专业上发展自己，以挑战我作为一名教师的能力极限	1	2	3	4	5
10. 我能搜索到与教学相关的信息	1	2	3	4	5
11. 我能找到与专业相关的资料(书籍、期刊等)	1	2	3	4	5
12. 我有能力发展我的教学	1	2	3	4	5
13. 我能找出我作为一名教师的弱点/优点	1	2	3	4	5
14. 我能利用技术来发展我的教学	1	2	3	4	5
15. 我能适应教学的最新发展	1	2	3	4	5

续　表

题　　项	非常不同意	不同意	不确定	同意	非常同意
16. 我有机会获得技术来继续我的教学发展	1	2	3	4	5
17. 我可以与同事合作来提高我的教学水平	1	2	3	4	5
18. 我喜欢向同事学习来提高我的教学水平	1	2	3	4	5

2. 教学创新相关问卷

教学创新是教学自主得到完全开发后的次生特性，要求教师根据自身特性及学生实际不断探索新的教学方法，以最大程度优化教学效果（王兆璟，戴莹莹，2017），涉及纵向的创新行为、创新意愿等方面，及横向的教学内容创新、教学设计创新、教学方法创新及教学评价创新等方面。相较而言，自主性着重于教师自身行为的主动，而创新性更加强调在主动基础上的力求精进之意。

Rubenstein 等人（2013）编制了《创造性教学量表》。量表分为教师自我效能感（1～13）、环境鼓励（14～19）、社会价值（20～28）和学生潜力（29～35）四个维度，共包括 35 个项目，如"我有能力帮助学生在思维上变得更加灵活"，采用 1～7 点计分；量表效度指标为：$\chi^2/df=1.81$，CFI＝0.92，TLI＝0.92，RMSEA＝0.053，信度指标 Cronbach's alpha＝0.80～0.93，见表 4-5。

表 4-5　Rubenstein 创造性教学量表（例题）

题　　项	非常不赞同	很不赞同	有点不赞同	不确定	有点赞同	很赞同	非常赞同
1. 我有能力帮助学生在思维上变得更加灵活	1	2	3	4	5	6	7
2. 我有能力提高我的学生承担有意义的学术风险的能力	1	2	3	4	5	6	7
3. 我有能力在课堂上培养创造性解决问题的能力	1	2	3	4	5	6	7
4. 教授创造性思维是我的强项之一	1	2	3	4	5	6	7
5. 我有能力创造一个鼓励冒险的安全氛围	1	2	3	4	5	6	7

续 表

题　项	非常不赞同	很不赞同	有点不赞同	不确定	有点赞同	很赞同	非常赞同
6. 我有能力提高我的学生创造独特解决方案的能力	1	2	3	4	5	6	7
7. 我有能力营造一种鼓励想象的课堂氛围	1	2	3	4	5	6	7
8. 我有能力促进灵活的思维	1	2	3	4	5	6	7
9. 我有能力帮助我的学生从新的角度看世界	1	2	3	4	5	6	7
10. 我有能力教我的学生在看似无关的思想中找到联系	1	2	3	4	5	6	7
11. 我有能力增加学生的原创思想的数量	1	2	3	4	5	6	7
12. 我有能力帮助学生阐述自己独特的想法	1	2	3	4	5	6	7
13. 我不确定如何在课堂上培养创造力	1	2	3	4	5	6	7
14. 在我的学校，教授创造性思维是不受欢迎的	1	2	3	4	5	6	7
15. 我的学校的首要任务并不包括教学生创造性地思考	1	2	3	4	5	6	7
16. 我目前的学校环境不鼓励教师培养独立思考者	1	2	3	4	5	6	7
17. 我的管理鼓励我培养学生的创新思维	1	2	3	4	5	6	7
18. 我目前的学校环境不太重视学生创造力的培养	1	2	3	4	5	6	7
19. 提高学生的发明创造能力是我们学校的首要任务	1	2	3	4	5	6	7
20. 当个人以独特的方式处理问题时，他们增加了人类对世界的知识	1	2	3	4	5	6	7

3. 教师效能相关问卷

教学效能感来源于班杜拉的自我效能理论（Bandura，1982）。从本质上来说，教学效能感是指教师对教育及自身能够在多大程度上影响学生发展的主观体验，是对教育作用及自身教学能力的内在感知，决定了教师在面对困难时所付出的努力和坚持(俞国良等，1995)。

Tschannen-Moran 与 Woolfolk-Hoy(2001)编制了《教师效能感量表》。量表分为课堂管理效能(1～9)、教学实践(10～19)和学生参与(20～24)三个维度，共包括 24 个项目，如"你能做些什么来让孩子们遵守课堂规则"，采用 1～5 点计分；量表信度指标 Cronbach's alpha＝0.74～0.84，见表 4-6。

表 4-6　Tschannen-Moran 教师效能感量表

题　项	没有→很大								
1. 你能做些什么来让一个捣乱或吵闹的学生平静下来	1	2	3	4	5	6	7	8	9
2. 你能做多少来控制课堂上的破坏性行为	1	2	3	4	5	6	7	8	9
3. 你能在多大程度上为每组学生建立一个课堂管理系统	1	2	3	4	5	6	7	8	9
4. 你能做些什么来让孩子们遵守课堂规则	1	2	3	4	5	6	7	8	9
5. 你怎样才能不让几个问题学生毁了整节课	1	2	3	4	5	6	7	8	9
6. 你能如何应对挑衅的学生	1	2	3	4	5	6	7	8	9
7. 你能做多少工作来帮助最难相处的学生	1	2	3	4	5	6	7	8	9
8. 你能在多大程度上明确你对学生行为的期望	1	2	3	4	5	6	7	8	9
9. 你是否能很好地建立日常活动来保持活动顺利进行	1	2	3	4	5	6	7	8	9
10. 你如何为非常有能力的学生提供适当的挑战	1	2	3	4	5	6	7	8	9
11. 你能在多大程度上为你的学生提出好问题	1	2	3	4	5	6	7	8	9
12. 你能在多大程度上使用各种评估策略	1	2	3	4	5	6	7	8	9
13. 当学生感到困惑时，你能在多大程度上提供另一种解释或例子	1	2	3	4	5	6	7	8	9
14. 你能在多大程度上衡量学生对你所教内容的理解程度	1	2	3	4	5	6	7	8	9
15. 在课堂上你能多好地实施替代策略	1	2	3	4	5	6	7	8	9
16. 你能很好地回答学生提出的难题吗	1	2	3	4	5	6	7	8	9
17. 你能做多少来帮助你的学生批判性地思考	1	2	3	4	5	6	7	8	9
18. 你能做多少来培养学生的创造力	1	2	3	4	5	6	7	8	9
19. 你能做多少来调整你的课程，以适合每个学生的水平	1	2	3	4	5	6	7	8	9
20. 你能做些什么来让学生相信他们能在学业上做得很好	1	2	3	4	5	6	7	8	9

4. 教师心理资本相关问卷

教师心理资本是指教师在日常教学实践中过程中所表现出的一般的、积极的心理状态或能力，以乐观、希望、自我效能和韧性为核心要素（Luthans et al.，2007）。拥有良好心理资本的教师具有强烈的确定性与效能感，倾向于主动寻求学习机会，并对指导其实践的政策与规划提出批判性质疑（Hargreaves & Fullan，2015）。

Luthans 等人（2007）编制了复合心理资本量表。问卷分为希望（1～3）、乐观（4～6）、韧性（7～9）、自我效能（10～12）四个维度，共包括 12 个项目，如“如果我发现自己陷入困境，我能想出许多办法来摆脱困境”，采用 1～6 点计分；量表效度指标为：SRMR＝0.046，RMSEA＝0.042，CFI＝0.96，见表 4－7。

表 4－7 Luthans 复合心理资本量表

题　　项	非常不赞同	很不赞同	有点不赞同	有点赞同	很赞同	非常赞同
1. 如果我发现自己陷入困境，我能想出许多办法来摆脱困境	1	2	3	4	5	6
2. 现在，我觉得自己相当成功	1	2	3	4	5	6
3. 我可以想到很多方法来达到我目前的目标	1	2	3	4	5	6
4. 我期待着未来的生活	1	2	3	4	5	6
5. 我的未来充满了美好	1	2	3	4	5	6
6. 总的来说，我希望发生在我身上的好事多于坏事	1	2	3	4	5	6
7. 我认为自己能承受很多，我不容易因失败而气馁	1	2	3	4	5	6
8. 我相信应对压力可以让我更强大	1	2	3	4	5	6
9. 在遇到严重的生活困难后，我倾向于迅速振作起来	1	2	3	4	5	6
10. 我相信我能有效地处理突发事件	1	2	3	4	5	6
11. 如果我投入必要的努力，我可以解决大多数问题	1	2	3	4	5	6
12. 面对困难时我可以保持冷静，因为我可以依靠我的应对能力	1	2	3	4	5	6

如表 4－8 所示，目前有关教师专业发展的研究与测量主要基于两个层面：一是，基于教师心理结构的分析，如将心理资本区分出“希望、乐观、韧性、自我效能”等核心构面；二是，基于教师心理概念的外在表现领域的分析，如将教学自主性划分为“学校运营管理、专业化和课程改革、课堂教学、学生成绩评估、课余活动开展、学生行为管理”等自主性外显的不同侧面。这一结果提示，对教师专业活力的分析及测量工具编制，不仅要关注其潜在的心理构念组成，还要关注其外显的表现领域，以加强其研究与测量的全面性，这与我们在第三章对教师专业活力的概念分析具有一致性。

表 4－8　教师专业发展相关问卷总览

主　题	编者年份	测量工具	维度结构
教学自主权	Roth 等人(2007)	自主教学动机量表	外部动机、内隐动机、确定动机、内在动机
教学自主权	Skaalvik 等人(2010)	教师自主权量表	单维
教学自主权	Vangrieken等人(2010)	教师自主量表	教学自主性、课程自主性
教学自主权	Evers 等人(2017)	教师自主行为量表	工作过程、课程实施、参与学校决策、专业发展
教学自主性	Skaalvik 等人(2017)	教师自主性量表	单维
教学自主性	TALIS(2019)	教师自主问卷	单维
教学自主性	Okay 与 Balçıkanlı (2021)	教师专业自主问卷	内部动机、能力、合作、时间管理、外部动机
教学自主性	杨兵等人(2009)	教师工作自主问卷	学校运营管理、专业化和课程改革、课堂教学、学生成绩评估、课余活动开展、学生行为管理
教学自主性	姚翠荣(2011)	中小学教师自主性问卷	自我定向、自我控制、主动性、自我依靠
教学创新	张景焕等人(2010)	创造性教学行为量表	学习方式指导、动机激发、观点评价、鼓励变通
教学创新	张敏与张凌(2012)	教师创新工作行为问卷	创新成果、创新活动、创新意愿
教学创新	Rubenstein 等人(2013)	创造性教学量表	自我效能感、环境鼓励、社会价值、学生潜力
教学创新	李明军(2016)	教师创新工作行为量表	创新观念的产生、创新观念的执行

续　表

主　题	编者年份	测量工具	维度结构
教学效能	俞国良等人(1995)	教师教学效能感量表	个人教学效能感、一般教学效能感
教学效能	Tschannen-Moran 与 Woolfolk-Hoy(2001)	教师效能感量表	课堂管理效能、教学实践、学生参与
教学效能	马勇占(2005)	教师教学效能感量表	课堂管理、教材呈现清晰度、师生互动、教学策略、技巧应用
心理资本	Luthans 等人(2007)	复合心理资本量表	希望、乐观、韧性、自我效能
心理资本	柯江林等人(2009)	本土心理资本量表	自信勇敢、乐观希望、奋发进取与坚韧顽强
心理资本	张阔等人(2010)	积极心理资本问卷	自我效能、韧性、乐观、希望
心理资本	张文(2010)	中小学教师心理资本问卷	自信、希望、乐观、韧性

(二) 活力研究领域工具

对于教师专业活力虽尚缺乏直接探讨，但近年来工作活力的研究逐渐兴起。工作活力是指个体在与工作本身或工作环境的交互过程中，所体验到的一种强度适中的积极情绪反应，是对自身身体力量、情绪能量和认知活跃这三种状态的感知，并感受到由这三种状态组合形成的一种相互关联的情感体验(Shraga & Shirom, 2009；许科等，2013)。由于工作活力的职业对比状态是职业倦怠(Shirom, 2011)，因此，本节对工作活力相关测量工具的梳理也将包括职业倦怠的相关内容。

1. 工作活力相关问卷

Ryan 与 Frederick(1997)编制了《主观活力问卷》。问卷为单一维度，共包括 7 个项目，如“我觉得自己充满活力”，采用 1～7 点计分；问卷效度指标为：$\chi^2/df=1.74$，CFI＝1.00，GFI＝0.99，RMSEA＝0.05，信度指标 Cronbach's alpha＝0.84，见表 4－9。

Shirom(2003)编制了《活力量表》(Shirom-Melamed Vigor Measure, SMVM)。量表分身体力量、认知活力、情绪能量三个维度，共包括 14 个项目，如“我觉得精力充沛”，采用 1～7 点计分；量表 Cronbach's alpha＝0.93，见表 4－10。

表 4-9　Ryan 主观活力问卷

项　　目	完全不符合	不符合	有点不符合	说不清	有点符合	比较符合	完全符合
1. 我觉得自己充满活力	1	2	3	4	5	6	7
2. 我觉得精力不太充沛	1	2	3	4	5	6	7
3. 有时我觉得自己充满活力，想要爆发	1	2	3	4	5	6	7
4. 我精力充沛,精神饱满	1	2	3	4	5	6	7
5. 我期待每一个新的一天	1	2	3	4	5	6	7
6. 我几乎总是感到警觉和清醒	1	2	3	4	5	6	7
7. 我感到精力充沛	1	2	3	4	5	6	7

表 4-10　Shirom 活力量表

项　　目	完全不符合	不符合	有点不符合	说不清	有点符合	比较符合	完全符合
1. 我觉得精力充沛	1	2	3	4	5	6	7
2. 我觉得体力充沛	1	2	3	4	5	6	7
3. 我觉得活力四射	1	2	3	4	5	6	7
4. 我觉得充满能量	1	2	3	4	5	6	7
5. 我感到富有生机	1	2	3	4	5	6	7
6. 我觉得自己头脑清醒、思维灵活	1	2	3	4	5	6	7
7. 我觉得自己可以快速地思考问题	1	2	3	4	5	6	7
8. 我觉得自己能够贡献新的观点	1	2	3	4	5	6	7
9. 我感觉自己很有创造力	1	2	3	4	5	6	7
10. 我感觉能沉浸和专注在事务中	1	2	3	4	5	6	7
11. 我感觉能向他人表示关怀	1	2	3	4	5	6	7
12. 我感觉能对同事及其他与工作相关的人投入感情	1	2	3	4	5	6	7
13. 我能敏锐感受到同事及其他与工作相关的人的需求	1	2	3	4	5	6	7
14. 我感觉能与同事及其他与工作相关的人产生共鸣	1	2	3	4	5	6	7

Op den Kamp 等人(2020)编制了《主动活力管理问卷》。问卷为单一维度，共包括 8 个项目，如“上周，我确保自己在工作中精力充沛”，采用 1～7 点计分；问卷效度指标为：CFI＝0.99，RMSEA＝0.072，SRMR＝0.021，信度指标 Cronbach's alpha 在三周内从 0.88～0.92 不等，见表 4－11。

表 4－11 Op den Kamp 主动活力管理问卷

项　目	完全不符合	不符合	有点不符合	说不清	有点符合	比较符合	完全符合
1. 上周，我确保自己在工作中精力充沛	1	2	3	4	5	6	7
2. 上周，我确保我能很好地专注于我的工作	1	2	3	4	5	6	7
3. 上周，我激励了自己	1	2	3	4	5	6	7
4. 上周，我确保我可以用一双新鲜的眼睛来处理我的工作	1	2	3	4	5	6	7
5. 上周，我试着激励自己	1	2	3	4	5	6	7
6. 上周，我确保我的脑子里有足够的空间来思考	1	2	3	4	5	6	7
7. 上周，我确保以积极的心态来对待我的工作	1	2	3	4	5	6	7
8. 上周，我确定我可以做些让我充满热情的事情	1	2	3	4	5	6	7

2. 职业倦怠相关问卷

职业倦怠是教师专业活力的职业对比状态，通过对教师职业倦怠的分析我们可明确教师专业活力的反向状态。职业倦怠相关的部分问卷如下：

Kristensen 等人(2005)编制了《哥本哈根职业倦怠量表》。量表分为个人倦怠(1～6)、工作倦怠(7～13)、学生倦怠(14～19)三个维度，共包括 19 个项目，如“你是否经常感到累?”，采用 1～5 点计分，问卷信度指标 Cronbach's alpha＝0.72～0.92。

Montero-Marín 等人(2011)编制了《职业倦怠临床亚型问卷》。问卷分为超负荷-疲惫(1～4)、忽视-效率(5～8)、缺乏发展-玩世不恭(9～12)三个维度，共包括 12 个项目，如“我认为我对工作的投入超过了健康水平”，采用 1～7 点计分；问卷效度指标为：$\chi^2/df=2.08$，CFI＝0.98，TLI＝0.97，RMSEA＝0.043，信度指标 Cronbach's alpha＝0.88～0.90。

如表 4－12 所示，对应活力研究的身体取向与心理取向，工作活力的测量工具也相应呈现出关注身体与关注心理两种模式，或将其共同作为工作活力的构成元素，这一结果验证了我们在第三章对教师专业活力构成元素的分析。作为工作活力的职业对比状态，职业倦怠的测量也同时关注到了个体身体与心理元素，但相较而言，工作活力多将“身体力量”作为一个独立维度，而职业倦怠则倾向于将身体元素与心理元素结合，作为“情绪衰竭”等维度出现。同时，随着工作活力研究的深入，还逐渐出现了“活力管理”等活力的操作性成分。

表 4－12　工作活力相关问卷总览

主　题	编 者 年 份	测 量 工 具	维 度 结 构
活力	Ware 与 Sherbourne(1992)	SF－36 健康量表	单维
主观活力	Ryan 与 Frederick(1997)	主观活力问卷	单维
主观活力	Shirom(2003)	活力量表	身体力量、认知活力、情绪能量
活力管理	Op den Kamp 等人(2020)	主动活力管理问卷	单维
主观活力	Shapiro 与 Donaldson(2022)	领导者活力量表	身体活力、心理－情绪活力
旺盛感	Chen 等人(2022)	教师旺盛感量表	灵活性、个人优势和专业成长、积极心态
职业倦怠	李超平与时勘(2003)	中小学教师职业倦怠问卷	情绪衰竭、玩世不恭、成就感低落
职业倦怠	徐富明等人(2004)	中小学教师职业倦怠问卷	情绪疲惫、少成就感、去个人化
职业倦怠	Kristensen 等人(2005)	哥本哈根职业倦怠量表	个人倦怠、工作倦怠、学生倦怠
职业倦怠	Montero-Marín 等人(2011)	职业倦怠临床亚型问卷	超负荷－疲惫、忽视－效率、缺乏发展－玩世不恭
职业倦怠	伍新春等人(2016)	中小学教师职业倦怠问卷	情绪衰竭、个人成就感、非人性化

二、初始问卷编制

虽教师专业活力是本书的原创概念，但仍可从其概念来源（教师专业实践与工作活力的组合）获得有益参鉴。在上节对教师专业实践与工作活力相关测量工具系统梳理的基础上，本节将从其中抽取相关概念维度及其附属题项，形成《教师专业活力问卷》的初始项目库。

（一）题项设计

1. 编写原则

理论性与操作性兼备。理论是指教师专业活力概念的理论构成要素（包括能量感、积极感、自主性、创新性），操作是教师专业活力的表现领域（包括教学、育人、服务）。本书在模型建构与项目编写时兼顾教师专业活力的理论概念与操作层面，使各项具体测评项目既处于一定的科学理论之下，又与中小学教师的现实表现接轨，兼备理论性与操作性。

学理性与常识性共聚。在具体项目的编写与来源上，既把握学理性，基于教育学与心理学学科专业知识，由 2 名心理学与教育学教授、3 名硕博研究生从已有理论与测量工具中抽取、改编形成教师专业活力试测问卷的具体项目；又兼顾常识性，由从事一线教学的 8 名中小学高级教师进行情景化、实际化、口语化的表述修改，以达到被试作答时的理解最大化。

生理与心理并重。从概念发展史视角来看，对活力的研究先后存在两种取向：第一种生理取向的研究主要将活力作为测评个体身体健康的指标之一，认为身体健康是范围从活力衰竭到活力充沛的连续体（Rozanski & Cohen，2017）；第二种心理取向的研究则不局限于活力对个体生理健康的影响，进一步将其拓展至心理层面，强调个体心理上主观感知的积极活力体验（如诸多版本的《主观活力量表》所揭示的内容）。因此，本书在模型建构与项目编写时兼顾对教师身体活力与心理活力的描述，以全面反映教师真实的活力状态。

2. 项目编写

首先，按目的抽样对上海市 S 中小学 8 名中小学高级教师进行半结构化深度访谈（男性教师 3 名，女性教师 5 名，涵盖语文、数学、音乐等多个学科），每个样本访谈时长约 1 小时，信息饱和即停止访谈；访谈问题为："您认为什么是教师专业活力?""您认为什么样的教师具有专业活力?""您认为身边的同事有专业活力吗? 他行为表现中的哪一点让您产生了这种感受?"通过文本梳理与核对、建立编码、形成条目，经由商讨，就教师专业活力内涵和结构达成初步一致的意见。

其次，在半开放式访谈所收集行为样例及相关测量工具分析的基础上，组织 2 名心理学与教育学教授、3 名硕博研究生结合我国中小学教师现状，进行具体测评项目的编写。全部项目编写完成后邀请 2 位心理学教授、8 名中小学高级教师对各项目进行挑剔性修改，数易其稿，最终形成共 76 个项目的《教师专业活力初测问卷》，含 4 个一级指标(能量感、积极感、自主感、创新感)，3 个二级指标(教学、育人、服务)，每个二级指标下附属 7 条左右具体测评项目。初测量表采用 7 点计分，从 1～7 分别表示"完全不符合"到"完全符合"，并设置反向计分。以问卷总分作为教师专业活力的衡量标准，分数越高表示教师专业活力越强。此外，为不影响教师填写问卷时的真实判断，研究者在发放问卷中使用问卷别名"教师专业发展调查问卷"。

(二) 项目分析

1. 研究被试

第一次试测调查以编制的《教师专业活力初测问卷》为工具，对上海闵行区 7 所幼小初高学校共 281 名教师进行在线施测，用于项目分析与探索性因子分析；剔除作答时长小于 3 分钟无效问卷后，回收有效问卷 242 份，有效率 86.12%。各人口学信息如表 4-13 所示。

表 4-13 问卷试测被试人口学信息

变 量	子 类	频 数	占比%
性别	男性	30	12.40
	女性	212	87.60
学历	大专及以下	7	2.89
	本科	189	78.10
	硕士及以上	46	19.01

续 表

变 量	子 类	频 数	占比%
教龄	2年及以内	18	7.44
	3—5年	16	6.61
	6—10年	39	16.12
	11—20年	60	24.79
	20年以上	109	45.04
学段	幼儿园	51	21.07
	小学	67	27.69
	初中	67	27.69
	高中	57	23.55
职称	未定级	24	9.92
	初级	48	19.83
	中级	132	54.55
	高级	38	15.70

2. 项目分析

首先，计算每个被试在76个项目上的总分，根据总分将所有被试得分从高到低排序，分别取前27%和后27%的个案组成高分组和低分组，对两组被试在每一个项目上的平均分差异进行独立样本 t 检验，以检验项目的区分度。结果表明，两组受测者在76个项目上的平均分均达到显著差异（$p<0.001$），且决断值(Critical Ratio, CR)均大于3.00，说明76个题项均具有良好的区分性和鉴别度。其次，进行题总相关分析，计算各题项与问卷总分的相关系数，结果显示，项目T3、T26、T55、T64、T71与总分的相关系数小于0.40，将其剔除，剩余71个题目的相关系数均达到了显著性水平，且与总分的相关系数大于0.40。

3. 探索性因子分析

对剩余的71个初测项目进行探索性因子分析。首先通过KMO和Bartlett球形检验，检验数据是否适合进行因子分析。结果显示，KMO＝0.963，$p<0.001$ 达到显著水平（$\chi^2=20\,824.72$，$df=32\,485$），表明各分量表题项间存在共同因子，适合进行进一步的因子分析。采用主成分分析法与最大方差法抽取特

征值大于 1 的因子,并根据以下标准剔除不符合条件的题项：① 共同度小于 0.3;② 因子载荷小于 0.4;③ 存在多重载荷(在两个以上的因子上的载荷均大于 0.4,且载荷之差小于 0.2);④ 条目数少于 3 的因子;⑤ 明显归类错误的项目。每删除一个题项,均需重新进行探索性因子分析,根据最新一次探索性因子分析结果确定下一轮需要删减的题项。

经多次探索,最终剔除 43 个题项,剩余 28 个题项,对剩下的 28 个题项再次进行探索性因子分析。如表 4－14 所示,结果显示：KMO＝0.952,$p<0.001$,$\chi^2=6\,782.693$,$df=378$,最终共提取出 3 个因子,累积解释了 70.27%的变异。

表 4－14　教师专业活力初测问卷探索性因子分析结果

项　　目	因子 1	因子 2	因子 3
1. 学生展现的兴趣和才华,让我赞赏不已	0.88		
2. 我常常抓住教育契机对学生进行教育引导	0.86		
3. 与学生共同成长,我发自内心地感到幸福	0.81		
4. 引以为豪的是,我能以自己的专业服务他人	0.80		
5. 我自觉考虑言谈举止对学生的可能影响	0.79		
6. 每当同事请教工作上的问题,我都乐意献计献策	0.77		
7. 学生的学业进步让我感到很欣慰	0.72		
8. 即使学校没有要求,我也会自觉反思教学	0.68		
9. 家长咨询家庭教育的问题时,我总是倾力分享	0.68		
10. 我为自身教学能力的不断提升感到高兴	0.67		
11. 在教研活动中,同事说我的想法很有新意		0.84	
12. 我曾因独到的专业见解而受到大家肯定		0.83	
13. 当学校征求意见时,我常常能提出自己的创见		0.77	
14. 我开展的素质教育相关活动,在学生中反响很好		0.74	
15. 我有许多促进学生成长发展的新理念和想法		0.72	
16. 我形成了自己独特的教学风格		0.71	
17. 我能有效利用技术来改进我的教学		0.69	
18. 我有办法巧妙地调节学生之间的冲突		0.69	
19. 我常常有教学创新方面的想法		0.66	
20. 即使教学已很疲惫,我也能很快恢复精力			0.80
21. 我大多数时候处于精神饱满的教学状态			0.72

续 表

项　目	因子1	因子2	因子3
22. 我能够精神饱满地完成教学任务			0.69
23. 我满腔热情地投入到学生课后服务工作中			0.63
24. 我常常以充满活力的状态投入学生活动			0.63
25. 我有精力去耐心地倾听学生			0.62
26. 我有精力为社区做点力所能及的事			0.58
27. 我展现出生机勃勃的状态以感染学生			0.58
28. 当学校征求意见时，我常常感觉没有精力去思考			0.49
特征值	15.77	2.17	1.72
贡献率	56.34%	7.76%	6.17%

4. 因子的确定与归属

最终的探索性因子分析共提取出3个特征根大于1的一阶因子，与第三章对教师专业活力的核心构念分析的4因子模型存在出入。观察最终的项目归属可以发现：预设的积极性与自主性共同合并为了“因子1”，这说明教师情绪上的积极体验与行为上的自主性具有紧密联系，不可再进一步对两者进行区分，这一实证结果弥补了我们基于理论推演所建立的教师专业活力结构模型的不足。最终，“因子1”表征教师情绪上的积极体验与行为上的自主性，将其命名为“积极性”；“因子2”表征教师在教学方法、活动设计等方面的创新程度，将其命名“创新性”；“因子3”表征教师在身体与心理方面的能量充沛程度，将其命名为“能量感”。此外，三个一阶因子下均附属教学、育人、服务三个二阶因子，用于表征教师专业活力外显的具体领域。各下属因子及题项如表4－15所示：

表4－15　各分量表因子命名及题项

一阶因子	二阶因子	项　目
积极性	教学	1、2、3、5
	育人	7、8、10
	服务	4、6、9

续　表

一阶因子	二阶因子	项　目
创新性	教学	16、17、19
	育人	14、15、18
	服务	11、12、13
能量感	教学	20、21、22
	育人	24、25、27
	服务	23、26、28

三、问卷质量检验

(一) 信度分析

1. 研究被试

对长三角地区中小幼学校的教师进行在线调查，获得有效被试者 2 735 名，人口学分布信息如表 4－16 所示。

表 4－16　被试的人口学分布信息

变量	类　属	频数	占比%	变量	类　属	频数	占比%
性别	男性	804	29.40		11—20 年	715	26.10
	女性	1 931	70.60		20 年以上	972	35.50
学历	中师中专	20	0.70	学段	幼儿园	313	11.40
	专科	197	7.20		小学	998	36.50
	本科	2 348	85.90		初中	851	31.10
	硕士及以上	170	6.20		高中	573	21.00
教龄	2 年及以内	282	10.30	职称	初级职称	627	22.90
	3—5 年	362	13.20		中级职称	1 188	43.40
	6—10 年	404	14.80		高级职称	603	22.00

续 表

变量	类 属	频数	占比%	变量	类 属	频数	占比%
	正高级职称	20	0.70	婚育状况	未婚	472	17.30
	未定级	297	10.90		已婚未育	205	7.50
职务	学校领导	107	3.90		已婚已育	2 030	74.20
	中层干部	299	10.90		其他	28	1.00
	班主任和学科教师	960	35.10	最高荣誉	校级	366	13.40
	非班主任学科教师	1 369	50.10		区县一级	1 617	59.10
学校区域	城市市区	683	25.00		省一级	376	13.70
	城市郊区或县城	1 131	41.40		国家级	104	3.80
	乡镇或农村	921	33.70	学校性质	无	272	9.90
毕业专业	师范专业	2 200	80.40		公办	2 482	90.70
	非师范专业	535	19.60		民办	253	9.30

2. 内部一致性信度

如表 4－17 所示，采用 Cronbach's alpha 系数检验教师专业活力总问卷及其分问卷的内部一致性信度，发现总问卷的 alpha 系数为 0.97，各分问卷的 alpha 系数分别为 0.95、0.96、0.88，均达到较好指标，表明教师专业活力总问卷及各分问卷具有较高的内部一致性信度。能量感分问卷的内部一致性信度稍差，可能是由于项目 27 为反向计分所致。

表 4－17　总问卷及分问卷的内部一致性系数

问　卷	内部一致性信度系数
教师专业活力	0.97
积极性分问卷	0.95
创新性分问卷	0.96
能量感分问卷	0.88

3. 分半信度

如表 4－18 所示，采用斯皮尔曼-布朗系数检验教师专业活力总问卷及其分问卷的分半信度，发现总问卷的斯皮尔曼-布朗分半系数为0.91，各分问卷的分半系数分别为0.90、0.93、0.86，均达到较好指标，表明教师专业活力总问卷及各分问卷具有较高的分半信度。

表4-18　总问卷及分问卷的分半信度系数

问　卷	分半信度系数
教师专业活力	0.91
积极性分问卷	0.90
创新性分问卷	0.93
能量感分问卷	0.86

（二）效度分析

1. 聚合效度

采用平均方差萃取AVE值与CR值来检验教师专业活力各因子的聚合效度，若AVE值大于0.5且CR值大于0.7，则说明聚合效度较高。如表4-19所示，教师专业活力问卷各因子的AVE值均大于0.6，且CR值大于0.9，说明教师专业活力问卷具有较高的聚合效度。

表4-19　教师专业活力问卷的聚合效度检验

因　子	平均方差萃取AVE值	聚合信度CR值
积极性	0.68	0.96
创新性	0.75	0.96
能量感	0.65	0.94

2. 区分效度

采用因子的AVE根号值与该因子和其他因子相关系数对比的方式检验教师专业活力问卷的区分效度。如表4-20所示，积极性、创新性、能量感三个因子的AVE根号值均大于三个因子之间的相关系数（0.83＞0.77、0.71；0.87＞0.77、0.79；0.81＞0.71、0.79），说明教师专业活力问卷具有较高的区分效度。

表 4-20 教师专业活力问卷的区分效度检验

	积极性	创新性	能量感
积极性	0.83		
创新性	0.77***	0.87	
能量感	0.71***	0.79***	0.81

注：* $p<0.05$，** $p<0.01$，*** $p<0.001$，对角线数字为该因子的 AVE 根号值。

3. 效标效度

以第一次调查的 242 个样本进行外部效标检验，两个效标项目分别为："总体而言，教学育人工作让我身心俱疲"和"总体而言，我在教学育人工作中充满活力"。如表 4-21 所示，教师专业活力与两个效标的相关度分别为−0.50、0.86，达到高度相关，说明教师专业活力问卷具有较好的外部效标效度。

表 4-21 教师专业活力与外部效标的相关

	效标 1	效标 2	教师专业活力
效标 1	1		
效标 2	−0.42***	1	
教师专业活力	−0.50***	0.86***	1

对 2 735 名被试样本进行内部效标检验，从教师专业活力问卷的三个一阶因子附属题项中各随机抽取三题，构成《简洁版教师专业活力问卷》，将其得分作为正式版问卷的内部效标。相关分析发现，教师专业活力正式版与简洁版的相关度为 0.98，达到极度高相关，说明教师专业活力问卷具有较高的内部效标效度。

4. 结构效度

从 2 735 个大样本数据中随机抽取 300 名被试进行二阶验证性因子分析，并将其与竞争模型进行拟合比较，以检验教师专业活力问卷的结构效度。结果如表 4-22、图 4-1 所示，二阶三因子模型各拟合指标均优于竞争模型，且达到心理测量学要求，说明教师专业活力问卷具有较好的结构效度。二阶三因子模型是较为理想的结构模型，验证了探索性因子分析的结果。

表 4-22　教师专业活力问卷验证性因子分析模型比较

模　型	χ^2/df	RMSEA	CFI	TLI	SRMR
一阶单因子	8.12	0.15	0.79	0.78	0.05
二阶双因子 1	5.71	0.13	0.86	0.85	0.04
二阶双因子 2	7.49	0.15	0.81	0.80	0.05
二阶双因子 3	7.45	0.13	0.86	0.85	0.05
二阶三因子	4.63	0.10	0.90	0.89	0.04

注:“一阶单因子模型”将所有题项负载在教师专业活力单一概念之下;“二阶双因子模型 1”将预设的创新性与能量感合并为一个因子;“二阶双因子模型 2”将预设的创新性与积极性合并为一个因子;“二阶双因子模型 3”将预设的积极性与能量感合并为一个因子;“二阶三因子模型”教师专业活力下属积极性、创新性、能量感三个二阶模型。

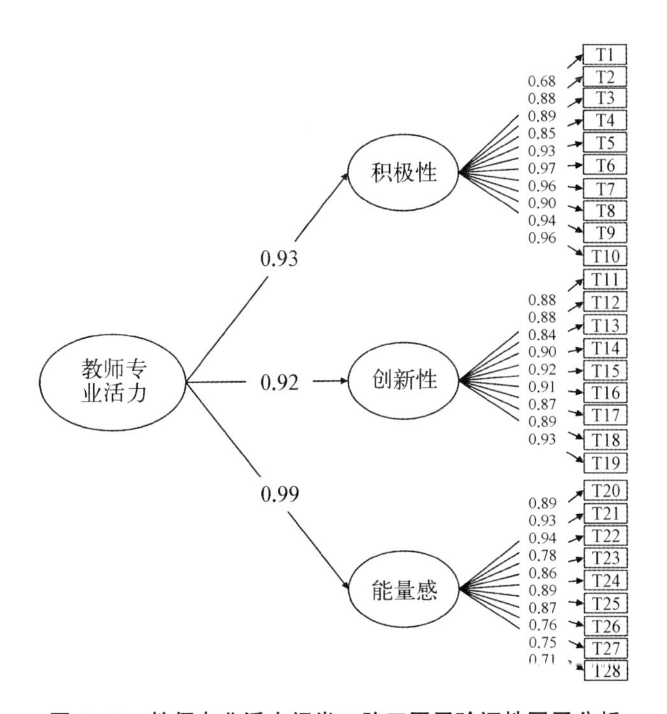

图 4-1　教师专业活力问卷二阶三因子验证性因子分析

综上所述,在对教师专业发展与工作活力相关测量工具的系统分析的基础上,结合基于心理学与教育学专业知识的理论推演,及基于一线教学实践的经验总结,兼顾理论性与操作性,经两次施测、多次探索,我们最终编制了包含三个一阶因子（积极性、创新性、能量感）和三个二阶因子（教书、育人、服务），共 28 个项目的《教师专业活力问卷》。经检验，其具有良好的内部一致性信度、分半信度、聚合效度、区分效度、效标效度及结构效度，符合心理测量学的要求，是测量教师专业活力水平的有效工具。

第五章
教师专业活力特征解析

第四章基于建构的教师专业活力结构模型编制了具有良好信效度的《教师专业活力问卷》，为本章对教师专业活力特征的解析提供了工具基础。本章通过较大样本的调查获取数据，分析教师专业活力的现状与分布特征。通过描述统计、差异检验和潜在剖面分析，展现了当前中小幼教师专业活力的现状和特点：总体上教师的专业活力处于中上水平，但仍有一定的提升空间，且其下属因子发展不均衡；依据教师专业活力，可将教师划分为"低专业活力型""中等专业活力型"及"高专业活力型"三个潜在亚型，且以"中等专业活力型"及"高专业活力型"为主，占比达到80%以上；教师专业活力及其各维度在性别、学历、职务、学段、专业类型、工作学校类型和职称上存在不同程度的差异。为进一步分析不同教师群体专业活力的具体特点，还对新手型教师、专家教师、管理层教师以及担任班主任教师四类具体教师群体分别进行专业活力特点分析，结果显示：创新性对教师专业活力的预测具有跨群体稳定性；教师专业活力的学段差异具有跨群体稳定性；新手型教师与班主任教师的专业活力易受各类因素影响，而专家教师与管理层教师的专业活力则相对较为稳定。

一、现状特征揭示

同第四章的样本，共包含2 735名教师，采用正式版的《教师专业活力问卷》测量其专业活力水平。问卷包括三个一阶因子（积极性、创新性、能量感）、三个二阶因子（教书、育人、服务），共28个项目，采用1～7点计分（"1"代表"完全不符合"，"7"代表"完全符合"）。在当前的样本中，总问卷的内部一致性 alpha 系数为 0.97，各分问卷的内部一致性 alpha 系数分别为 0.95、0.96、0.88。

（一）总体状况

教师专业活力及各维度的分段计分统计结果如表 5-1 所示，结果表明教师专业活力及各维度得分在 6—7 分段人数最多，说明多数教师处于高专业活力水平。积极性得到 5 分及以上的教师比例高达 92.72%，这说明我国教师在工作中具有较为积极的情感体验与教学行为主动性。但仍有部分教师的专业活力得分处于较低水平，表明当前教师专业活力总体水平还有很大的提升空间。

表 5-1 分段计分人数频次统计（N=2 735）

	分数分段频次（人）						
	1～1.99	2～2.99	3～3.99	4～4.99	5～5.99	6～7	5 分以上占比
教师专业活力	24 0.88%	19 0.69%	37 1.35%	332 12.14%	930 34.00%	1 393 50.93%	84.94%
积极性	32 1.17%	17 0.62%	14 0.51%	136 4.97%	514 18.79%	2 022 73.93%	92.72%
创新性	29 1.06%	20 0.73%	72 2.63%	448 16.38%	745 27.24%	1 381 50.49%	77.73%
能量感	21 0.77%	37 1.35%	104 3.80%	476 17.40%	999 36.53%	1 098 40.15%	76.67%

如表 5-2 所示，教师专业活力的平均值为 5.85，这一数值高于总分的“中间值（4 分）”与“有点符合（5 分）”，说明我国教师专业活力总体处于中等偏上水平。更具体地，从教师专业活力各因子的结果来看，积极性、创新性与能量感的平均值分别为 6.23、5.71 和 5.55，均高于“中间值（4 分）”与“有点符合（5 分）”。进一步，配对样本 t 检验显示，积极性、创新性与能量感三个维度两两之间存在显著差异，表现为教师专业活力的得分积极性>创新性>能量感，说明总体而言，我国教师在工作中具有较为积极的情感体验与教学行为主动性，但繁重、复杂的教学工作可能会对教师的身心能量造成一定的损耗。

表 5-2　教师专业活力总体状况的描述性统计(N=2 735)

	Min	*Max*	*M*	*SD*	差异检验
专业活力	1.07	7.00	5.85	0.92	
积极性①	1.00	7.00	6.23	0.95	①>②>③
创新性②	1.00	7.00	5.71	1.09	
能量感③	1.22	7.00	5.55	0.98	

(二) 潜在类别

以教师专业活力问卷各题项为指标,以二分类基线模型为参照,采用 Mplus 8.3 依次将其划分为 2 类、3 类、4 类、5 类进行潜在剖面分析的模型拟合估计与比较。选取的拟合评价指标包括: AIC、BIC、aBIC、Entropy,以及 LMR 和 BLRT。具体来说,AIC、BIC、aBIC 值越低,Entropy 值越接近 1(Entropy>0.6 即表明分类准确的概率超过 80%),同时 LMRT 和 BLRT 检验的 p 值小于 0.05,表明模型拟合越好(Carragher et al., 2009)。如表 5-3 所示,随着分类类别的增加,AIC、BIC、aBIC 等拟合指标逐渐变优。理论上来说,4 分类模型为最优模型(5 分类中 LMRp 开始不显著),但考虑到 4 分类中均存在个别类别比例过低的现象,不具有现实意义,故将 4 分类中类别概率占比为 2%的类别剔除,将余下的 3 个类别作为教师专业活力的最终潜在类别。

表 5-3　教师专业活力的各潜在类别指标比较

剖面数	AIC	BIC	aBIC	Entropy	LMRp	BLRTp	类别概率
2	215 995.57	216 498.25	216 228.17	0.97	0.100	<0.001	0.25/0.75
3	197 799.94	198 474.13	198 111.91	0.98	0.074	<0.001	0.02/0.32/0.66
4	187 303.34	188 149.02	187 694.67	0.97	0.027	<0.001	0.02/0.18/0.40/0.40
5	183 136.47	184 153.66	183 607.16	0.96	0.115	<0.001	0.05/0.02/0.38/0.37/0.20
6	180 722.83	181 911.52	181 272.88	0.95	0.117	<0.001	0.02/0.03/0.33/0.19/0.31/12

将 4 分类中类别概率占比为 2%的类别剔除，再次进行潜在类别分析，结果显示：AIC＝180 604.52，BIC＝181 276.47，aBIC＝180 914.26，Entropy＝0.96，LMRp＜0.001，BLRTp＜0.001。如表 5－4 所示，当潜在类别数为 3 分类时，各潜在类别研究对象的平均归属概率分别为 0.99、0.98、0.98，分类准确度较高，表明 3 分类潜在类别具有较高的可信度。

表 5－4 各潜在类别研究对象(行)的平均归属概率(列)

类 别	C1(%)	C2(%)	C3(%)
C1	0.99	0.02	0.01
C2	0.00	0.98	0.02
C3	0.00	0.20	0.98

3 个潜在类别在教师专业活力问卷各题项上的应答如图 5－1 所示，据此分别对其进行命名。相对而言，C1 组在各题项上得分均较其他两组低，表明此类教师的积极性、创新性及能量感水平均较低，共 492 人，占比 18.34%，将其命名为"低专业活力型"；C2 组在各题项上得分均处于中等，表明此类教师的积极性、创新性及能量感水平均一般，共 1 088 人，占比 40.57%，将其命名为"中等专业活力型"；

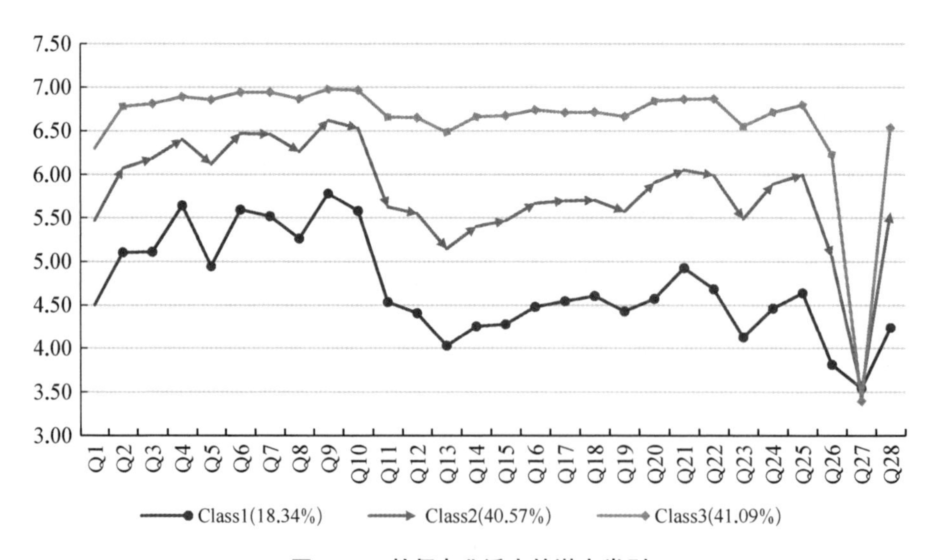

图 5－1 教师专业活力的潜在类别

注：T1—T28 为教师专业活力问卷的 28 个项目。

C3组在各题项上得分均较其他两组高，表明此类教师的积极性、创新性及能量感水平均较高，共1 102人，占比41.09%，将其命名为“高专业活力型”。

（三）差异分析

1. 教师专业活力的性别差异

以性别为自变量，以教师专业活力总均分及各维度得分为因变量，进行独立样本 t 检验。如表5-5所示，结果发现男、女教师仅在积极性维度存在显著差异，表现为男教师的积极性得分显著低于女教师（$t=2.39$，$p=0.017$）。

表5-5　教师专业活力的性别差异

	男		女		t	p
	M	SD	M	SD		
积极性	6.16	1.10	6.26	0.88	−2.39	0.017
创新性	5.74	1.17	5.70	1.06	0.99	0.323
能量感	5.56	1.03	5.55	0.96	0.22	0.829
专业活力	5.83	1.03	5.85	0.87	−0.43	0.669

2. 教师专业活力的学历差异

以学历为自变量，以教师专业活力总均分及各维度得分为因变量，进行单因素方差分析。如表5-6所示，不同学历教师在专业活力、积极性、创新性、能量感上的得分均存在显著差异。事后多重比较分析发现：专科、本科学历教师的专业活力及各维度得分均显著高于研究生及以上学历的教师。整体而言，专科教师群体的专业活力在各类教师中表现出最高的水平。

3. 教师专业活力的职务差异

以职务为自变量，以教师专业活力及各维度得分为因变量，进行单因素方差分析。结果如表5-7所示，发现担任不同职务的教师在专业活力及各维度上均存在显著差异。事后多重比较分析发现：除能量感维度外，担任班主任和学科教学的教师的专业活力及各维度的得分均显著高于没有担任班主任职务的学科教师；除积极性维度外，担任中层干部的教师其专业活力各维度均显著高于担任或没有担任班主任职务的学科教师。整体而言，担任班主任或行政职务的教师的专业活力高于单纯的学科教师。

表 5－6 教师专业活力的学历差异

	中师中专①		专科②		本科③		研究生及以上④		F	p	多重比较
	M	SD	M	SD	M	SD	M	SD			
积极性	6.18	0.82	6.38	0.79	6.23	0.96	6.01	0.98	4.69	0.003	②>③/④，③>④
创新性	5.85	0.91	5.87	0.98	5.72	1.10	5.43	1.08	5.27	0.001	②>④，③>④
能量感	5.46	0.78	5.75	0.90	5.56	0.98	5.20	1.04	10.15	<0.001	②>③/④，③>④
专业活力	5.84	0.74	6.01	0.81	5.85	0.93	5.56	0.94	7.56	<0.001	②>③/④，③>④

表 5－7 教师专业活力的职务差异

	中层干部①		班主任和学科教师②		非班主任和学科教师③		F	p	多重比较
	M	SD	M	SD	M	SD			
积极性	6.33	1.04	6.29	0.85	6.16	0.98	8.19	<0.001	①>③，②>③
创新性	5.93	1.10	5.74	1.04	5.63	1.12	12.40	<0.001	①>②>③
能量感	5.72	0.97	5.55	0.94	5.51	1.01	7.55	0.001	①>②，①>③
专业活力	6.01	0.96	5.87	0.85	5.78	0.95	10.28	<0.001	①>②>③

4. 教师专业活力的任教学段差异

以任教学段为自变量，以教师专业活力及各维度得分为因变量，进行单因素方差分析。结果如表 5－8 所示，发现不同任教学段的教师在专业活力及各维度得分上均存在显著差异。事后多重比较分析发现：幼儿园教师的专业活力及各维度得分均显著高于小初高教师；小学教师的专业活力及各维度得分均显著高于中学教师。整体而言，我国教师的专业活力随着任教学段的提高而下降，但至初中后未见显著下降。

5. 教师专业活力的任教学校所在区域差异

以任教学校所在区域为自变量，以教师专业活力及各维度得分为因变量，进行单因素方差分析。结果如表 5－9 所示，发现不同任教区域教师在专业活力及各维度得分上均不存在显著差异。

表 5－8　教师专业活力的任教学段差异

	幼儿园①		小学②		初中③		高中④		F	p	多重比较
	M	SD	M	SD	M	SD	M	SD			
积极性	6.48	0.79	6.27	0.93	6.16	0.97	6.11	1.00	12.10	＜0.001	①＞②\③\④，②＞③\④
创新性	5.97	1.01	5.77	1.05	5.63	1.12	5.59	1.15	10.62	＜0.001	①＞②\③\④，②＞③\④
能量感	5.78	0.91	5.58	0.94	5.50	0.99	5.47	1.05	7.84	＜0.001	①＞②\③\④，②＞④
专业活力	6.09	0.82	5.89	0.88	5.78	0.95	5.74	0.98	12.08	＜0.001	①＞②\③\④，②＞③\④

表 5－9　教师专业活力的学校区域差异

	城市市区		城市郊区或县城		乡镇或农村		F	p
	M	SD	M	SD	M	SD		
积极性	6.23	0.97	6.25	0.95	6.20	0.93	0.67	0.512
创新性	5.73	1.09	5.74	1.10	5.67	1.09	1.03	0.358
能量感	5.52	1.03	5.57	0.99	5.56	0.93	0.55	0.576
专业活力	5.84	0.95	5.87	0.92	5.82	0.90	0.57	0.566

6. 教师专业活力的专业类型差异

以专业类型为自变量，以教师专业活力总均分及各维度为因变量，对数据进行独立样本 t 检验。结果如表 5　10 所示，发现师范专业毕业教师积极性、能量感、专业活力均临界显著高于非师范专业毕业的教师（$p<0.05$）。

7. 教师专业活力的工作学校类型差异

以工作学校类型为自变量，以教师专业活力总均分及各维度为因变量，进行独立样本 t 检验。结果如表 5－11 所示，发现民办学校教师的专业活力及积极性外的其余各维度得分均显著高于公办教师（$p<0.05$）。

表 5-10　教师专业活力的专业类型差异

	师范专业毕业		非师范专业毕业		t	p
	M	SD	M	SD		
积极性	6.25	0.94	6.15	0.98	2.02	0.044
创新性	5.73	1.10	5.65	1.09	1.38	0.169
能量感	5.57	0.97	5.48	1.01	1.87	0.061
专业活力	5.86	0.92	5.78	0.93	1.91	0.056

表 5-11　教师专业活力的工作学校类型差异

	公办学校		民办学校		t	p
	M	SD	M	SD		
积极性	6.22	0.96	6.33	0.88	−1.74	0.083
创新性	5.69	1.10	5.94	1.04	−3.40	<0.001
能量感	5.53	0.98	5.83	0.92	−4.70	<0.001
专业活力	5.83	0.92	6.04	0.88	−3.55	<0.001

8. 教师专业活力的职称差异

以职称为自变量，以教师专业活力总均分及各维度为因变量，进行单因素方差分析。结果如表 5-12 所示，发现除积极性维度外，不同职称等级的教师在专业活力及各维度得分上差异显著。事后多重比较分析发现：除积极性维度外，初级职称教师的专业活力及各维度得分均显著低于中级、高级职称教师，在能量感维度还显著低于未定级教师。总体而言，教师专业活力随着教师职称的晋升而不断提高。

表 5-12　教师专业活力的职称差异

	初级职称 ①		中级职称 ②		高级职称 ③		未定级 ④		F	p	多重比较
	M	SD	M	SD	M	SD	M	SD			
积极性	6.16	0.96	6.25	0.95	6.24	1.01	6.27	0.74	1.46	0.222	\
创新性	5.59	1.10	5.73	1.11	5.82	1.10	5.68	1.00	4.53	0.004	①<②\③
能量感	5.45	1.02	5.55	0.99	5.63	0.96	5.62	0.90	3.96	0.008	①<②\③\④
专业活力	5.75	0.93	5.86	0.93	5.91	0.95	5.87	0.79	3.36	0.018	①<②\③

（四）结果讨论

1. 教师专业活力的总体状况

总体而言，教师专业活力总体及各维度的得分均高于中等水平，说明我国教师专业活力处于中等向好的状态，但也还存在较大的提升空间。随着我国教育改革进入深水区和攻坚期，相关部门及学者开始反思“为什么在资源投入相对充足的情况下，教育改革的系列措施却仍收效甚微，部分学校甚至面临没落撤并的风险?”，并逐渐关注到“活力”在教育改革中的重要作用，甚至提出将“活力”作为继“公平”与“质量”后，评价教育体系健康程度的第三个关键指标（周志平，2019；邹维，2021）。自《国家中长期教育改革和发展规划纲要（2010—2020）》颁布后，“教育活力”“学校活力”等概念先后提出。但不论是教育活力还是学校活力，均在相对宏观的范畴内把握教育教学中的活力问题，仍尚未下沉到教育系统的最基层实施者——教师，这也在一定程度上使得教育活力或教学活力的提升策略或措施成为无源之水。在此背景下，“教师专业活力”的概念应运而生，并逐渐受到教育管理部门及学校组织的高度重视，将教师专业活力的激发与释放作为生成教育活力的有力抓手，在一定程度上促进了教师专业活力的生成。但在现实处境中，教师面临着教育质量、时间分配、专业提升等多重困惑（王爽，孟繁华，2022），紧缩的制度设计、缺乏可支配的教学自主权、有失偏颇的评价体系等多重困境（毋丹丹，2017），制约着教师专业活力生成与提高。因此，在后续的教育改革中，应将教育活力继续下沉到教师专业活力，释放教师专业活力的可提升空间。

对教师专业活力三个维度的得分进行横向比较发现，积极性得分＞创新性得分＞能量感得分。可见，教师专业活力各成分的发展并不协调。具体而言，积极性维度得分最高，这种积极性包含两个方面的内涵：一是，教师工作情感体验的积极感；二是，教师对工作态度与行为的自主性。因此，高积极性得分说明多数教师能够在工作中保持积极的情感体验以及工作态度与行为上的主动性。这可能归功于近年来诸多学校开始倡导的“快乐教学”与“情感教学”的理念（卢家楣，2012），以及“让教师积累更多积极的心理体验”的教育管理理念与行动（朱保良，2021）对教师教学情感体验的重视；此外，教育教学领域的“精简放权”也在一定程度上使教师获得了更多的教学自主权与自主性（郭宏成，王丽萍，2015；李梅，2020）。然而，数据还显示，繁重、复杂的教学工作可能会对教师的身心能量造成一定的损耗。这可能是由于教学活动本身固有的复杂属性，要求教师对其进行高负荷的身心投入；且随着教育改革的深入，社会和教育系统对教师不断提出新的要求，涉及教学能力、教学知识等诸多领域，教师能否胜任教育改革赋予其的新角色与新标准，在无形之中增加了教师的应对负荷。因此，教学工作本身的复杂性以及教育改革对教师的更新要求，增加了教师的工作负荷，在一定程度上可能降低了其对身心能量的感受。

2. 教师专业活力的潜在类别

潜在剖面分析显示，根据教师专业活力，可将教师划分为“低专业活力型”“中等专业活力型”及“高专业活力型”三个潜在亚型，且以“中等专业活力型”及“高专业活力型”为主，占比达到80%以上。关于当前教师专业活力处于较高状态，我们在第一点讨论内容中已经进行了详细论述，但潜在剖面结果值得另外说明的一点是，教师专业活力的积极性、创新性、能量感三个维度表现出高度的发展一致性：潜在类别中并未出现“高积极性与创新性、低能量感”等三个维度发展水平不一致的亚型，而是三个维度保持“一高均高”“一低均低”的协同发展趋势，符合资源保存理论所述的“资源大篷车”的概念（资源不是单独出现，而是共同旅行，资源池中某些资源的增加或减少均会使其他资源协同变化）(Hobfoll, 2004)。这说明教师专业活力的三个核心构念具有高低的内在关联性与一致性，也在一定程度上说明我们对教师专业活力核心构念元素的确定是具有较高可信度的（积极性、创新性、能量感三个元素可提炼出一个高维的整体性构念），且符合我们在第四章“教师专业活力效能论”中所建构的资源增益模型与资源丧失模型（活力资源间的协同变化）。同时，这一结果提示，对教师专业活力三个构念的重视应并驾齐驱，而不应有所偏颇，从而导致某一成分的缺失而损害其他有效成分的生成与积累。

3. 人口学变量对教师专业活力的影响

对人口学变量的差异检验显示，教师专业活力在性别、学历、职务、职称、任教学段、专业类型、学校类型等因素上存在显著差异。具体而言：

在性别差异方面，男性教师专业活力的积极性得分显著低于女性教师。积极性表征着教师对于教育教学的积极情感体验与主动性，其性别差异可能来源于男女性教师在情绪心理特征方面的差异：一般来说，女性教师的情绪较为温和，对于教育教学、学生更具有耐心，在出现教学难题或学生方面的问题后，较男性教师更少出现负面情绪。

在学历差异方面，整体而言，专科教师群体的专业活力在各类教师中表现出最高的水平。这可能是由于专科教师接受的师范教育比较完整，专科教育更强调教学技能的可应用性，这使得专科出身的教师对教学技能的掌握更为牢固，能够更好满足日常教学实践的需要，在教学实践中更显得游刃有余。正是这种基于自身教学技能的丰富性与效能感优化了专科教师的教学体验，降低了身心能量上的衰竭感，并使其在教学中更为主动，甚至在力所能及的范围内进行教学创新，而这种能量、积极、创新正是教师专业活力的核心内涵。相较而言，本科以上学历的教师，在其接受的师范教育中可能更加偏向教育知识的传授，而由教育知识的直接应用性相对较差，需转化为教学技能才能发挥间接作用。正因如此，专科教师群体的专业活力才会在各类教师中表现出最高的水平。

在职务差异方面，相较而言，担任班主任或行政职务的教师的专业活力高于单纯学科教师。这可能是由于相较具有行政职务的教师而言，单纯的任课教师一般来说会被安排更多的日常课程，这也相应地导致其在相对单一的课程教学方面需要投入更多时间与精力，从而更易产生枯燥感与倦怠感，导致专业活力降低。此外，相对单纯的任课教师而言，班主任或中层干部倾向于从更加宏观的视角看待教育，不仅关注教学成绩，还更加重视学生的身心发展等素质性方面，这使得其在育人与服务方面更加有主动性，表现出更高的活力水平。

在任教学段差异方面，整体而言，幼儿园教师的专业活力水平最高，我国教师的专业活力随着任教学段的提高而下降。这可能存在两方面的原因：其一，幼儿园教师的教学对象是活泼好动的儿童群体，学习目标主要是培养良好的生活习惯、进行创造性的游戏。为配合适应儿童的这一特征，幼师的职业特征要求其也保持活力充沛的童真状态，用积极的情绪感染学生，用有趣的活动吸引学生，因此其在教学中会较其他学段的教师表现出更高水平活力。其二，相对低学段的学生，随着学段的上升，我国背景下的学校教育越来越关注学习成绩的提高，这不仅会增加教师的耗竭感与倦怠感，还会导致教师相对忽视在其他育人方面的投入，从而导致其专业活力表现不足。

在专业类型差异方面，师范专业毕业教师能量感显著高于非师范专业毕业的教师。这可能是由于师范专业毕业的教师所接受的教育知识、教育能力更为全面、翔实，对教学事件有更为积极的应对经验，使其在教学中感到更加游刃有余，即使会有一定程度的倦怠产生，但相较非师范专业毕业的教师而言，倦怠程度更低。

在学校类型差异方面，民办学校教师的专业活力及大多维度得分均显著高于公办教师。这可能是由于相较公办学校而言，民办学校在管理机制上更加灵活，且对教师有更高的绩效要求，要求其以更加饱满的状态进行教学工作。这一组织特征和外在工作特征要求使教师被动地展示出更高水平的活力。

在职称差异方面，总体而言，教师专业活力随着教师职称的晋升而不断提高。这一现象符合我们对教师专业活力的一般性认知，现象背后的原因有二：其一，教师专业活力所述的针对教学的积极性、创新性本就是职称评定的基本要求之一，那么高职称的教师表现出更高的活力水平自然是情理之中。其二，相较而言，高职称教师在教学方面积累了更多的教学经验，对教育知识、教育能力的掌握更加牢固，因此其对教学的把控能力更强，对教学具有更高的效能感，以及由此产生的积极体验，并且在此基础上进行创新的意愿与能力都更强，因此具有更高的活力水平。

二、具体群体细析

为进一步分析不同教师群体专业活力的特点，我们将教龄小于等于 5 年的教师划分为新手型教师，共 644 名；将获得高级、正高级职称的教师统一称为专家型教师，共 623 名；将担任学校领导和中层干部职务的教师划分为管理层教师，共 406 名；现对新手型教师、专家型教师、管理层教师以及担任班主任职务的学科教师（$N=960$）这四类教师群体分别进行专业活力特点分析。

（一）新手型教师群体

1. 新手型教师专业活力的特点

如表 5－13 所示，被调查新手型教师专业活力的总平均得分为 5.72 分，接近问卷设定的“6（比较符合）”，表明总体上当前新手型教师的专业活力良好，但仍还有很大的提升空间。具体来看，积极性的平均得分为 6.13，创新性的平均得分为 5.53，能量感的平均得分为 5.44，表明新手型教师专业活力最主要表现为对工作的积极情感体验及行为的主动性。

表 5-13 新手型教师专业活力得分状况

	最小值	最大值	M	SD
积极性	1.00	7.00	6.13	0.89
创新性	1.00	7.00	5.53	1.08
能量感	1.33	7.00	5.44	1.01
专业活力	1.29	7.00	5.72	0.90

2. 新手型教师三个维度对专业活力的回归分析

分别以新手型教师的积极性、创新性、能量感为自变量，以新手型教师的专业活力为因变量，进行线性回归分析。结果如表 5-14 所示，创新性对专业活力的预测效应最大，其次为能量感、积极性。表明在新手型教师群体中，教师专业活力主要表现为创新性。

表 5-14 新手型教师三个维度对专业活力的预测

回归方程		模型指数			回归系数显著性		
结果变量	预测变量	R^2	ΔR^2	F	β	SE	t
专业活力							
	积极性	0.81	0.81	2 741.72***	0.90	0.02	52.36***
	创新性	0.85	0.85	3 701.25***	0.92	0.01	60.84***
	能量感	0.81	0.81	2 746.62***	0.90	0.02	52.41***

3. 新手型教师专业活力的性别差异

以性别为自变量，以新手型教师专业活力总均分及各维度得分为因变量，进行独立样本 t 检验。结果发现，男、女新手型教师在教师专业活力及其下属三因子上差异均不显著（$p>0.05$）。

4. 新手型教师专业活力的学历差异

以学历为自变量，以新手型教师专业活力总均分及各维度得分为因变量，进行单因素方差分析。结果发现不同学历新手型教师在专业活力及各维度上的差异显著。事后多重比较分析发现：在教师专业活力及其各维度上，专科、本科学历教师均显著高于研究生学历教师（$p<0.01$）。如图 5-2 所示，整体而言，教师专业活力表现出随着学历的提升而下降的趋势。

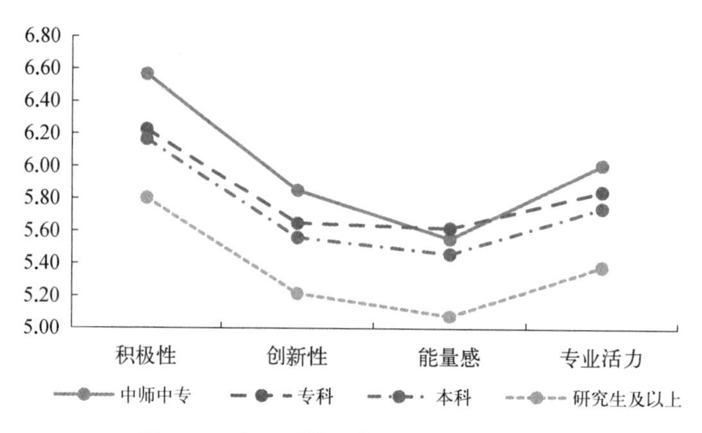

图 5 - 2　新手型教师专业活力的学历差异

5. 新手型教师专业活力的职务差异

以职务(因“学校领导”类别人数过少,故与中层干部合并)为自变量,以新手型教师专业活力总均分及各维度得分为因变量,进行单因素方差分析。结果发现,担任不同职务的新手型教师在专业活力、积极性、创新性上差异显著。如图 5 - 3所示,事后多重比较分析发现：担任班主任和学科教学的新手型教师的专业活力及上述因子均显著高于没有担任班主任职务的学科教师($p<0.01$)。

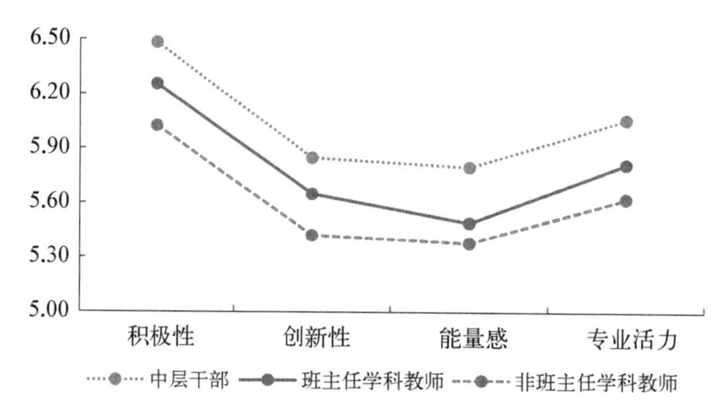

图 5 - 3　新手型教师专业活力的职务差异

6. 新手型教师专业活力的任教学段差异

以任教学段为自变量,以新手型教师专业活力总均分及各维度得分为因变量,进行单因素方差分析。结果发现,任教不同学段的新手型教师在专业活力及各维度上均存在显著差异。事后多重比较分析发现：如图 5 - 4 所示,幼儿园教师的专业活力及各维度均显著高于小初高教师（$p<0.001$）；小学教师专业活力水平显著高于中学教师（$p<0.05$）。

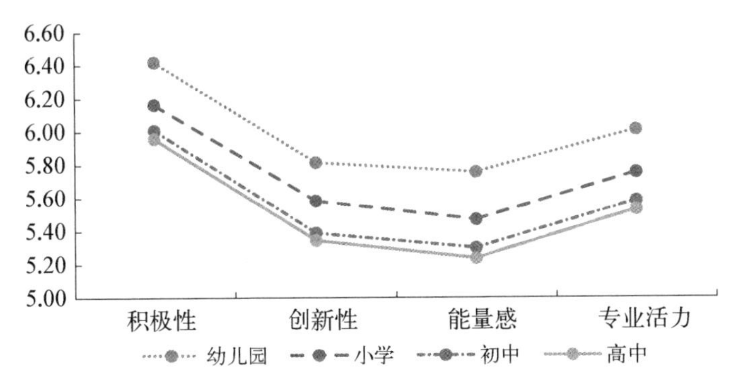

图 5－4　新手型教师专业活力的任教学段差异

7. 新手型教师专业活力的任教学校所在区域差异

以任教学校所在区域为自变量，以新手型教师专业活力总均分及各维度得分为因变量，进行单因素方差分析。结果发现，在不同区域任教的新手型教师的专业活力及其各维度均不存在显著差异（$p>0.05$）。

8. 新手型教师专业活力的专业类型差异

以专业类型为自变量，以新手型教师专业活力总均分及各维度得分为因变量，进行 t 检验。结果发现，师范与非师范专业毕业的新手型教师在专业活力、积极性、创新性、能量感及其下属因子上差异均不显著（$p>0.05$）。

9. 新手型教师专业活力的工作学校类型差异

以工作学校类型为自变量，以新手型教师专业活力总均分及各维度得分为因变量，进行 t 检验。结果如图 5－5 所示，发现民办学校新手型教师在创新性、能量性上均显著高于公办教师（$p<0.05$），而在专业活力与积极性维度的差异不显著（$p>0.05$）。

10. 新手型教师专业活力的职称差异

以职称为自变量，以新手型教师专业活力总均分及各维度得分为因变量，进行单因素方差分析。结果发现，不同职称等级的新手型教师在专业活力、能量感上差异显著。事后多重比较分析发现：如图 5－6 所示，未定级的新手型教师的专业活力、能量感均显著高于初级、中级教师（$p<0.01$）；其他方面差异不显著（$p>0.05$）。

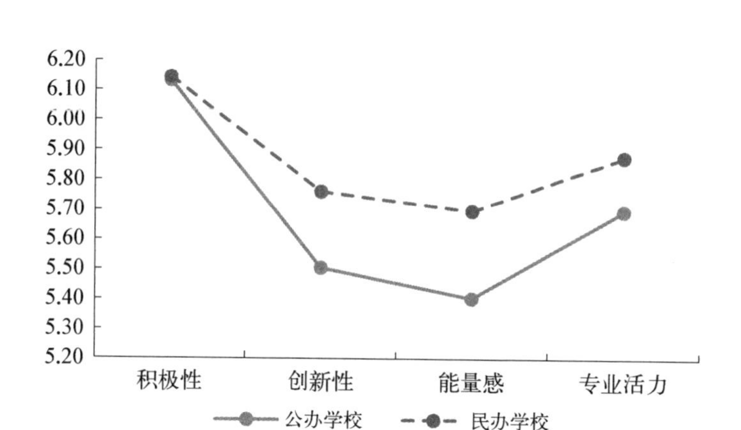

图 5-5　新手型教师专业活力的学校类型差异

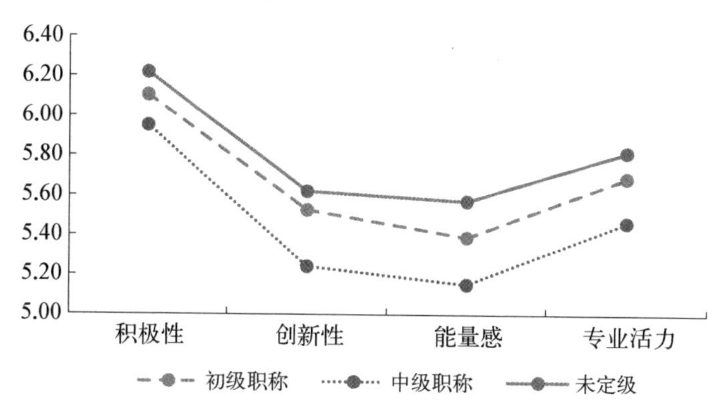

图 5-6　新手型教师专业活力的职称差异

(二) 班主任教师群体

1. 班主任教师专业活力的特点

对班主任教师专业活力总均分及各维度得分进行描述性统计，结果如表 5-15 所示，发现被调查班主任教师专业活力的总平均得分为 5.87，接近问卷设定的“6(比较符合)”，表明总体上当前班主任教师的专业活力良好，但与问卷设定的“7(完全符合)”还有很大的差距，表明当前班主任教师专业活力还有很大的提升空间。具体来看，积极性的平均得分为 6.29，创新性的平均得分为 5.74，能量感的平均得分为 5.55，表明班主任教师具有较高的积极工作情感与态度。

表 5－15　班主任教师专业活力得分状况

	最小值	最大值	*M*	*SD*
积极性	1.00	7.00	6.29	0.85
创新性	1.00	7.00	5.74	1.04
能量感	1.22	7.00	5.55	0.94
专业活力	1.07	7.00	5.87	0.85

2. 班主任教师三个维度对专业活力的回归分析

分别以班主任教师的积极性、创新性、能量感为自变量，以班主任教师的专业活力为因变量，进行线性回归分析。结果如表 5－16 所示，创新性对专业活力的预测效应最大，其次为能量感、积极性。表明在班主任教师群体中，教师专业活力主要表现为创新性。

表 5－16　班主任教师三个维度对专业活力的预测

回归方程		模型指数			回归系数显著性		
结果变量	预测变量	R^2	ΔR^2	F	β	SE	t
专业活力							
	积极性	0.78	0.78	3 302.12***	0.88	0.02	57.46***
	创新性	0.86	0.86	5 788.01***	0.93	0.01	76.08***
	能量感	0.79	0.79	3 618.46***	0.89	0.01	60.15***

3. 班主任教师专业活力的性别差异

以性别为自变量，以班主任教师专业活力总均分及各维度得分为因变量为因变量，进行独立样本 t 检验。结果如图 5－7 所示，发现女性班主任教师的专业活力、积极性显著高于男性（$p<0.05$），但在其他方面差异不显著（$p>0.05$）。

4. 班主任教师专业活力的学历差异

以学历为自变量，以班主任教师专业活力总均分及各维度得分为因变量，进行单因素方差分析。结果发现，不同学历班主任教师在专业活力及各维度得分上的差异显著。如图 5－8 所示，事后多重比较分析发现：除创新性维度外，在教师专业活力及各维度方面，专科学历教师显著高于本科（$p<0.05$）与

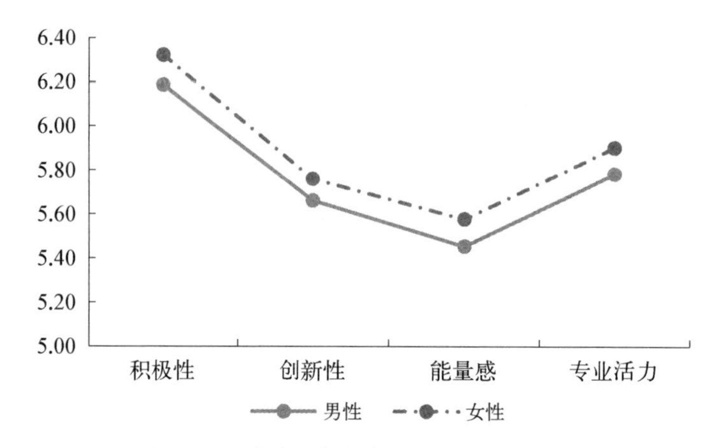

图 5-7　班主任教师专业活力的性别差异

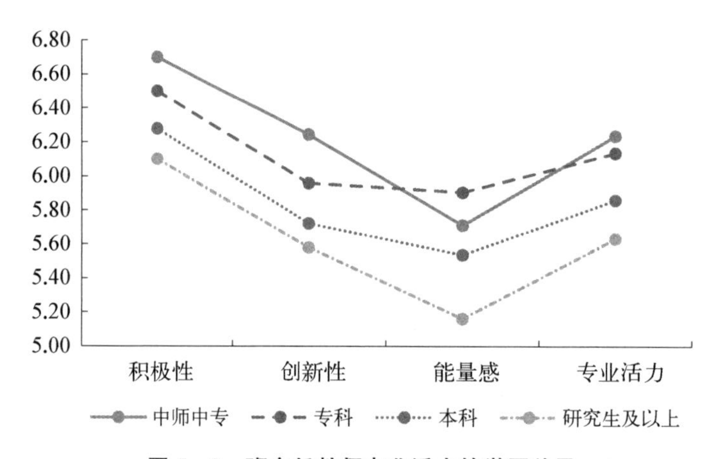

图 5-8　班主任教师专业活力的学历差异

研究生及以上学历($p<0.001$)的教师，本科学历教师显著高于研究生及以上学历教师($p<0.01$)。

5. 班主任教师专业活力的教龄差异

以教龄为自变量，以班主任教师专业活力总均分及各维度得分为因变量，进行单因素方差分析。结果发现，不同教龄的班主任教师在专业活力、积极性、能量感上存在显著差异。如图 5-9 所示，事后多重比较分析发现：在专业活力、积极性、能量感方面，教学长达 21 年及以上的班主任教师的得分均显著高于教龄为 0～2 年、6～10 年的教师；在创新性维度，教学 21 年及以上的班主任教师的得分显著高于教龄为 0～2 年的教师。

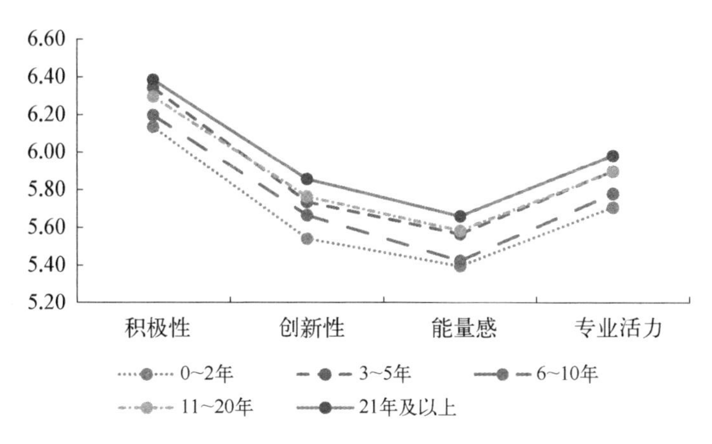

图 5-9　班主任教师专业活力的教龄差异

6. 班主任教师专业活力的任教学段差异

以任教学段为自变量，以班主任教师专业活力总均分及各维度得分为因变量，进行单因素方差分析。结果发现，任教不同学段的班主任教师在专业活力及各维度得分上均存在显著差异。如图 5-10 所示，事后多重比较分析发现：幼儿园教师的专业活力及各维度得分均显著高于小初高教师（$p<0.001$）；小学教师的专业活力及各维度得分均显著高于高中教师（$p<0.05$）。

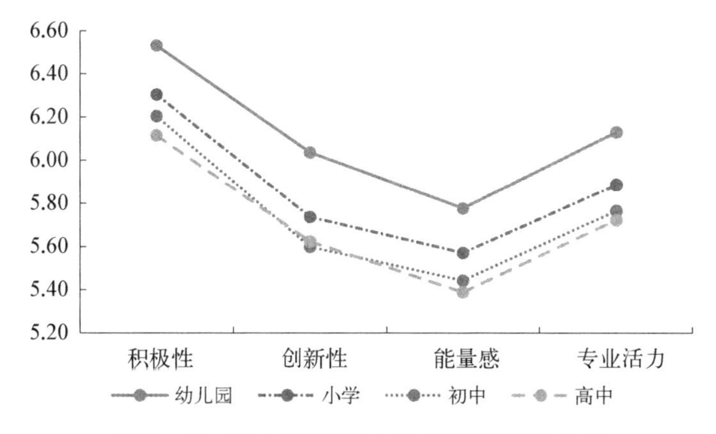

图 5-10　班主任教师专业活力的任教学段差异

7. 班主任教师专业活力的任教学校所在区域、专业类型差异

以任教学校所在区域、专业类型为自变量，以班主任教师专业活力总均分及各维度得分为因变量，进行差异检验。结果发现，班主任教师在专业活力及其下

属因子上差异均不显著($p>0.05$)。

8. 班主任教师专业活力的工作学校类型差异

以工作学校类型为自变量，以班主任教师专业活力总均分及各维度得分为因变量，进行 t 检验。结果如图 5-11 所示，发现民办学校班主任教师在专业活力、创新性、能量性上均显著高于公办教师($p<0.05$)，在积极性上差异不显著($p>0.05$)。

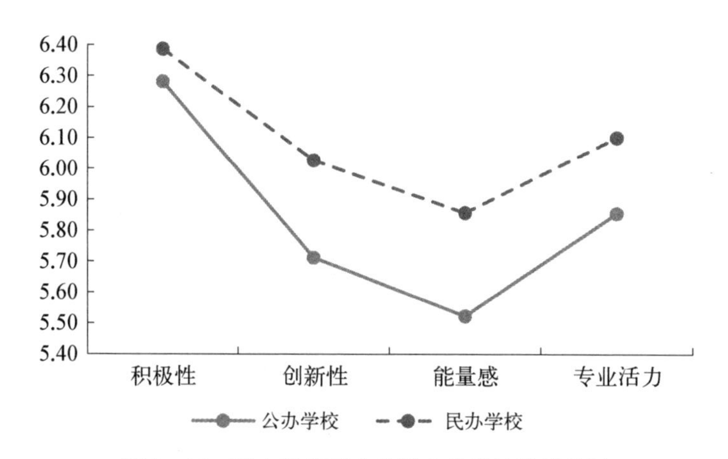

图 5-11 班主任教师专业活力的学校类型差异

9. 班主任教师专业活力的职称差异

以职称为自变量，以班主任教师专业活力总均分及各维度得分为因变量，进行单因素方差分析。结果发现不同级别的班主任教师在专业活力及其各维度上均不存在显著差异。

(三) 专家型教师群体

1. 专家型教师专业活力的特点

结果如表 5-17 所示，发现被调查专家型教师专业活力的总平均得分为 5.91，接近问卷设定的"6(比较符合)"，表明总体上当前专家型教师的专业活力良好，但与问卷设定的"7(完全符合)"还有一定差距，表明当前专家型教师专业活力还有很大的提升空间。具体来看，积极性的平均得分为 6.24，创新性的平均得分为 5.82，能量感的平均得分为 5.63，表明专家型教师具有较高的积极工作情感与态度。

表 5-17 专家型教师专业活力得分状况

	最小值	最大值	M	SD
积极性	1.00	7.00	6.24	1.01
创新性	1.00	7.00	5.82	1.10
能量感	1.67	7.00	5.63	0.96
专业活力	1.21	7.00	5.91	0.95

2. 专家型教师三个维度对专业活力的回归分析

分别以专家型教师的积极性、创新性、能量感为自变量，以专家型教师的专业活力为因变量，进行线性回归分析。结果如表 5-18 所示，创新性对专业活力的预测效应最大，其次为能量感、积极性。表明在专家型教师群体中，教师专业活力主要表现为创新性。

表 5-18 专家型教师三个维度对专业活力的预测

回归方程		模型指数			回归系数显著性		
结果变量	预测变量	R^2	ΔR^2	F	β	SE	t
专业活力							
	积极性	0.85	0.85	3 617.58***	0.92	0.01	60.15***
	创新性	0.89	0.89	5 115.57***	0.94	0.01	71.52***
	能量感	0.85	0.85	3 441.85***	0.92	0.02	68.67***

3. 专家型教师专业活力的任教学段差异

以任教学段为自变量，以专家型教师专业活力总均分及各维度得分为因变量，进行单因素方差分析。结果发现，不同任教学段的专家型教师在专业活力、创新性上差异显著。事后多重比较分析发现：如图 5-12 所示，在创新性上，小学专家型教师显著高于初中、高中阶段专家型教师（$p<0.05$）；在专业活力上，小学专家型教师显著高于初中阶段专家型教师（$p<0.05$）。

4. 专家型教师专业活力的职务差异

以职务为自变量，以专家型教师专业活力总均分及各维度得分为因变量，进行单因素方差分析。如图 5-13 所示，结果发现，担任不同职务的专家型教师在

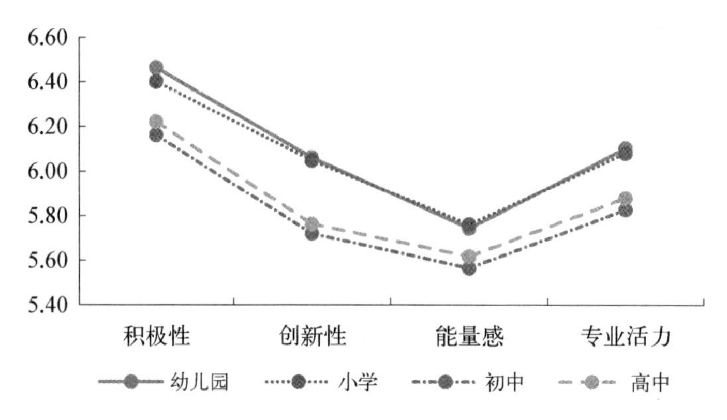

图 5-12　专家型教师专业活力的任教学段差异

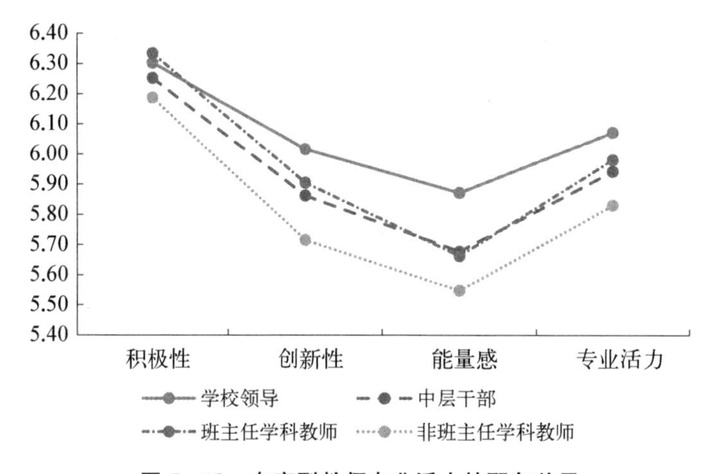

图 5-13　专家型教师专业活力的职务差异

专业活力及其各维度上均不存在显著差异。

5. 专家型教师专业活力的性别、学历、教龄、专业类型、学校所在区域差异

以性别、学历、教龄、专业类型、学校所在区域为自变量，以专家型教师专业活力总均分及各维度得分为因变量，进行差异检验。结果发现专家型教师的专业活力及各维度均不存在显著差异($p>0.05$)。

(四) 管理层教师群体

1. 管理层教师专业活力的特点

结果如表 5-19 所示，发现被调查管理层教师专业活力的总平均得分为 6.01 分，超过问卷设定的“6(比较符合)”，表明总体上当前专家型教师的专业活力良好，但与问卷设定的“7(完全符合)”还有一定的差距，表明当前管理层教师专业活力还有一定的提升空间。具体来看，积极性的平均得分为6.33，创新性的平均得分为5.93，能量感的平均得分为5.72，表明管理层教师不仅对工作抱有积极的情感与态度，还具有较高的创新性。

表5-19　管理层教师专业活力得分状况

	最小值	最大值	*M*	*SD*
积极性	1.00	7.00	6.33	1.04
创新性	1.00	7.00	5.93	1.10
能量感	1.67	7.00	5.72	0.97
专业活力	1.21	7.00	6.01	0.96

2. 管理层教师三个维度对专业活力的回归分析

分别以管理层教师的积极性、创新性、能量感为自变量，以管理层教师的专业活力为因变量，进行线性回归分析。结果如表5-20所示，创新性对专业活力的预测效应最大，其次为积极性、能量感。这表明在管理层教师群体中，教师专业活力主要表现为创新性。

表5-20　管理层教师三个维度对专业活力的预测

回归方程		模型指数			回归系数显著性		
结果变量	预测变量	R^2	ΔR^2	*F*	β	*SE*	*t*
专业活力							
	积极性	0.87	0.87	2 777.42***	0.93	0.02	52.70***
	创新性	0.90	0.90	3 578.60***	0.95	0.01	59.82***
	能量感	0.82	0.82	1 854.38***	0.91	0.02	43.06***

3. 管理层教师专业活力的学历差异

以学历为自变量，以管理层教师的专业活力为因变量，进行单因素方差分析。结果发现，不同学历管理层教师仅在能量感上差异显著。事后多重比较分析发现：如图5-14所示，本科学历的专家型教师的能量感显著高于大专学历的教师($p<0.05$)。

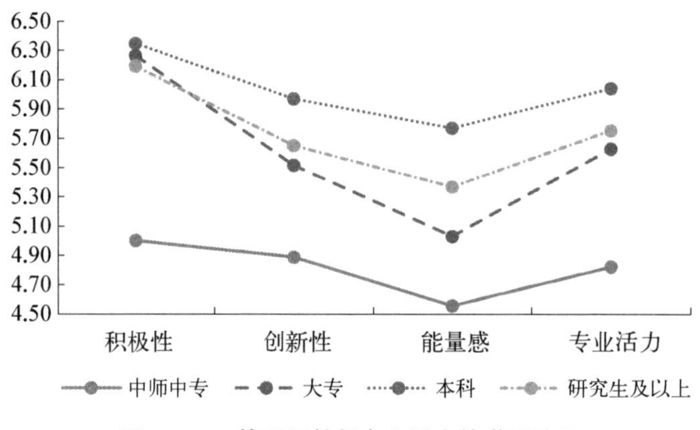

图 5-14　管理层教师专业活力的学历差异

6. 管理层教师专业活力的性别、学段、教龄、学校区域、专业类型、学校类型差异

以性别、学断、教龄、学校区域、专业类型、学校类型为自变量，以专家型教师专业活力总均分及各维度得分为因变量，进行差异检验。结果发现，管理层教师的专业活力及各维度差异均不显著（$p>0.05$）。

（五）结果讨论

1. 各群体教师人口学变量差异总论

分别对新手型教师、专家教师、管理层教师及班主任教师的专业活力在各人口学变量上的差异进行检验，如表 5-21 所示，发现上述四类具体教师群体均不同程度地受到不同人口学特征的影响，但对专家教师与管理层教师的影响较小，而新手型教师与班主任教师的专业活力则易于受到各类因素影响。这一结果从侧面说明，教师专业活力是一个渐进式成长的变量，具有可塑性与可培育性，通过提升教师专业活力来优化其教学体验、教学状态及教学绩效可能是可信的路径。

表 5-21　各群体教师人口学变量差异分析汇总表

	新手型教师	专家教师	管理层教师	班主任教师
性别	\	\	\	男＜女
学历	专\本＞研	\	专＜本	专＞本＞研
职务	班主任＞非班主任学科教师	\	\	\

续　表

	新手型教师	专家教师	管理层教师	班主任教师
任教学段	幼＞小初高，小＞初	小＞初	\	幼＞小初高，小＞初
学校区域	\	\	\	\
专业类型	\	\	\	\
学校类型	民＞公	\	\	民＞公
职称	未定级＞初、中级	\	\	\
教龄	\	\	\	21年及以上最高

注："\"表示差异不显著。

2. 创新性对教师专业活力的跨群体预测稳定性

以新手型教师、专家型教师、班主任教师及管理层教师的积极性、创新性、能量感为自变量，对教师专业活力进行回归分析，均发现创新性对教师专业活力具有最大的预测效应，说明创新性对教师专业活力的最强预测具有跨群体稳定性。根据第三章对教师专业活力内涵构念之间的分析：能量感所述的"身体能量"与"心理能量"旨在为教师专业实践提供基本的驱动能量；积极性所包含的自主性作为身体能量与心理能量复合的基轴，积极感作为活力的情感特征；而创新性是自主性得到较好开发后的次生特性与高阶表现，更加强调在自主之上的力求精进之意。正如伽达默尔(1988)所认为的，"一切实践的最终含义就是超越实践本身"。这就意味着，能量感与积极性是创新性的基础，而创新性实际作为教师专业活力的最核心高层次构念而存在，最能够反映教师专业活力的核心特征，是表征教师专业活力的最强指标。因此，无论是在新手型教师群体、专家型教师群体、班主任教师群体，还是管理层教师群体中，创新性都是其专业活力的最强预测因子，具有跨群体的一致性与稳定性。

3. 教师专业活力学段差异的跨群体稳定性

如表5－21所示，任教学段会显著影响上述每一类教师群体，呈现出教师专业活力得分随着任教学段的上升而下降的趋势，表现为幼儿园教师专业活力是调查阶段中专业活力最高的，小学次之，初中和高中之间差异不显著。具体而言，新手型教师、班主任教师专业活力及其下属三因子的得分情况均与上述趋势相同，但专家型教师只在专业活力、创新性得分上呈现上述趋势，管理层教师的专业活力只在积极性上表现为上述趋势。究其原因，可能与教育对象的特殊性有关：幼儿园所教对象多为3—6岁儿童，思维正处于感知运动阶段，具有好动、好奇等特征。这就要求教师在工作中表现出旺盛的活力，用积极的情绪感染学生，用有趣的活动吸引学生，用活泼的动作、神态等引导学生。因此，幼儿园教师倾向于表现出更高水平的专业活力。相较于幼儿园阶段，小学教育对象思维处于具体运算阶段，但仍具有好动、好胜、好表现等特征，且此阶段小学生对教师有种盲目的喜欢与崇拜之情，师生关系融洽；又相较于初高阶段，小学教师的工作内容较简单、工作压力较小，因此小学教师的专业活力显著高于初高阶段教师。这一研究结果也与已有研究发现的"小学教师特征突出，活力表现卓然"的结论一致(刘婕，2021)。

4. 新手型教师与专家教师在人口学特征上的差异对比

对新手型教师与专家教师的专业活力在各人口学变量上的差异进行检验，发现新手型教师专业活力在学历、职务、学段、学校类型、职称上均存在显著差异，而专家教师专业活力在仅任教学段上存在显著差异。对比两者可以发现，新手型教师群体的专业活力在诸多变量上存在差异，即新手型教师专业活力特征差异较大，组内个体间异质；而专家教师群体的专业活力则仅在较少几个变量上存在差异，即专家教师专业活力特征差异较小，组内个体间趋同。这可能是由于新手型教师的专业活力尚处在生成阶段，具有很强的可塑性，易因各类因素的影响而表现出不同的发展水平；而对于专家教师而言，其专业活力已发展到相对成熟、稳定的阶段，各类因素对专家教师专业活力的影响已被其积极调节，或是通过其他路径加以弥补，因此不易在人口学变量上表现出较大差异。

但专家教师的专业活力也仍在任教学段上存在显著差异。具体而言，在任教学段差异方面，低年级任教的专家教师的专业活力显著高于在高年级任教的专家教师，这可能是由于：高年级的教学任务相对单一、繁重，更倾向于通过课堂教学提升学生成绩，从而应对中高考的巨大压力。在此高压环境下的教师，即使是专家教师，也必须将所有身心能量投入教学，这种工作的繁重感与复杂性，更易使其产生枯竭感与倦怠感，从而影响自身的专业活力水平。

5. 班主任教师与管理层教师在人口学特征上的差异

对班主任教师与管理层教师的专业活力在各人口学变量上的差异进行检验，发现班主任教师专业活力在性别、学历、教龄、学校类型、学校类型上均存在显著差异，而管理层教师仅在学历方面存在显著差异。上述结果说明，班主任教师群体的专业活力较不稳定，易受各类因素的影响，这可能是由于在部分学校的实际安排中，新手型教师担任班主任职务的比较多，而新手型教师的活力尚处在生成阶段，易因各类因素的影响而表现出不同发展水平。而对管理层教师而言，其多是因教龄长、教学能力突出、教学成果丰富而被提拔上行政岗位，这些原因说明其不仅具有丰富的教学经验，还受到同行教师的尊敬、学生们的爱戴，满足了其成就与关系需要，因此其活力较高且受到较少因素的影响。

第六章
教师专业活力机制探赜

第三章基于理论推演与思辨，探索了教师专业活力的前因变量和后果变量，并建构了教师专业活力的形成机制和作用机制；第四章、第五章编制了符合心理测量学要求的具有良好信效度的《教师专业活力问卷》，并初步揭示了我国幼小初高教师群体的专业活力现状、潜在类别及差异。在此基础上，本章内容旨在验证前期所建构的教师专业活力的形成机制模型与作用机制模型，从而为教师专业活力的生成培养、为揭示教师专业活力的积极效益提供实证证据。综合本章研究结果，我们前期基于理论推演建构的教师专业活力的形成与作用机制模型是合理的、是被实证证据支持的。

一、影响机制考察

（一）模型构建

教师工作作为知识性、体力性与情感性兼备的复杂劳动，需要教师有充足的身心资源与能量储备（Kühnel et al., 2012）。组织与同事支持作为教师重要的外部资源为其内部资源的培养提供土壤，个体对外部资源的感知取决于其内部资源水平。也就是说教师的内外部资源共同影响教师专业活力。

主动性人格和职业认同是教师学习的必备条件和前提，也是促进教师专业自主发展、实现自我追求的心理基础和重要内部资源。具备主动性人格的教师能够判断有效的教育机会，确定明确的个人成就目标，积极地与周围环境互动，并采取持续不断的主动行为直到目标的实现。具有高度职业认同感的教师，能够更加清晰地认知所从事职业的特征、作用和意义感，对自身从事的职业满怀热情、富有兴趣、具备积极的情感体验，在工作中即使面对困境也会意志坚定，全力以赴实现其职业目标。

基本心理需求是自我决定理论的重要概念之一，被认为是连接外部环境与个体行为的核心。当外部环境支持基本心理需求的满足时，就能促进内在动机及外在动机的内化，从而促进个体工作行为。国内外已有大量研究为基本心理需求在个体与环境互动过程中起中介作用提供了支持，证实其影响机制具有跨文化稳定性(林晓娇，2022)。以往研究对于教师基本心理需求满足仅局限于对其自主性、归属感、胜任力的考察，但成就感作为教师职业极其重要的组成部分，其对教师职业发展动力的促进发挥着重要作用(王海平，2016)。因此本书将教师成就感纳入基本心理需求考察，构建教师基本心理需求四因素模型，考察其在内外部资源与教师专业活力之间的中介作用，如此构建了如下教师专业活力的影响机制模型(见图6-1)。

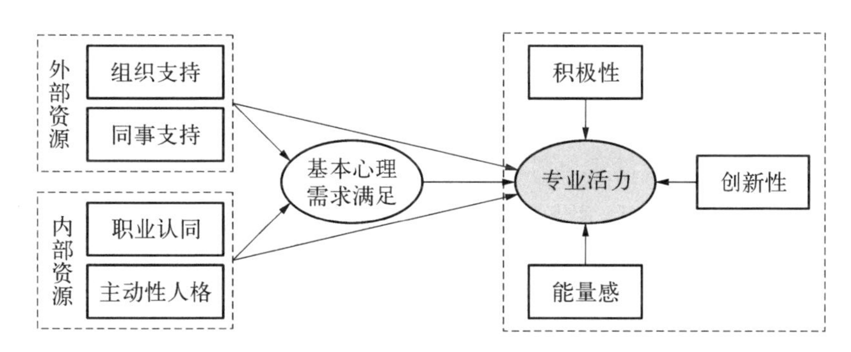

图6-1　教师专业活力影响机制模型

(二) 研究方法

1. 被试样本

同第四章，共包含2 735名教师。

2. 工具介绍

1) 教师专业活力

采用正式版的《教师专业活力问卷》测量教师的专业活力水平，问卷包括三个一阶因子(积极性、创新性、能量感)、三个二阶因子(教书、育人、服务)，共28

个项目，采用1～7点计分（“1”代表“完全不符合”，“7”代表“完全符合”）。总问卷的内部一致性alpha系数为0.97，各分问卷的内部一致性alpha系数分别为0.95、0.96、0.88。

2）组织支持感

采用Eisenberger等人（1986）编制的《组织支持量表》共36个项目，借鉴李龙娟和李盛兵（2023）的做法，从量表中选取因素负荷量最高的6道题，并结合教师工作情境进行改编，如“学校关心我的工资待遇、福利等问题”。该问卷的内部一致性alpha系数为0.97。

3）同事支持感

采用刘世清等人（2021）编制的《中小学教师社会支持量表》中的同事支持分维度量表，共6道题，采用李克特五级评分（1代表“完全不符合”，5代表“完全符合”），得分越高，意味着教师获得的同事支持程度越好。该问卷的内部一致性alpha系数为0.96。

4）基本心理需求满足

采用La Guardia等（2000）开发的《基本心理需求满足量表》测量教师对基本心理需求的满足度，包括能力需求、自主需求和关系需求三个维度，共9道题。此外，为全面揭示教师的主要需求，还将王忠军和龙立荣（2009）编制的《职业成功量表》中的3道题纳入，用于测量教师对成就需要的满足度。组编后的量表共12个项目，采用1～7点计分（“1”代表“完全不同意”，“7”代表“完全同意”）。该问卷的内部一致性alpha系数为0.85。

5）主动性人格

采用Bateman和Crant（1993）编制、商佳音和甘怡群（2009）修订的《主动性人格量表》中的3道题测量教师人格层面的主动性，采用1～7点计分（“1”代表“完全不同意”，“7”代表“完全同意”）。在本研究中，该问卷的内部一致性alpha系数为0.92。

6）职业认同

采用魏淑华等人（2013）编制的《教师职业认同问卷》中的3道题测量教师对职业的认同度，采用5点记分（从“完全不符合”到“完全符合”，记为1—5分），得分越高表示职业认同程度越高。该问卷的内部一致性alpha系数为0.83。

(三) 研究结果

1. 共同方法偏差检验

由于主要变量来源于同一批数据，需要检验是否存在共同方法偏差。本书采用 Harman 单因素法进行共同方法偏差检验(podsakoff et al.，2003)，将所有测量项目负荷于一个共同潜因子，结果显示模型拟合较差：$\chi^2/df=40.61$，RMSEA＝0.13，CFI＝0.57，TLI＝0.56，SRMR＝0.10。这表明不存在可以解释大多数变异的方法学因子，即不存在严重的共同方法偏差。

2. 相关分析

从表 6－1 可知，教师的组织支持、同事支持、基本心理需求满足及其各维度、职业认同、主动性人格与教师专业活力及其各维度之间均呈显著正相关。这为回归分析和教师基本心理需求满足在组织支持、同事支持、职业认同、主动性人格影响教师专业活力过程中的中介效应检验提供了基础。

3. 回归分析

如表 6－2 所示，以教龄、任教学段、职称作为控制变量，以组织支持、同事支持、基本心理需求满足 4 个分维度、职业认同、主动性人格作为自变量，教师专业活力及各维度作为因变量，进行回归分析及 Bootstrap 检验(重复抽样 5 000 次)。结果显示：

组织支持($\beta=0.07$，$p<0.001$)、同事支持($\beta=0.41$，$p<0.001$)、自主需求满足($\beta=0.13$，$p<0.001$)、职业认同($\beta=0.22$，$p<0.001$)和主动性人格($\beta=0.17$，$p<0.001$)对教师专业活力有显著的正向影响；

同事支持($\beta=0.51$，$p<0.001$)、自主需求满足($\beta=0.06$，$p=0.001$)、职业认同($\beta=0.10$，$p=0.001$)和主动性人格($\beta=0.24$，$p<0.001$)对教师专业活力的积极性有显著的正向影响；

组织支持($\beta=0.08$，$p<0.001$)、同事支持($\beta=0.35$，$p<0.001$)、自主需求满足($\beta=0.20$，$p<0.001$)、职业认同($\beta=0.19$，$p<0.001$)和主动性人格($\beta=0.07$，$p=0.005$)对教师专业活力的创新性有显著的正向影响；

组织支持($\beta=0.12$，$p<0.001$)、同事支持($\beta=0.25$，$p<0.001$)、自主需求满足($\beta=0.11$，$p<0.001$)、归属需求满足($\beta=0.11$，$p<0.001$)、职业认同($\beta=0.22$，$p<0.001$)和主动性人格($\beta=0.17$，$p<0.001$)对教师专业活力的能量感有显著的正向影响。

表 6-1　变量相关分析表

变　量	1	2	3	4	5	6	7	8	9	10	11	12
1. 组织支持	1											
2. 同事支持	0.64***	1										
3. 自主需求满足	0.56***	0.49***	1									
4. 归属需求满足	0.46***	0.54***	0.66***	1								
5. 胜任需求满足	0.37***	0.41***	0.56***	0.62***	1							
6. 成就需求满足	0.64***	0.53***	0.60***	0.52***	0.54***	1						
7. 基本心理需求满足	0.63***	0.60***	0.85***	0.83***	0.80***	0.83***	1					
8. 职业认同	0.57***	0.62***	0.54***	0.54***	0.49***	0.68***	0.69***	1				
9. 主动性人格	0.59***	0.56***	0.56***	0.54***	0.60***	0.80***	0.77***	0.70***	1			
10. 积极性	0.47***	0.67***	0.38***	0.41***	0.38***	0.46***	0.50***	0.58***	0.51***	1		
11. 创新性	0.54***	0.64***	0.44***	0.46***	0.53***	0.58***	0.61***	0.59***	0.66***	0.77***	1	
12. 能量感	0.59***	0.64***	0.57***	0.53***	0.52***	0.59***	0.67***	0.64***	0.65***	0.71***	0.79***	1
13. 教师专业活力	0.58***	0.71***	0.50***	0.51***	0.52***	0.59***	0.65***	0.66***	0.66***	0.91***	0.93***	0.91***

注：$^{*}p<0.05$，$^{**}p<0.01$，$^{***}p<0.001$，下同。

表 6－2　各影响因素预测教师专业活力的回归分析表

因变量	自变量	β	SE	t	p
积极维度	组织支持	−0.01	0.02	−0.37	0.715
	同事支持	0.51***	0.04	14.66	<0.001
	自主需求满足	0.06**	0.02	3.00	0.003
	归属需求满足	−0.04	0.02	−1.53	0.146
	胜任需求满足	−0.03	0.02	−1.41	0.160
	成就需求满足	−0.04	0.02	−1.87	0.062
	职业认同	0.10**	0.03	3.45	0.001
	主动性人格	0.24***	0.03	8.73	<0.001
创新维度	组织支持	0.08***	0.02	3.91	<0.001
	同事支持	0.35***	0.03	11.46	<0.001
	自主需求满足	0.20***	0.02	10.01	<0.001
	归属需求满足	−0.04	0.02	−1.79	0.068
	胜任需求满足	−0.04	0.02	−1.74	0.070
	成就需求满足	0.02	0.03	0.80	0.421
	职业认同	0.29***	0.03	10.39	<0.001
	主动性人格	0.07**	0.02	2.81	0.005
能量维度	组织支持	0.12***	0.02	5.58	<0.001
	同事支持	0.25***	0.03	7.74	<0.001
	自主需求满足	0.11***	0.02	5.00	<0.001
	归属需求满足	0.11***	0.02	4.90	<0.001
	胜任需求满足	0.01	0.02	0.54	0.588
	成就需求满足	−0.04	0.03	−1.52	0.127
	职业认同	0.22***	0.03	7.32	<0.001
	主动性人格	0.17***	0.03	6.59	<0.001
教师专业活力	组织支持	0.07***	0.02	3.78	<0.001
	同事支持	0.41***	0.03	12.52	<0.001
	自主需求满足	0.13***	0.02	7.43	<0.001
	归属需求满足	−0.01	0.02	−0.46	0.646
	胜任需求满足	−0.02	0.02	−1.22	0.223
	成就需求满足	−0.02	0.02	−1.05	0.294
	职业认同	0.22***	0.03	8.35	<0.001
	主动性人格	0.17***	0.02	7.15	<0.001

4. 中介分析

本研究基于理论模型，通过 Mplus 7.0 软件建立结构方程模型，以教龄、任教学段、职称作为控制变量，以组织支持、同事支持、职业认同、主动性人格为自变量，教师专业活力为因变量，以基本心理需求满足为中介变量，建立全路径模型并进行路径分析，在进行模型拟合时将采用最大似然估计法（maximum likelihood estimate, ML），采用 Bootstrap（重复抽样 5 000 次）估计法对模型进行中介效应检验。

结果如表 6－3、图 6－2 所示，基本心理需求满足可在组织支持对教师专业活力的影响中发挥完全中介作用。组织支持对教师专业活力的总效应值为 β＝0.07（95％CI[0.03, 0.11]），基本心理需求满足的中介效应为 β＝0.03（95％CI[－0.01, 0.08]），中介占比 57.15％；基本心理需求满足可在同事支持对教师专业活力的影响中发挥部分中介作用，同事支持对教师专业活力的总效应值为 β＝0.41（95％CI[0.35, 0.48]），基本心理需求满足的中介效应为 β＝0.01（95％CI[0.01, 0.03]），中介占比 2.44％；基本心理需求满足可在主动性人格对教师专业活力的影响中发挥部分中介作用，主动性人格对教师专业活力的总效应值为 β＝0.31（95％CI[0.26, 0.36]），基本心理需求满足的中介效应为 β＝0.09（95％CI[0.04, 0.15]），中介占比 29.03％；基本心理需求满足可在职业认同对教师专业活力的影响中发挥部分中介作用，职业认同对教师专业活力的总效应值为 β＝0.17（95％CI[0.12, 0.22]），基本心理需求满足的中介效应为 β＝0.04（95％CI[0.01, 0.06]），中介占比 23.53％。

表 6－3 中介效应分析表

路径	效应	β	*SE*	Boot LLCI	Boot ULCI	效应占比
路径 1	总效应	0.07***	0.02	0.03	0.11	
	直接效应	0.03***	0.02	－0.01	0.08	42.85％
	间接效应	0.04**	0.01	0.02	0.06	57.15％
路径 2	总效应	0.41***	0.03	0.35	0.48	
	直接效应	0.40***	0.02	0.33	0.47	97.56％
	间接效应	0.01*	0.01	0.01	0.03	2.44％

续　表

路 径	效 应	β	SE	Boot LLCI	Boot ULCI	效应占比
路径 3	总效应	0.31^{***}	0.03	0.26	0.36	
	直接效应	0.22^{***}	0.04	0.14	0.29	70.97%
	间接效应	0.09^{**}	0.03	0.04	0.15	29.03%
路径 4	总效应	0.17^{***}	0.03	0.12	0.22	
	直接效应	0.13^{***}	0.03	0.08	0.18	76.47%
	间接效应	0.04^{**}	0.01	0.01	0.06	23.53%

注：路径 1：组织支持→基本心理需求满足→专业活力；路径 2：同事支持→基本心理需求满足→专业活力；路径 3：主动性人格→基本心理需求满足→专业活力；路径 4：职业认同→基本心理需求满足→专业活力。

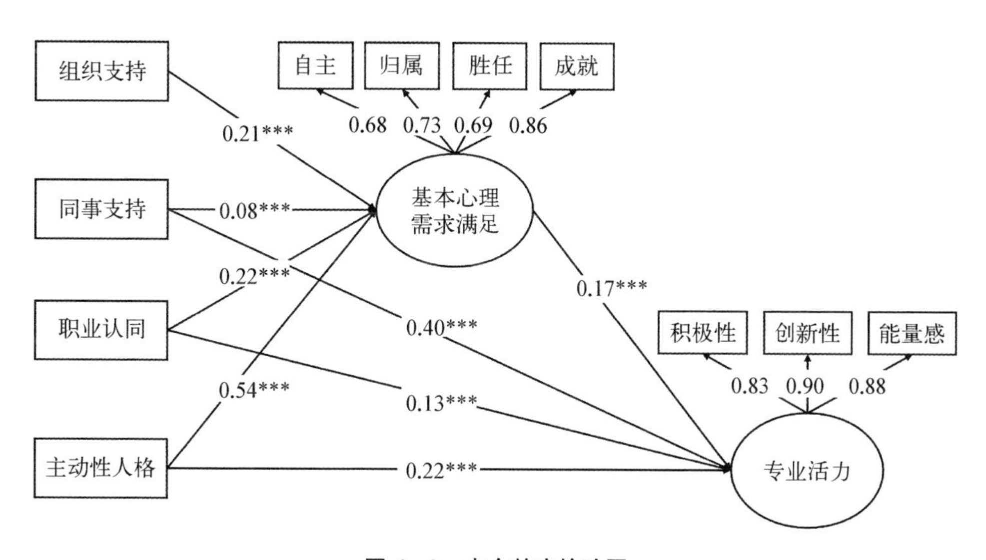

图 6－2　中介效应检验图

(四) 结果讨论

本章主要考察了内外部资源对教师专业活力的预测作用，并进一步探讨了这些资源的影响机制。结果发现，内外部资源在教师专业活力中的影响会随专业活力的维度不同而发生变化。具体而言，主动性人格是创造性最显著的预测因子，基本心理需求满足最能预测能量感，同事支持更能预测积极性。中介效应检验结果显示，组织支持、同事支持、职业认同和主动性人格对教师专业活力的影响是通过基本心理需求的满足实现的。

创新行为多属于不被组织明文规定的主动性工作行为，易受主动性人格影响（周愉凡等，2020）。Mom 等（2007）的研究也表明，拥有主动性人格的个体，更倾向于积极学习新的事物、开发新的流程以及创造性解决工作中的问题等。高主动性人格的教师更乐于融入变革环境，更容易在情感层面产生对学校的承诺，在教学和科研工作中展现出更多的创新行为（Li et al.，2017）。基本心理需求的满足（即胜任、自主和归属需求）是心理成长、健康和幸福不可或缺的条件（Deci & Ryan，2000）。若学校组织情境和教师自身条件能够满足它们，教师可获得丰富的心理营养，为其学习和成长提供心理能量和资源，从而使教师充满活力，产生工作旺盛感，即一种蓬勃的能量感（刘玉新等，2019）。在人际关系发展过程中，人们通常愿意接近那些与自己职业、地位、目标或价值观相似的人，而同事由于处于相同的工作环境之中，没有正式的上下级关系，相互间有较多的接触与互动，因此教师和同事间的关系会比较亲近，对其工作上的影响也会比较大（杨英，李伟，2013）。当同事愿意提供支持和帮助时，教师既可以从同事那里得到与任务相关的知识和技能，也容易将同事作为商讨新问题、新想法的伙伴，从而促使其产生积极解决问题的行为。当一个教师与周围同事关系融洽，同事们愿意与之分享相关知识和技能并给予鼓励时，该教师就有更多的机会产生新的想法并积极付诸实施。

中介效应结果表明，基本心理需要是连接外部环境与个体动机和行为的核心。因此，更应关注教师基本心理需要的满足，当环境因素支持教师基本心理需要的满足时，教师专业活力水平就会提升。

二、作用机制考察

（一）模型构建

发展资源（developmental assets）是个体能够获得积极发展的力量源泉（Benson，1993），这些资源往往能够为个体正向成长提供方向与动力，对于能否正向发展具有决定性作用（常淑敏，张文新，2013）。教师专业活力可以作为教师发展的必要内部资源而存在，这种积极内部资源以积极的情绪体验与充沛的能量为特征，从而对教师各方面产生一定积极的影响。教师专业的发展不能仅仅关注教师本身，而应关注教师自身所处的更大环境。教师的认知、情感、身体系统等心理属性，是塑造教师专业活力发展结果的重要属性。布朗芬布伦纳的生态学系统理论将从微观到宏观层次依次呈现嵌套式排列，形成从最接近个体互动到最外围影响教师发展的生态系统（刘杰，孟会敏，2009）。教师的专业发展既受到主体自身情况的影响，又受到所处的家庭、学校、人际关系这一微观因素的影响。

从教师个体所处的生态系统而言，专业活力产生的影响至少表现在职业状态和组织状态两个方面。第一，从教师组织状态上说，师生关系、生活满意度、从教意愿等作用因素从属于组织状态。依据社会交换理论可知，师生间教师教学和学生反馈的资源互惠都属于此范畴。师生关系一直都是教师专业发展的重要作用方面，保持良好的专业活力有利于师生在终身学习和发展的过程中共同形成新型的师生关系。在教学过程中，教师的态度及对学生的期望能够对学生学习成绩产生影响（Wubbels, 1997）。在任一阶段，教师都有自身在专业发展等层面的需求，也可能经历挫折或面对挑战。若教师需求的满足不佳，有可能导致其发展进程的停滞，由此引发教师对于从教意愿的深入思考。正因为教师处于一定的生态系统之中，学习共同体、家校合作模式及社会等外部因素可能会对教师有较高期待，但也一定程度上使教师承担了过度的责任，导致教师产生工作倦怠，影响生活满意度（李鹏等，2022）。第二，从职业状态上说，身体健康和心理健康同时也是专业活力的重要影响方面。在教师身心健康取向的研究中，常常将活力作为测评个体身心健康的指标之一，身心健康是范围从活力衰竭到活力充沛的连续体（Rozanski & Cohen, 2017）。教师施教是一个具身认知的过程，教育评价的程度依赖于教师在多大程度上委身付出（蒋帆，2023），专业活力低的教师往往容易感觉到疲惫。根据工作资源理论，教学负担较重，专业活力较低的教师会消耗更多心理资源，从而使教师付出更多的情绪劳动（毛晋平，莫拓宇，2014），易导致抑郁情况的发生（邓林园等，2023）。

基于以上推论及第四章“教师专业活力效能论”的理论建构中所述，本章提出教师专业活力的作用机制模型，它主要表现为在增益螺旋的效用下，教师专业活力对于教师的组织状态和职业状态具有全息性的作用，理论模型构建如图 6-3。

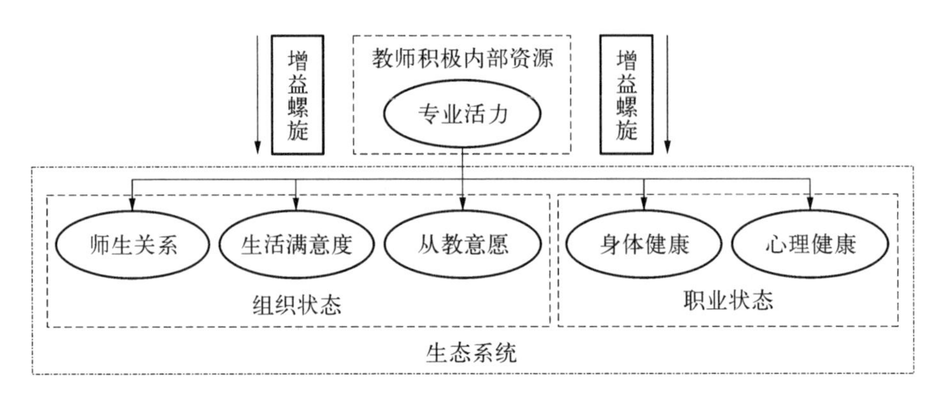

图 6-3 教师专业活力作用机制理论模型图

（二）研究方法

1. 被试样本

同本章第一节。

2. 工具介绍

1）教师专业活力

同本章第一节。

2）从教意愿

采用自编的两道题测量教师的从教意愿，分别为"我从来没有后悔选择成为一名老师""如果再选一次，我还会选择当老师"，采用 1～7 点计分（"1"代表"完全不同意"，"7"代表"完全同意"）。该问卷的内部一致性 alpha 系数为 0.90。

3）生活满意度

采用国际大学调查问卷中的整体生活满意度量表（SWLS）评定教师对生活的总体满意度，共 5 道题，采用 1～7 点计分（1 表示"非常不符合"，7 表示"非常符合"）。该问卷的内部一致性 alpha 系数为 0.94。

4）身心健康

身体健康采取单项目"总的来说，您觉得自己目前的身体健康状况如何？"（Lowry & Xie, 2009），心理健康的 4 个项目选自一般健康问卷（Goldberg, 1979），分别为"最近有没有因为担心而失眠？""最近有没有经常感到压力？""最近有没有一直认为自己是一个没有价值的人？""最近能享受日常活动吗？"，采用

1～4 点计分(1 表示“没有”,4 表示“经常”,统计时反向计分)。该问卷的内部一致性 alpha 系数为 0.73。

5) 师生关系

参照 Aron 等人(1992)对人际心理距离的研究,采用以图画形式呈现的 1 道题的心理距离测验,测量教师与学生之间关系的融洽度,采用 1～7 点计分(“1”代表“完全不融洽”,“7”代表“完全融洽”)。

(三) 研究结果

1. 共同方法偏差检验

由于主要变量来源于同一批数据,需要检验是否存在共同方法偏差。本书采用 Harman 单因素法进行共同方法偏差检验(podsakoff et al., 2003),将所有测量项目负荷于一个共同潜因子,结果显示模型拟合较差: $\chi^2/df=53.28$, RMSEA=0.14,CFI=0.64,TLI=0.62,SRMR=0.10。表明不存在可以解释大多数变异的方法学因子,即不存在严重的共同方法偏差。

2. 相关分析

从表 6-4 中可知,教师的师生关系、从教意愿、生活满意度、身体健康、心理健康与教师活力及其各维度之间呈显著正相关。这为后续回归分析和教师专业活力作用机制的研究奠定了基础。

表 6-4 变量相关分析表

	1	2	3	4	5	6	7	8	9
1. 积极维度	1								
2. 创新维度	0.77***	1							
3. 能量维度	0.71***	0.79***	1						
4. 专业活力	0.91***	0.93***	0.91***	1					
5. 师生关系	0.31***	0.37***	0.41***	0.39***	1				
6. 从教意愿	0.54***	0.54***	0.64***	0.62***	0.32***	1			
7. 身体健康	0.12***	0.17***	0.30***	0.21***	0.20***	0.28***	1		
8. 心理健康	0.12***	0.15***	0.26***	0.19***	0.19***	0.29***	0.42***	1	
9. 生活满意度	0.49***	0.57***	0.63***	0.61***	0.33***	0.76***	0.33***	0.39***	1

3. 回归分析

以教龄、任教学段、职称为控制变量，以教师专业活力作为自变量，分别以师生关系、从教意愿、生活满意度、身体健康、心理健康作为因变量，进行回归分析及 Bootstrap 检验（重复抽样 5 000 次）。结果如表 6－5 所示：教师专业活力对师生关系（$\beta=0.37$，$p<0.001$）、从教意愿（$\beta=0.62$，$p<0.001$）、生活满意度（$\beta=0.61$，$p<0.001$）、身体健康（$\beta=0.19$，$p<0.001$）、心理健康（$\beta=0.20$，$p<0.001$）分别具有显著的预测作用。

表 6－5　教师专业活力回归分析

自变量	因变量	β	*SE*	*t*	*p*	Boot LLCI	Boot ULCI
专业活力	师生关系	0.37	0.02	17.10	<0.001	0.33	0.41
	从教意愿	0.62	0.02	38.01	<0.001	0.59	0.65
	生活满意度	0.61	0.02	39.11	<0.001	0.58	0.64
	心理健康	0.19	0.02	9.28	<0.001	0.15	0.23
	身体健康	0.20	0.02	9.65	<0.001	0.16	0.24

4. 结构方程模型分析

1）教师专业活力之积极性维度的结构方程模型

在相关分析和回归分析的基础上，本书依据提出的假设对模型进行检验。以教龄、任教学段、职称为控制变量，以专业活力的积极性维度为自变量，以师生关系、从教意愿、生活满意度、身体健康、心理健康作为因变量，采用结构方程模型考察教师专业活力的积极性维度对后果变量的影响。模型拟合结果显示：$\chi^2/df=20.28$，RMSEA＝0.08，CFI＝0.90，TLI＝0.89，SRMR＝0.06，说明模型拟合较好。回归结果如图 6－4 所示：教师专业活力的积极性维度对师生关系（$\beta=0.28$，$p<0.001$）、从教意愿（$\beta=0.56$，$p<0.001$）、生活满意度（$\beta=0.50$，$p<0.001$）、身体健康（$\beta=0.11$，$p<0.001$）、心理健康（$\beta=0.05$，$p<0.05$）均具有显著的正向预测作用。这表明教师专业活力的积极性维度可能具有促进教师师生关系、生活满意度、从教意愿、身体健康、心理健康从而优化其自身身心状态与职业状态的重要作用。

2）教师专业活力之创新性维度的结构方程模型

以教龄、任教学段、职称为控制变量，以专业活力的创新性维度为自变量，以

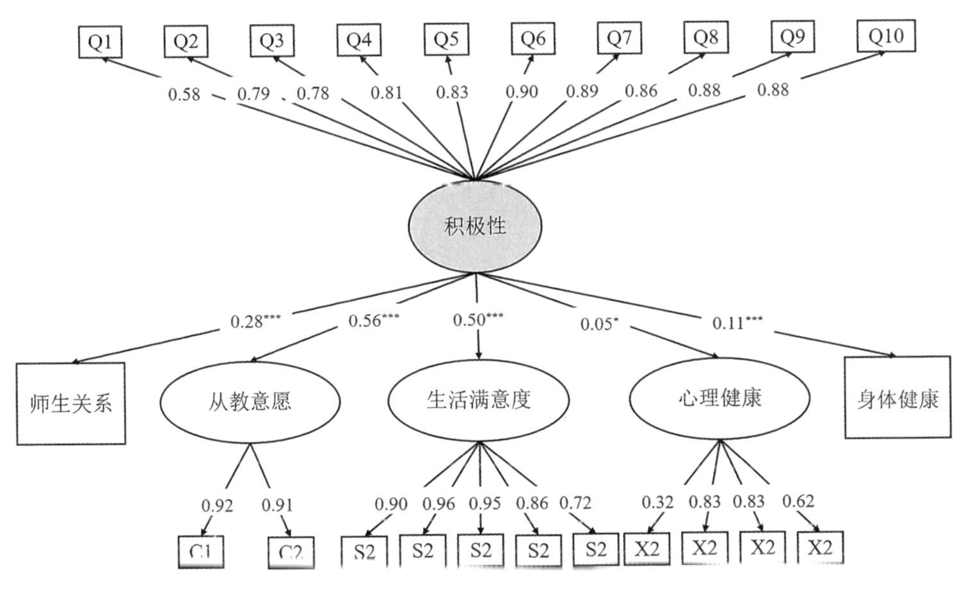

图 6-4　积极性维度的结构方程模型

师生关系、从教意愿、生活满意度、身体健康、心理健康作为因变量，采用结构方程模型考察教师专业活力的创新性维度对后果变量的影响。模型拟合结果显示：$\chi^2/df=20.09$，RMSEA＝0.08，CFI＝0.92，TLI＝0.90，SRMR＝0.06，说明模型拟合较好。回归结果如图 6-5 所示：教师专业活力的创新性维度对师生关系($\beta=0.35$，$p<0.001$)、从教意愿($\beta=0.57$，$p<0.001$)、生活满意度($\beta=0.58$，$p<0.001$)、身体健康($\beta=0.16$，$p<0.001$)、心理健康($\beta=0.10$，$p<0.001$)均具有显著的正向预测作用。这表明教师专业活力的创新性维度可能具有促进教师师生关系、生活满意度、从教意愿、身体健康、心理健康从而优化其自身身心状态与职业状态的重要作用。

3）教师专业活力之能量感维度的结构方程模型

以教龄、任教学段、职称为控制变量，以专业活力的能量感维度为自变量，以师生关系、从教意愿、生活满意度、身体健康、心理健康作为因变量，采用结构方程模型考察教师专业活力的能量感维度对后果变量的影响。模型拟合结果显示：$\chi^2/df=16.04$，RMSEA＝0.07，CFI＝0.93，TLI＝0.91，SRMR＝0.06，说明模型拟合较好。回归结果如图 6-6 所示：教师专业活力的能量感维度对师生关系($\beta=0.38$，$p<0.001$)、从教意愿($\beta=0.68$，$p<0.001$)、生活满意度($\beta=0.66$，$p<0.001$)、身体健康($\beta=0.26$，$p<0.001$)、心理健康($\beta=0.18$，$p<$

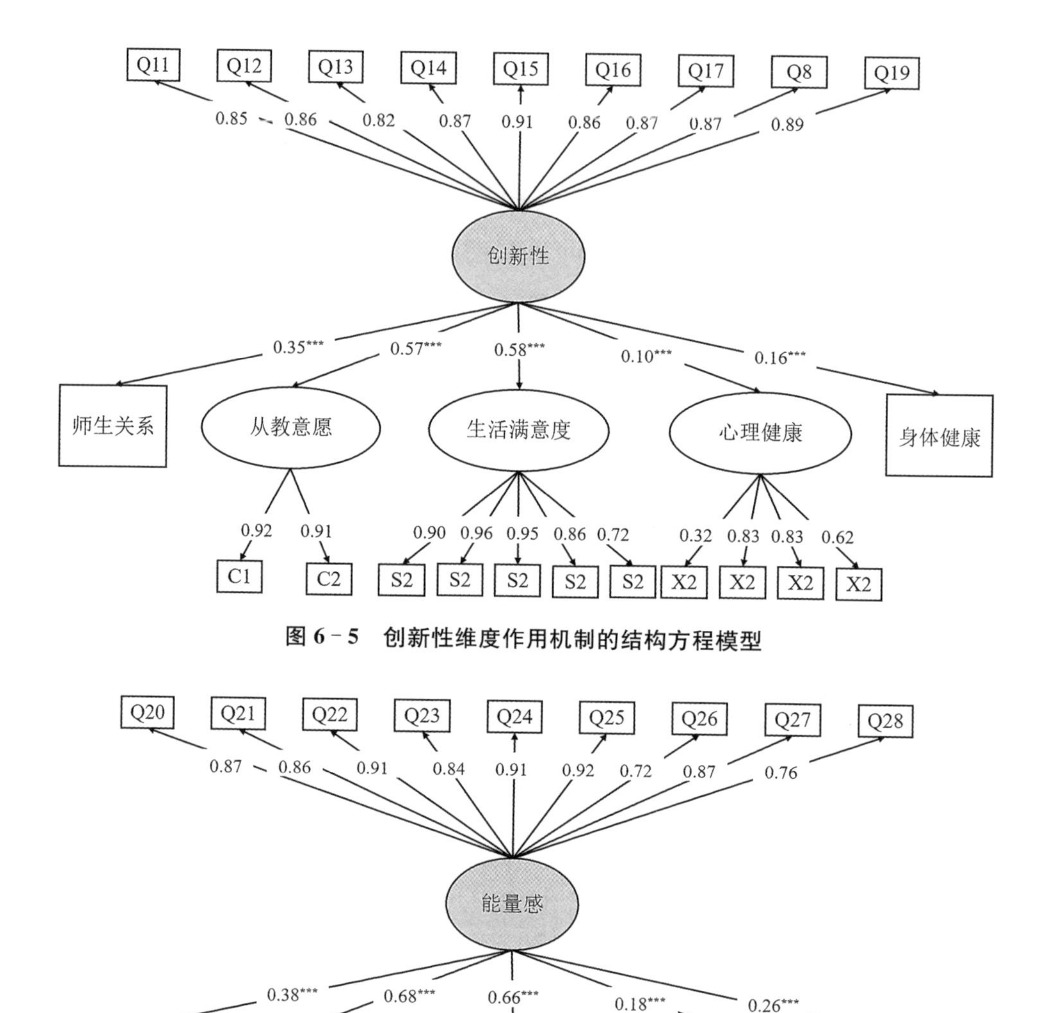

图 6-5　创新性维度作用机制的结构方程模型

图 6-6　能量感维度作用机制的结构方程模型

0.001)均具有显著的正向预测作用。这表明教师专业活力的能量感维度可能具有促进教师师生关系、生活满意度、从教意愿、身体健康、心理健康从而优化其自身身心状态与职业状态的重要作用。

4）教师专业活力作用机制的结构方程模型

以教龄、任教学段、职称为控制变量，以教师专业活力为自变量，以师生关系、从教意愿、生活满意度、身体健康、心理健康作为因变量，采用结构方程模型考察教师专业活力对后果变量的影响。模型拟合结果显示：$\chi^2/df=18.29$，RMSEA＝0.08，CFI＝0.94，TLI＝0.91，SRMR＝0.06，说明模型拟合较好。回归结果如图6－7所示：教师专业活力对师生关系（$\beta=0.40$，$p<0.001$）、从教意愿（$\beta=0.69$，$p<0.001$）、生活满意度（$\beta=0.68$，$p<0.001$）、身体健康（$\beta=0.23$，$p<0.001$）、心理健康（$\beta=0.16$，$p<0.001$）均具有显著的正向预测作用。这表明教师专业活力可能具有促进教师师生关系、生活满意度、从教意愿、身体健康、心理健康从而优化其自身身心状态与职业状态的重要作用。

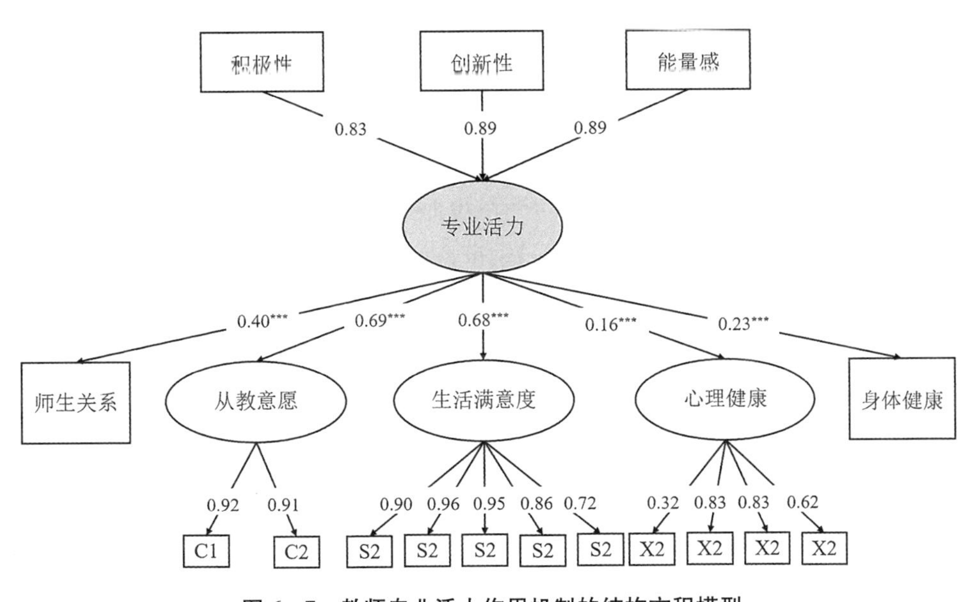

图6－7　教师专业活力作用机制的结构方程模型

（四）结果讨论

从相关分析和回归分析结果来看，教师专业活力与师生关系、从教意愿、生活满意度、心理健康和身体健康具有显著的相关关系，同时，也具有显著的预测作用。其中，教师专业活力对从教意愿、生活满意度的预测作用相较于其他方面更大，此结果在结构方程模型中也进一步体现。总体来说，教师专业活力作为教师个体和组织领域内有力的预测因子，是决定教师专业发展前景的核心因素。

首先，本章主要探究了积极、创新、能量维度对师生关系、从教意愿、生活满意度、心理健康和身体健康各方面的影响作用，结果发现，各维度均能显著预测教师职业状态和组织状态情况。本章也建立了教师专业活力的结构方程模型，结果表明专业活力对师生关系、从教意愿、生活满意度、心理健康和身体健康均具有显著的预测作用。具体而言，教师专业活力能够显著预测教师身心健康，教师专业活力下降，对个体职业状态来讲，会使教师的身心健康状况会变差。专业活力受到内外部环境的影响，教师面临的工作压力越大，也会在根本上受制于教师个人的身心健康。换言之，教师身心健康是组织良性运转的基础，也关乎着教师个体的切身福祉。正如前文教师专业活力效能论的理论建构部分所言，构建的教师专业活力作用机制检验了专业活力对教师身心健康的积极后效，对于教师的身体健康具有直接的联系，证明了专业活力能够增强身体机能，并有益身体健康（Funuyet-Salas et al.，2019）。不仅仅是生理健康，专业活力也被证明了其对心理健康的增益作用。情感评价理论认为处于高专业活力的水平下的教师倾向于采取更积极的应对方式（Lazarus，1991），这使教师能够获得充沛的能量感所带来的积极情绪体验。因此，教师专业活力对个体的职业状态发挥着积极的作用。

大量研究表明，活力状态不仅会影响个体状态，也会溢出到组织或生活领域的各个方面。从该模型可以看出，教师专业活力对从教意愿的预测作用更大。可能的原因是，从教意愿是制约教育专业建设的基本要素，是实现主体由普通人向专业者过渡的动力诉求（蒋亦华，2008）。教师专业活力越高，其更善于从教、终身从教，这也被认为是教师角色的有效呈现。资源保存理论和自我控制理论提供了对教师原始活力的资源储备情况的解释，高专业活力的教师拥有较丰富的资源储备，同时还具备了继续增强的能力——活力增益螺旋，实现二次提升。

在教师以专业活力为能量资源驱动的专业实践中，在其生态系统的空间内，通过活力增益螺旋的路径，教师可不断控制并完善自身活力储备。综上所述，在前面章节的基础上，本章构建了教师专业活力的作用机制，从理论上进一步补充了教师专业活力的理论构建机制，为教师的专业发展实践过程提供更有益的借鉴。

第七章 教师专业活力案例采撷

本书前几章已在提出教师专业活力概念、构建教师专业活力理论的基础上，又通过研制具有良好信效度的工具对教师专业活力的现状特征及其影响机制、作用机制进行了问卷调查研究。但教育心理学和教师专业发展理论的检验和实践的应用不能止步于思辨性论述和基于面上的规模性实证调查。事实上，教师专业活力的形成发展与持续释放，既发生于和显现于具体学校场域，又发生于和显现于具体教师自身，从学校和教师个案的点的层面进行现象学和叙事性研究也就十分必要了。本章将选取三个学校工作室和六位教师，采取多案例研究方式，以教师专业活力的理论观念审视教师专业活力的发展脉络与影响因素，并进一步验证教师专业活力相关理论的生态效度。

一、质性研究深描

教师专业共同体是促进教师专业活力成长的重要途径，其工作机制是运行的基础。资深教师参与可以提供替代性学习的教学经验、育人案例和服务技巧，从而形成一种专业性和情感性的组织联结感。不同的教师专业共同体之间因工作机制、资深教师参与、组织联结的不同使得共同体中教师专业活力的成长性各异(鄂冠中，2014；乐享，2022；魏弋，2016)。因此，有必要对“教师专业共同体工作机制对资深教师参与是否产生影响，如何影响”“资深教师参与是否促进教师专业活力发展，怎样促进”以及“组织联结感在过程中有无作用，有何作用”三个话题进行深入讨论。

（一）理论预设

1. 教师专业共同体

教师专业共同体（Professional Learning Community，PLC）是一个旨在促进教师发展和改进教育实践的组织。教师专业共同体强调教师之间的互动和协作，将教师视为学习的专业从业者，通过共享经验、研究和讨论教学实践，共同解决教学中的问题和挑战。教师专业共同体成员通常是同一学校或学区的教师，他们通过定期的集体学习、合作规划和共同评估学习成果等方式来提升教学能力和学生学习效果。

维果茨基（龚浩然等译，2016）认为人的高级心理机能发展源于社会文化的中介作用。因此，教师专业共同体这一组织就为教师在群体中获得专业发展提供了土壤。前人的研究表明，教师专业共同体有助于促进教师的专业性（例如专业知识、实践技能等）和情感性（例如工作动机、工作效能感、满意度、合作行为、教学效能感等），已成为当前教师专业发展的重要路径（曹少华，2013；金卫东，2019；牛利华，2007；阮彩霞，2012；张红，2022）。然而，对于这种促进机制的讨论仍然不够充分。深入探讨教师专业共同体的运行机制以及其中不同教师的角色作用等问题是一个有意义的研究方向。

教师专业共同体被认为是一个可以促进教师发展和提高教学质量的有效组织形式。根据布朗芬布伦纳（Bronfenbrenner）的生态系统理论（Ecological Systems Theory），学校属于教师发展的微观系统，是教师进行专业活动的直接环境。因此，本章选择最贴近教师日常工作的专业共同体——校级教师工作室作为案例进行分析。

2. 教师专业共同体工作机制

在工作室中，培养、管理和保障是实现其目标的重要机制。培养机制是工作室运行的核心，也是工作室间产生差异的基础因素。勒温的团体动力学理论认为，团体的动力来自共同目标（Amir，2022）。在教师专业共同体中，教师们通过共同的目标来凝聚力量，激发活力。通过明确工作室的性质和目的，制定研修主题并且序列化研修活动等方式，工作室中的教师能够了解共同的目标以及如何实现这些目标。格拉特霍恩认为，当教师拥有积极信念和共享目标时，会表现出更高的动机水平（杨秀梅，2002）。这样的培养机制可以让教师们更加深入地理解工作室团体，从而获得更高的专业发展意愿。

管理机制指对共同体中教师的评价考核和激励措施等。费斯勒将组织管理风格作为影响教师个人职业生涯发展的关键因素之一(杨秀梅，2002)，客观地评价教师绩效能够促进教师保持长久的专业活力。Amir(2022)认为团体动力需要建立在共同责任和共享成果的基础上。在教师专业共同体中，教师们共同承担教学改进的责任，共同分享学生学习成果的成功，确保每个教师的努力得到认可和回报。因此，工作室需要明确的规章制度、透明公正的评价和考核机制，以及具有激励性的奖励措施，才能使教师们投入工作室活动并提升研修成效。

保障机制包含政策支持、管理层支持等，这些因素是共同体工作顺利实施的重要支持性因素(郭存，何爱霞，2023)。例如，在政策层面上，政府可以出台相关政策来鼓励教师参与专业共同体；在校级管理层面上，校长可以提供必要的资源和支持，以推进教师专业共同体高质量、可持续地发展。

3. 资深教师参与

资深教师是教师成长道路上的“重要他人”，能够为教师的专业发展提供优质资源、目标指引和情感支持(周春良，2014)，是教师成长路上不可或缺的一环。近年来，随着中小学教师培训政策的相关文件增多，资深教师纷纷建立基地、工作室，投入到教师培训的工作中。

校级工作室中最为重要的两个角色是工作室主持人和导师，不定期还会邀请专家开展讲座或专题指导。工作室主持人是由骨干教师担任的，他们通常是教学领域的意见领袖(黄成林，2006)。实际运行工作室时，主持人需承担主要决策、组织协调、专业引领等职责(骆玲芳，2006)。他们具有丰富的教学经验，在工作室中与其他教师分享成功的经验，并积极投身课程改革等创新性工作，是带领整个工作室团队走向卓越的关键人物。指导专家由高职称、高水平的卓越教师担任，往往是该领域的佼佼者，对工作室进行定期指导，针对现实工作提出解决方案，归纳、总结、评价工作室成效，引领教师团队往专业化发展，使团队整体水平提升，而非个别教师成长(程红兵，2022)。专家是指非一线的研究型教师，在教育领域有着重要的地位和作用，为教师提供最新的教育理念和研究成果，启迪教师的工作思路，培养教师创新能力。

4. 组织联结

团队联结是指教师与工作室及工作室中其他教师构建的联系。它不仅仅是对来自工作室的学术支持、情感支持的认可和感知，更是教师职业发展的重要资源(骆玲芳,2006)。

教学也是一种学术已成为教育界的共识(叶澜,1999)。教师通过与同伴建立联系,共同探讨教学实践经验和研究成果,实现相互促进,取长补短。CFG专业共同体中将同伴支持、实质对话和合作调研作为三个最重要的组成要素(王春晖,2011),并且能够激发教师的工作热情和创造力。晋春霞和周成海(2023)研究发现,通过一系列教师合作计划,增加教师间相互交流的机会,有益于良性竞争和教师专业发展。在专业共同体中,教师既能从团队中获得专业性的指导(理论知识、实践经验、反思总结),又能建立情感性的联结,如激发发展意愿,建立信任关系,获得成就感、满足感等(崔允漷,郑东辉,2008;乔雪峰,卢乃桂,黎万红,2013;饶从满,张贵新,2007;杨秀梅,2002)。这样的组织联结可以帮助教师更好地适应不断变化的教育环境和教学要求,并在教学实践中获得更多职业认同和情感支持。

5. 教师专业活力

教师专业活力包含能量感、积极感和创新性,具体体现在教学、育人和服务三类教师日常工作中。从发展资源理论来看,教师在专业发展过程中需要一系列的资源,如信息资源、社会资源和心理资源等。而资深教师则是新手教师获得这些资源的重要来源之一。在工作室研修中,资深教师可以通过分享专业知识和经验,帮助新手教师快速适应工作环境,掌握教学技能和方法;还可以开展合作研究、共同备课等活动,让工作室成员在实践经验中获取灵感和启示,在交流互动中激发创新思维和想法,从而提升自身的专业活力。大量调查研究的结果都表明,在种种教师学习的形式中,专家引领共同研究课堂教学的形式最受教师欢迎,对教师的影响效果也最明显。相较于靠自学、体悟式的学习,由专家指导教学更为高效且有效(全力,2009)。

资深教师还是教师的情感支持来源,能用自身经历为工作室成员教师提供生涯引领和情感关怀,在新手教师工作初期起到关键作用(杨洁等,2022)。自我系统加工理论的相关观点认为,如果对个体工作和学习有重要影响的重要他人(同事、上级、亲属等)能够给予足够支持、关注和鼓励,有助于个体在工作中体验到更多积极情绪,从而使个体更容易以专注和饱满的状态投入到工作中(Miserandino & Marianne, 1996)。在工作中,新手教师可能会遇到很多困难和挑战,情感支持可以帮助他们化解负面情绪,激发他们的自信心和积极性,增强工作动力和积极性。根据情感传递模型,工作室成员与资深教师建立起积极的情感关系,使工作室成员在与资深教师的交流学习中获得积极职业认同(张莉娜,陈靓瑜,2016),感知愉快工作氛围,从而提升其专业活力。

针对上述理论和研究,围绕"教师专业共同体如何促进教师活力发展"的研究问题,提出假设:① 教师专业共同体工作机制促使资深教师参与到共同体中;② 资深教师参与使共同体成员的专业活力提升;③ 组织联结在资深教师参与和教师专业活力发展中起调节作用。理论模型如图7-1所示。

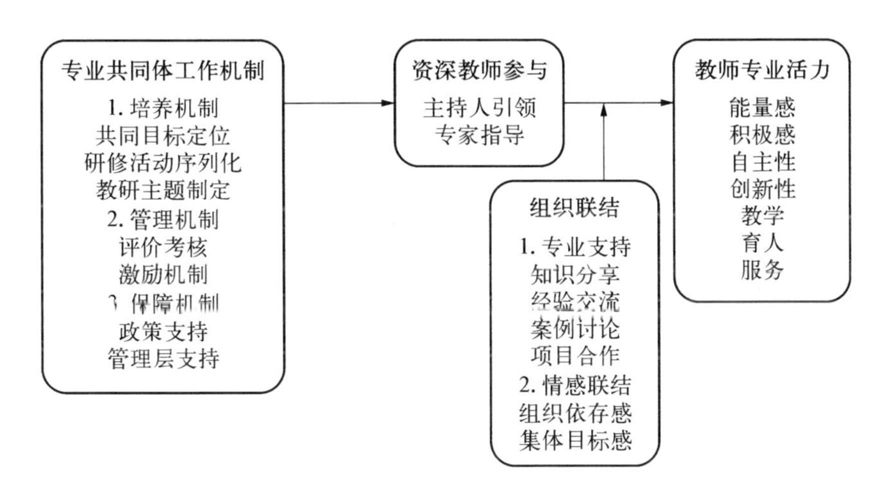

图7-1　研究假设模型

(二) 研究方法

本章通过多案例方法探索教师专业共同体工作机制对教师专业活力的影响机制。多案例比单案例更具普适性、稳健性和精炼性(Eisenhardt & Graebner, 2007)。本文的嵌入式设计包含教师专业共同体工作机制、资深教师参与、组织联结和教师专业活力几个分析单元,可使理论更丰富、更精确(Yin, 2003)。

按照Eisenhardt(1989)一般选取4—10个案例的建议,选择了成立时间2年及以上,属于不同学校的4个教师工作室,学校类型包含小学、特殊教育学校和九年一贯制学校,增加了结论的稳健性和代表性。案例工作室概况见表7-1,四个工作室都为校级工作室,由一位经验丰富的主持人带领,配备一名其他学校的固定导师,并由专家进行不定期的指导。在成员分布方面,YL工作室人员非常稳定,参与工作年限也接近,均为自愿报名加入工作室;CW工作室成员均有着5年以上的执教经验,人员流动不大,通过学校推荐或自愿报名加入工作室的人数各半;QT成员均为新手教师且工作室成员流动较大,以学校推荐加入工作室为主；XD 成员教龄分布差异大，有多名骨干教师作为组长参与工作室活动，自主报名加入工作室的人数多于学校推荐。

表 7-1 案例工作室基本信息

工作室名称	创建时间（年份）	人员构成（主持人+导师+成员）	成员教龄分布	参与工作室时长（年）	访谈+问卷人数
YL	2020	1+1+11	3—7 年	3	11+3
CW	2020	1+1+7	5—10 年	1—3	7+3
QT	2017	1+1+10	0—3 年	1	10+2
XD	2021	1+1+11	0—20 年	1—2	11+3

除档案数据外，还使用访谈和问卷调查了 4 个工作室的主持人和学员。对主持人进行开放或半结构访谈以描述工作室运行中培养机制、管理机制和保障机制的变化过程、现状和未来方向，以及主持人视角中导师、专家的参与情况，学员与工作室的组织联结感和工作活力。对于学员，主要询问他们所属的工作室激励机制等，还有主持人、导师、专家的客观参与情况，以及主观感受，并回忆参与工作室过程中对个人发展的重大事件，对同事和工作室的情感关系，个人理念、方法、兴趣等方面的变化。

每次访谈约 40 分钟。为获得更全面的信息，当被访者的描述较为简短或叙述过程中产生新线索时，笔者会请其提供更多细节信息，并采用封闭式问题或请其填答问卷结束访谈。为了避免被访者的潜在偏见，采取以下方式：① 事先告知被访者所有信息及谈话内容都将作匿名处理；② 使用开放和半开放式问卷方式，请被访者集中于叙述最近的重要活动来限制回忆的误差，并提高精确性（Golden，1992）；③ 对多个被访者的数据和档案文件进行三角验证。此外，本章还采用问卷调查和旁听会议获得佐证材料，主要调查学员所知的工作室运行机制、资深教师参与情况及教师专业活力相关的调查数据；通过参与或旁听案例工作室的会议，来观察资深教师参与和教师组织联结、专业活力的情况。

（三）研究结果

1. 工作室运行机制

从培养机制、管理机制和保障机制三个维度对工作室运行机制进行分析，结果见表 7-2。四个工作室均以学期为单位进行活动计划和总结，在培养机制方面，四个工作室都将班主任工作能力提升列为重要的集体目标，以课题研究、竞赛或工作需求为契机，通过各类活动围绕目标开展理论学习、经验分享和实践行动。YL 共读《德育原理》、集体学习校园欺凌相关文件精神，然后组织撰写“劳动教育”赛课教案，再和兄弟学校的老师们一起观摩评课，内容形式丰富，但数次活动之间关联性不够强，未能就一个具体方向开展序列化研修设计；CW 活动类型以讲座学习居多，主要围绕沟通和科研两个主题，活动频率相对较低；QT 以促进年轻班主任成长为特色，对主题班会、教育故事、情境式教育展开学习和讨论，内容基础且实用，但教师普遍期望活动形式更加丰富；XD 以家校共育的共同课题作为研修主题，成员轮流做主讲人，注重新老教师互助。

表 7-2　工作室运行机制情况

工作室	培养机制（目标、活动、主题）	管理机制（日常管理、评价激励）	保障机制（政策、学校支持）
YL	有明确的学期计划与总结反思、团队目标，以“幸福像花儿一样”作为主题串联一系列教研活动，主要内容包含理论政策学习、能力提升、经验分享，频率约每月 2 次	有共识性的工作室管理制度，个人计划，采取口头表扬和优先参与竞赛机会作为激励措施。在市、区、校级平台分享工作室成果	学校管理层重视且支持，对工作室有较高期望，有活动经费
CW	有明确的学期计划与总结反思，结合校区级课题开展研讨和实践，活动主要内容为课题研究、能力提升、讲座报告，频率约两月一次	有成文的工作室管理制度，设考勤环节，有工作手册记录要求。以优秀学员评选作为激励。在校级层面和工作室内部展示成果	涉及校管理层人员变动、工作室主持人变更，获得支持和重视较少
QT	有明确的学期计划与总结反思，设有传承机制。以新班主任适应和基本素质培养作为目标，主要聚焦能力提升、经验分享、讲座报告，活动频率约每月一次	有管理制度，成员定期评价考核，以参与高一级工作室、优先参与竞赛机会以及奖金作为激励措施。定期汇编优秀案例，在市、区、校级平台进行成果展示	学校管理人员支持性较高，频繁参与工作室活动。有活动经费和奖励经费

续 表

工作室	培养机制（目标、活动、主题）	管理机制（日常管理、评价激励）	保障机制（政策、学校支持）
XD	有明确的学期计划与总结反思，以共同课题引领教研活动，轮值主讲人开展每月两次的活动，主要内容有课题研究、能力提升、经验分享	有日常考勤制度，不设考评制度，有未提前表明的绩效加成。在市、区、校级平台进行成果展示	学校设有专用活动室，有经费购置相关书籍

四个工作室都设有一定的管理机制，日常管理方面都有成文或未成文但达成共识的管理制度。CW、XD设有考勤制度，YL有个人计划，CW有工作记录册，QT有考核机制；主要差异体现在评价激励机制方面，主要形式有情感激励、机会激励、物质激励。YL通过口头表扬和成果展示作为情感激励，优先竞赛机会作为机会激励，没有物质激励；CW以评选优秀学员和校级、工作室内部展示的方式进行情感激励，没有机会激励和物质激励；QT激励方式多样，成果展示和汇编作为情感激励，参赛机会和进入高一级的工作室作为机会激励，还有奖金作为物质激励；XD同样以成果展示作为情感激励，没有明确的机会激励，有未提前说明的全体成员绩效加成作为物质激励。

保障机制主要是政策支持和学校管理层支持，同一城市的政策是一样的，主要差异体现在学校支持层面。YL和QT感知到的校管理层情感支持很高"校领导就是希望我们作为一支较好的团队，能够起到一定的引领作用……校领导为工作室揭牌并寄语，每次期末小结活动都会出席……有专门的活动经费（YL）"，"每次活动，德育主任、副校长都是第一个到，全程记录笔记，发表感想，跟我们做一样的工作，这个给工作室带来的影响非常大（QT）"；XD获得学校较多的物质支持，"学校给我们请了专家进行指导……我们挂牌设立了与工会休息室共用的会议室，还为工作室老师们订购了系列书籍杂志，把我们的特色活动推荐到区级展示"；SW支持教师向外发展，鼓励外出参加培训、参与市级课题等，但由于学校管理层人员变动以及工作室主持人变更，在校内开展的活动比较少，学校给予的情感和物质支持相对较少。

在调研中，教师大多表示当前制约工作室运行的主要困难是"培训时间与班级管理有冲突""各条线、各层级的培训比较多"，培训层次不够分明，针对不同年级情况没有细分，有时学习的案例方法不适配自己教的年级。这表明工作室机制方面存在共同的待改进之处。

2. 资深教师参与

从客观参与和情感参与来衡量资深教师参与。由表 7－3 可见，主持人作为工作室的灵魂人物和主要组织者全程参与研修活动，YL 和 QT 的导师也全程参与，日常交流也比较频繁，CW 和 XD 的导师未能参与到每一次集体活动，但会出席重要活动，如期末总结等。校外专家是不稳定的指导资源，通常是开展专题讲座或讨论，参与频率较低。工作室中也存在着非正式的师徒关系，资深教师扮演“师”的角色，把知识、经验、建议传递给新手教师们。

表 7－3　工作室资深教师参与情况

工作室	研修活动参与频率			情感参与（师徒关系）
	主持人	导　师	校外专家	
YL	全程参与	全程参与	较少参与	较高(43.9)
CW	全程参与	参与较少	较少参与	中等(34.8)
QT	全程参与	全程参与	一般参与	较高(42.3)
XD	全程参与	参与较少	较少参与	较高(41.3)

YL 的工作室主持人这样说：“我非常用心地打理工作室，也为学校的班主任团队带来了一些帮助，尽管影响不是面面俱到。”大多成员都认可主持人是对自己影响最深的教师，主持人是同校教师，在成员遇到问题时可及性最高，也就成了为大家答疑解惑的人，“让我最有收获的还是通过和有经验的教师交流家校问题，让我逐渐掌握了一些和家长沟通时的说话方式和技巧(XD)”。YL 工作室非常注重研修活动的针对性，主持人认为：“工作室活动的意义是要帮助老师的实际工作，内容必须贴合教师实际工作，我真心希望每次活动都能给班主任们带来一些收获，不想做没意义、低效率的培训。”作为共同工作的同事，主持人对校情班情非常熟悉，善于挖掘成员教师们的共性困难，组织针对性的讨论，“活动的大框架基本主持人都会给我们定好(YL)”“我印象最深的是代入式情境演绎，这些情境都是身边真实发生过的，工作室的老师们就一起思考、成文、演绎，我觉得很受启发(YL)”。

在获得知识和技能帮助的同时，成员与资深教师也产生了情感联结，多位教师在访谈中都谈及自己对前辈优秀教师的敬佩和向往，将对方作为榜样和目标，“我在刚见习时看他处理班级事务就觉得特别厉害……分配各种学校布置的活动井井有条，面对学生家长产生不同的问题……都游刃有余。我从他身上感受到了班主任管理班级的一种魅力（QT）”“什么是一名好老师，是她在和学生们相处中展现给我的，而不是用大道理来灌输（YL）”。教师们虽然身处同样岗位，但处于不同生涯阶段，新手教师们很容易从前辈经历中获得共情，“他的分享与我现在的心境很贴合……从他的经验分享中就让我知道了怎么去做（QT）”。

除访谈外，还使用了师徒关系量表（DeCastro et al.，2014）作为佐证，来衡量资深教师的情感参与水平，得分越高表明感知到资深教师对自己的关心、指导和情感支持越多。结果见表7-3，总体而言四个工作室中YL和QT的师徒情感最紧密，CW的情感参与最弱。

3. 组织联结

组织联结感主要体现在专业联结和情感联结两方面，教师们在工作室中发展专业能力，与此同时也建立起成员间的情感。专业性联结是教师在工作室中获得专业培训、学习交流等机会，使其不断更新知识，提高教学水平。绝大多数教师认为参与工作室对自己的专业化发展很有帮助，“处理突发事件的能力”“家校沟通能力”“阅读学习兴趣”“备课授课水平”“撰写案例能力”“信息技术能力”在工作室活动中取得进步。但也有教师表示工作室提供培训主题有时并不适用于自己的实际工作，例如所教学科、学段并不匹配等。用工作室获得信息的新颖性和理解性作为专业联结的指标（苏涛永等，2016），工作室中获取知识的新颖性、同伴知识的互补性和伙伴间知识差异性越强，新颖程度得分就越高；获取知识的理解性、与原有知识的融合性和实践应用性越高，理解程度的评分就越高。YL和QT的专业联结都较高，XD其次，CW相对最低。

表7-4 工作室成员组织联结情况

工作室	专业联结	情感联结
YL	竞赛合作、情境演绎(14.3)	关系亲密，交流频繁(19.5)
CW	技能点增多(11.2)	工作交流为主(16.5)
QT	实操能力提升(14.1)	集体感强，互助多(19)
XD	课题引领，小组合作(12.6)	小范围互动频繁(17.9)

在工作室集体中,发展专业能力的过程中也必然会建立情感联结。情感联结是指工作室通过关注教师的情感需求,建立良好的人际关系和工作氛围,增强教师的归属感和凝聚力。一方面是教师对工作室集体的情感,体现在认可工作室的成效,如认可工作室对自身产生了积极效益,"参加工作室后,我有了专业发展的动力(XD)""参加了工作室之后,很好地弥补了我专业上的弱点(XD)";教师们对自身工作室成员的身份产生认同,为共同的集体成果感到自豪,"我们工作室的支招系列能有效解决实际问题(XD)""我们的主题班会指导、撰写,观摩都会对标竞赛要求(QT)""能够在其他工作室面前展示我们的成果,我特别高兴(XD)";赞扬工作室成员的优秀属性,"我们工作室的成员都是比较有想法,有干劲,有愿景的老师(YL)""大家围绕课题展开活动,凝聚力特别强(XD)";对工作室的长期发展有高期望,"我们希望工作室能够成为本区联盟里的牵头校,也会为此共同努力(YL)""工作室尚在起步阶段,我们要慢慢找到自己的特色,争取能形成一定的成果(CW)""希望工作室是一个有灵魂的工作室,每次都有收获(QT)"。

另一方面是成员之间的情感,如对资深教师的专业崇拜,"我看他处理班级事务就觉得特别厉害(QT)";对工作室伙伴进步感到喜悦,"在工作室……见证年轻班主任是怎么成长的(QT)";为工作室同伴提供帮助,"我们一起帮助 Z 老师进行带班方略的研讨和修改,每个人都提出了宝贵的意见……不断推敲和打磨下,渐渐完善(CW)""我们一起讨论平时遇到的问题,每次都是工作室一起商量,整理成文,罗列出小点(YL)"。用组织信任感问卷(葛晓永,吴青熹,赵曙明,2016)作为衡量工作室情感联结的辅助指标,得分越高表明工作室成员的组织联结感越强。总体而言 YL 和 QT 的成员情感联结非常紧密,XD 其次,CW 相对最低。

4. 教师专业活力

教师专业活力主要表现为教师在教学、育人、服务过程中展现出的能量感、积极感和创新性。对自身职业发展的规划和期望是教师工作活力的基石。工作室成员感知到资深教师的专业性,从而产生了自我的目标,如"我希望在班主任工作上能够成为年级班主任的领头羊(YL)""希望能成为优秀班主任(CW)""我希望努力地朝优秀班主任的方向发展,能够去参加竞赛(QT)""期望能够成为学校中优秀的班主任,成为家长们信赖的班主任(XD)""我希望自己有机会多参加区里组织的各项活动和比赛,最好获奖(XD)"。这些表述都体现出教师具有生涯目标感,对其专业发展起到良好的能动作用。

在团队积极氛围的带动下，教师们的学习自主性也增强了。“我觉得在一个好的团队里会被影响的，我现在会经常翻翻《班主任》杂志，这种随时翻阅的习惯是加入工作室后养成的（YL）”“我想抓住每个学习的机会，有观摩活动就尽量报名去参加，每次都能学到东西（QT）”“我希望有机会多参加区里组织的各项活动和比赛，通过挑战让自己更优秀（XD）”。

教师在工作中获得能量感、成就感是教师活力源源不断的秘诀。工作室中获得的专业知识技能让教师对工作感到游刃有余，“我对主题教育课的理解有了一个质的飞跃……感觉在教学能力上有了显著提升（YL）”“两位老师班级管理的经验给我很多启发，很有效、很有引导性（CW）”。获得感使得教师产生积极的职业体验，有助于高效率地完成学科教学、家校沟通等工作，工作体验更优，对职业也更加热爱。另外，使用学习导向问卷（宋文豪，顾琴轩，于洪彦，2014）作为衡量教师专业活力的参考，用来衡量教师学习新知识、新技术，参与挑战性任务，发展工作能力的意愿，得分越高代表学习导向越强：YL＝23.1，CW＝17.8，QT＝20.6，XD＝19.4。结合上述信息，YL、XD、QT 的教师工作活力较强，CW 的教师们工作活力相对较低。

（四）结果讨论

1. 教师专业共同体运行机制直接影响资深教师参与

教师专业共同体通过多种运行机制来鼓励资深专家教师的参与。首先，资深教师可以成为导师或主持人，分享他们在教学实践和研究中积累的经验和知识，指导年轻教师的专业发展。其次，工作室还会组织各种专业培训、学术研讨等活动，这些活动不仅有利于年轻教师成长，也能够为资深专家教师提供一个交流和互相学习的平台，了解年轻教师的思想动态和现实需求。最后，工作室通过优化管理机制来促进资深教师的参与。稳定和规范的运行机制保证了资深教师参与工作室活动的频率、指导对象的固定和指导内容的连续；激励机制为资深教师参与赋能，成员教师受到激励后更关注自身专业水平的提升，这就使资深教师能更有效地发挥其专业引领的功能；考评机制有助于资深教师了解成员教师的专业水平现状，及时调整研修进度和内容；工作室通过建立保障机制来增强资深教师的参与信心。相关教师培训政策为资深教师明确工作室目的，为开展工作室活动提供宏观指导；学校为工作室提供必要的场所、设备和资源支持，为资深教师的教学提供便利条件;管理层人员的支持为资深教师提供便利,让资深教师得以顺利地将研修想法付诸实践。

2. 资深教师参与直接影响成员教师的专业活力发展

首先,资深教师参与能提高教师的专业素养和能力。工作室中的资深教师拥有丰富的教学经验和专业知识,他们分享的实践和研究成果可以为年轻教师提供指导和支持,提高年轻教师的工作效能。这种交流和互相学习的机制有利于打破教师个人的思维定式,扩宽视野,提高专业素养和能力。其次,资深教师的参与不仅可以提高成员教师的专业素养和能力,还可以激发他们的工作动力和创新思维。在工作室中,资深教师分享自己的教学理念和方法,启发教师的创新意识,推动教学改革和创新发展。同时,资深教师还以自身职业生涯的历程作为真实案例进行分享,为年轻教师提供职业发展方向和目标,帮助他们找到自己的定位和价值。最后,资深教师参与还能培养教师的敬业精神和团队合作意识。工作室中的资深教师往往具有较高的敬业精神,他们作为触手可及的好榜样,能促进教师的职业道德和情感认同;同时,资深教师作为前辈组织成员教师们展开交流与合作,整体地提高成员教师的工作效率和质量。

3. 组织联结在资深教师参与直接影响成员教师的专业活力发展过程中起调节作用

建立专业联结是教师参与专业共同体的主要目的,工作室不断提供专业培训和学习机会,增强教师的技能和知识,提高教师的教学育人水平。通过一系列研修,教师有可能获得了高收益,例如优化原有教学知识网络、提升专业素养和技能、获得参与竞赛机会和工作资源等。这一类建立了良好专业联结的教师感到自己具备了足够能力来解决各种教学育人过程中的问题,自我效能感大大增强,从而能够更好地应对工作压力和挑战,也就更愿意积极主动地参与工作室研修活动,最终建立"学习—实践—学习"的正向循环,专业活力也就得到了快速提升。反之,若教师未能建立起专业联结,在工作室活动中持续低收益,那就容易产生职业倦怠感,不利于专业活力的保持。

除专业联结外,情感联结同样起到重要的调节作用。在团队学习与合作中,教师们建立起信任和合作关系,遇到困难时可以集体出谋划策并获得共情,增强了彼此之间的社会支持感,更敢于破解工作中的难题。难题解决后,教师们在分享经验过程中,不仅能互相学习,也能获得同伴的肯定和赞誉,建立一个正向反馈的工作环境，增强教师的自信心和动力，提升专业活力。另外，资深教师提供了鲜活的案例和榜样，让教师的职业认同更积极，对未来职业生涯的自主性和控制感也增强，更好地掌握自己的专业发展方向和目标；并且从中获得一定的满足感和成就感，从而激发专业活力。反之，若专业共同体中教师情感联结弱，则不能在有情感需求的时候获得支持，久而久之容易磨灭对职业的热情，专业活力也就很难保持。

二、教师叙事研究

本节采用访谈的形式，有目的地选择了6位专业活力强的教师作为访谈对象，讲述他们在教书育人过程中的故事和自身专业能力发展的过程。这些教师是教育领域的明星，他们以激情和奉献精神，不断探索、创新，并积极应对教育领域的挑战。通过他们的叙述，我们可以深入了解教师专业活力的核心要素，以及他们如何通过持续学习和专业发展来提升自己的教学能力。他们的故事将为我们提供宝贵经验和启示，帮助我们更好地理解和欣赏教师这一职业的独特魅力。让我们一起跟随他们的足迹，走进他们充满活力的教育世界。

访谈教师基本信息见表7-5，6名教师简介如下：

Y老师就职于河南省某小学，从教近4年，担任小学语文老师兼班主任一职。教授的班级在学校连续两年被评为校级先进班级，个人连续2年在校级书法比赛中荣获一等奖，朗诵比赛获得区级二等奖。

L老师就职于广州市荔湾区某初中，从教7年，担任初中英语教研组组长兼班主任。曾获月度班主任优秀教师荣誉，多次获得月度优秀班主任，所带班级荣获校先进班级荣誉称号。

Z老师就职于四川省成都市某高中，从教9年，担任高中政治教研组组长，曾获得区首届高中教师技能大赛一等奖、四川省高中思想政治优质课竞赛二等奖、教育教学质量综合评估优秀学科教师区级一等奖等荣誉。

P老师就职于上海市某小学，从教12年，担任小学英语教师和班主任，是校级班主任工作室的主持人，曾获得浦东新区十佳班主任、浦东新区快乐中队辅导员、浦东新区记功教师、黄浦杯长三角城市群征文上海市三等奖。

W老师就职于上海市某高中，从教21年，担任物理教师、班主任和年级组长，现任本校中学课程管理处主任助理,曾获上海市金爱心教师、静安区园丁等荣誉。

A 老师就职于山西省大同市某初中,从教 27 年,担任本校初中语文教研组组长,曾获得山西省学科带头人、山西省中小学教学能手、山西省优秀班主任、大同市名师等荣誉。

表 7-5　被访教师基本信息

教师代称	性别	职称	年龄/教龄	学段	学科	职　务
Y 老师	女	三级	39/4	小学	语文	班主任
L 老师	女	三级	31/7	初中	英语	教研组组长、班主任
Z 老师	男	一级	33/9	高中	政治	教研组组长
P 老师	女	一级	35/12	小学	英语	校工作室主持人、班主任
W 老师	男	高级	44/21	高中	物理	年级组长、班主任
A 老师	女	高级	48/27	初中	语文	教研组组长

(一) 从教动机与生涯经历

1. 心怀赤诚,终圆教师梦

P 老师自小就怀揣着成为教师的理想。在她还是一个小学生的时候,每次作文写到我的理想、我的愿望等题目时,她都会在本子上工整地写上“我的梦想是成为一名老师”。回忆起那段时光,她说:“我的理想从小学开始就没有改变过。或许是因为我小时候遇到的老师都非常出色,他们成为我心目中的楷模,对我产生了深远的影响。从那时起,做一名教师的种子就在我心中生根发芽。”

尽管 P 老师的本科专业与教育无关,但这并没有阻止她追求梦想的脚步。她解释道:“虽然我的本科专业不是教育类的,一开始我有些失落。但随后,我积极准备教师资格证书和相关条件。在大四的第二学期,我还去一家培训机构实习了一段时间。”她的努力没有白费,培训机构同事知道她的理想后,建议她到网上投出自己的简历。P 老师回忆道:“我在教育局的招聘网站上发布了我的简历。我认为我的履历挺丰富的,因为我不仅在专业上通过了英语八级,还获得了上海市优秀毕业生等荣誉,也许这就是后来得到面试机会的原因。”没多久,一所学校在迫切需要一名英语教师时,在网上看到了 P 老师的简历,邀请她到学校面试,P 老师也终于圆梦走上了讲台。自此,P 老师于 2011 年开始在这所学校任教，至今已经有十多年了。

2. 从“三无产品”到“长跑运动员”

P 老师站上讲台的经历与其他老师有所不同。通常情况下，新入职教师们都会经过岗前实习和其他的培训，但 P 老师是“临危受命”直接走上讲台的。“在 9 月 1 号，也就是开学的第一天，我接到了学校电话。”P 老师回忆起那天的情况，感到自己非常幸运，“原本负责这个班级的老师突然无法来校，又恰巧看到了我的简历，问我能不能马上到学校开始工作。我一直都梦想着站上讲台，所以我确认情况以后马上同意了。”

与实习时在培训机构讲台上的感觉不同，P 老师认为初入学校的自己非常忙碌，有非常多适应性和技巧性的困难需要解决。在与校长的入职谈话中，P 老师自嘲是一个“三无产品”：没有实习经验、没有教师资格证、没有岗前培训。但是 P 老师告诉校长：“我是一名适合长跑的运动员，哪怕现在专业性不够强，但我有热情有恒心，一定会不断努力去胜任这个岗位。”

P 老师也确实在长跑中证明了自己，通过自学教育知识、课堂教学实践、请教身边教师，她很快在学校的新教师中崭露头角，得到了认可。到 2023 年，P 老师已经从教 12 年。她自述在这 12 年中从未感受到职业瓶颈或疲惫，不论是英语教学还是后来做班主任工作，都一直向前奔跑。

3. 在失败中磨炼，在成功中收获

谈及生涯经历中印象深刻的时间点，P 老师说：“我的第一次生涯高光时刻是在 2015 年，我参加了教育集团举办的青年教师辩论赛，在这场比赛中获得了集团的冠军。从此开始，我成为各种主持和发言活动的合适人选，并逐渐走进了更多人视野。”此前，P 老师只是一名见习教师，经历了两三年的新教师时期，P 老师表示准备这次辩论赛花费了非常多的时间和精力，正式比赛时也感觉非常紧张，但获得奖项时感觉一切都值得了。

第二个关键经历是在 2018 年时参加了班主任高研班，“那时候我才意识到，原来如何做班主任也是一门专业学问，和英语学科一样需要不断研修。”这段经历让 P 老师结识了很多志同道合的伙伴，虽然身处不同学校不同年级，但大家感情非常好，在互相帮助和讨论中发展专业水平，成长非常快。

2023 年的一次失败经历也对 P 老师很重要，这是她第一次付出很多努力但最终以失败告终的事件。在开学的第一天，P 老师接到了一个职称评审未通过的消息。“平时大家都夸我工作做得好，然而这次评审全校只有我一个人没通过，我感觉很丢脸。”P老师说，“但同事们都安慰我，我还很年轻，下一次再参评就好了。”在同事们的帮助下，P老师很快振作起来，下定决心要在下次申报前要做得更好，对自己有更高的要求。P老师表示自己现在有一颗大心脏，这种内心的强大并非与生俱来，而是在一件件事情中磨炼出来的：“我相信自己是一个好老师，只要能在挫折中获得成长，自己的专业能耐会越来越好。”

4. 挑战激发潜力，怀揣激情收获多

炯炯有神的目光，和蔼可亲的面容，略带磁性的嗓音，幽默健谈的性格，这就是W老师给人的第一印象。从教二十余年的他，言谈和神态中渗透出特有的成熟与睿智。

在谈起为何选择从教时，W老师坦言当时其实有过迷茫。同窗室友大多选择直接去岗位工作，而W老师受到家庭因素的影响做出了自己的选择：“我母亲本身也是老师，在家里会感觉到老师辛苦。但和其他职业相比，论资排辈的成分会少些，因为每个老师站在讲台，都有属于自己的一片个性化的空间。”或许是怀揣着大展身手的一份热情和对物理学科的浓厚兴趣，W老师在填高考志愿时选择了师范大学物理系。

回想起初入职场的自己，W老师感叹道：“教学实际上是要有一个长期积累的过程。针对你理解的学科，要像小鸟喂食，能够让学生融会贯通。这个过程当中，需要不断提高专业能力以及改变教育教学的方法。”W老师在学徒期基本是照葫芦画瓢，按照学校安排，旁听带教L老师的授课过程。为了能快速融入教师这个身份，他有时还会刻意地模仿带教老师的讲话语气和课堂风格。L老师在课堂上的激情授课和个人魅力深深地感染了W老师。正是因为入职初期较为顺利的体验，让年轻的W老师少走很多弯路，从而适应了物理教师的职业生涯，促使教学和育人工作进入一个较为良性的发展阶段。

5. 把握时代趋势，创新教育模式

从踏入职场到应对自如，W老师强调弹性的成长。他用一个形象的对比来说明这一过程：“提到医生，一般我们都认为药到病除，妙手回春。医生接待一个病人，必须马上下药、动手术。虽然教师行业确实是跟医生一样有很多的压力，但见效的时间却不同，教育效果来得更缓慢而深远。老师主要去观察学生的特点，鼓励学生的个性化尝试。”在教学实践中，W老师除了在基础型课程强调

“实”，夯实专业基础知识，还在研究型课程中强调“研”，引导学生自主选择感兴趣的科目进行课题研究。像上海市青少年科技创新大赛，世界奥林匹克机器人大赛，以及暑期的文化游学，都是让学生将理论付诸实践，自主创新的好机会。于学生而言，面向社会，将内部思维与外部碰撞，体验学术规范，磨炼执着意志；于教师而言，也是一项不小的挑战，需将专业知识应用于创新实践指导的教学过程中，充分利用各种资源和路径培育学生的核心素养。例如采取组织学生间互评或辩论等形式设法让学生投入到分析、比较、归纳、概括等系列思维活动中去，提升学生高阶思维的水平。W 老师也正是在一次次全新的挑战中总结与反思，逐渐建构了以高阶思维和核心素养为目标的“自主预学—反馈评价—释疑拓展”的新型教学流程，理清育人行动路径。W 老师见证了一批批学生的进步与超越，对于学生发展的感知，教师体验到了意义的实现，也获得了自豪感、成就感以及尊重的实现。这也让 W 老师在面对课题难题时，更愿意与同学共同努力和坚持突破难关。

6. 适应身份转变，迎接时代挑战

如今，W 老师已经同时拥有教师、班主任、年级组长等多重身份。教学经验丰富的他，在不同身份视角下能够正视周围环境及自身成长。尽管时代背景及教育环境在二十年间发生了巨大变化，但对于 W 老师而言，不变的是应对挑战的心态。事件和情境本身很难决定人们会感受到哪些影响，关键在于对事件和情境的情感解释。在人工智能时代，尤其像 ChatGPT 技术的发展，W 老师并非像一些老师悲观地视其为洪水猛兽。纵使科技可能会助长不良的学习风气，但他从长远的角度，积极审视当前的教育环境。他坚信，作为教师，应充分利用优质的外部资源，发挥跨学科优势，积极引导学生将这一工具与自身所学有机结合。在笔者就读期间，W 老师就曾推荐学生下载“36 氪”app，鼓励学生主动关注前沿的科技发展。从 W 老师的言语和神情中能深刻感受到他对于时代趋势从未停滞的探索。W 老师也乐于在课堂或社团活动中与同学们分享日新月异的城市轨道建设、迭代技术的高速发展，这也为其自身与工作注入源源不断的激情与活力。

7. 激发教师梦想，“引路人”精神的传承

当谈到为什么选择做一名教师时，Z 老师提到了他初中的恩师。初中时代的 Z 老师并非是个传统意义上的“好学生”，甚至差点就去读职业学校了。然而，

当他对未来感到迷茫时，他突然意识到自己不能就这样草草度过学生时光，于是他做出了一个勇敢的决定：降级到初一，从头开始。但他的决心并没有得到认可，老师们都不愿意收留他。此时，他遇到救星王老师，他说："既然其他老师不收你，那我就收你做我的学生吧！"王老师给予了他重要的机会，为他提供了一个平台，让他继续接受教育。也因为有了从头再来的机会，Z 老师考上华东师范大学，走出大山，彻底改变了自己的命运。他从自身的成长经历中体会到，一位教师可以成为学生的引路人，引领他们找到光明的方向，并激发他们的潜力。他内心对教师职业产生了浓厚兴趣和热情，他希望成为孩子们的引路灯塔，像王老师一样，为每位学生提供力所能及的帮助和支持。于是 Z 老师下定决心要成为一名教师，将自己的教育理念和梦想付诸实践。

8. 从白领转型为教师，在校园持续深耕

Y 老师的独特之处在于，她在经历了近十年的其他工作之后，最终决定当一名教师。近十年的社会历练带给 Y 老师对于自身角色的清晰定位和对教师职业的追求和向往。Y 老师于 2019 年正式加入教师行业，任教小学语文兼班主任。她负责的班级在学校连续两年被评为校级先进班级，她本人在所属区县也获得相应奖项与表扬。谈及为何选择成为一名教师时，Y 老师说："在成为教师之前，自己曾在不同的企业中任职，随着年龄的增长，我对自己的职业规划有了更加深层次的思考和认知，即要在未来从事那些能够不断增值的、对社会有贡献的职业。而且在成为一名妈妈之后，人生角色的转变让我更加体会到孩子真的是上天送给家庭最美的礼物，他们不仅是每个家庭的希望，也是国家的栋梁和未来，在那时我就立志成为一名光荣的人民教师。"为了实现这个目标，Y 老师持续进行专业知识的学习和能力的提升，终于在 2019 年年底加入教师队伍，成为一名小学语文老师。

成为教师的第一天，Y 老师在与校领导的沟通中也被问及其对教师职业的看法。Y 老师说："当老师是要讲良心的。我不需要讲那么多，我只要用心上好每一节课，用心对待每一个孩子。让自己灵魂的温度去温暖另一个灵魂。这是一个非常伟大而且任重而道远的职业，我愿意在这条职业道路上奉献余下的青春岁月。"

9. 用灵魂温暖灵魂，做乐观且坚定的教师

从第一堂课起，Y 老师"用自己的灵魂去温暖另一个灵魂"的初心从未改变，

她依然在每天的教学中坚守初心，持续磨炼自身的教学能力，用教师的良心和职业之魂来温暖课堂上的学生们。Y老师对自己的工作非常满意，“上课的每一天都是笑着出门，笑着回来的。有时做梦都会梦到班级中的一些人和事，当听到孩子们每天见到我时高兴地喊着‘Y老师，Y老师’，作为教师的成就感和使命感油然而生。”能够在教师这条道路上持续深耕，越走越稳，是Y老师对自己未来教师之路的期望。“抓住更多的机会提升自己，让自己和孩子们都能得到进一步的成长，这是我最大的愿望。”Y老师如是说。

Y老师用她爽朗的笑声和轻快明亮的语气感染着身边的人。作为一名新时代的青年教师，Y老师用自己“不怕苦、不怕累”“踏实、勤奋、努力”的学习态度，专注于语文学科的教学能力提升，在克服了一个又一个随着时代变迁和教育变革所显现出的问题之后，不断加强自己对于教学原理的深层认知和教学活动的主动探索，并用自己乐观积极的态度感染着身边的每一个学生、家长和同事。

10. 在迷茫中摸索，在摸索中热爱

谈及为何成为教师，A老师说：“我出生在山西大同这样一座小城中，父母都是工人，当时家里一致认为教师这样稳定的职业是非常适合我的，这可能是最开始我选择成为教师主要的原因。”而在成为教师后，A老师对这个职业的认知才逐渐深刻起来，她说：“在进入教育行业以后，我对课堂、对教育这一专业领域才有了真正的了解。”在20多年一线教育的经历里，她才真正理解到教师的真正意义：教师的职责不仅仅是纯粹地教书，更需要付出大量精力去育人。在教育的过程中，她不断将自己的人生经验和正确的价值观传授给一代又一代的学生，使他们真正成为健康、积极向上的人。

A老师保持教学热情的秘诀是“享受课堂”。谈及教学生涯中最有成就感的时刻，A老师表示在课堂中她经常会产生成就感和兴奋感，“当我与学生的契合程度非常高的时候，比如我设计的问题、我对教材的剖析以及我对整个课堂节奏的把控都非常好的时候，都会感到非常快乐且富有激情。”A老师在课堂上经常引用典故、引证权威，牢牢抓住学生的好奇心，始终让他们保持高度的注意力，并激发他们对问题多方面思考的能力。她与学生互动，引发思维碰撞，创造头脑风暴。学生在这个思考过程中不断成长，大家一起思考，共同进步，这是A老师最享受的一刻。她不仅将自己所掌握的知识传授给学生，还不断地引导他们走上正确的道路，这也是她继续奋斗在教学一线的最大动力。

(二) 教学组织与创新实践

1. 开展趣味教学,钻研教学妙招

P老师教授小学英语,在教学设计中她总是贴合小学生的认知需要,尽可能地让课堂有趣味性。如果遇到需要记忆的内容时,她就想方设法地总结规律、编故事或儿歌等,力求减少学习的枯燥感。例如,在教授序数词时,P老师巧妙地改编了一首儿歌,把几个特殊的序数词和其他序数词的规律都串联起来,让学生在课前两分钟集体朗读,仅需两个星期就能让学生们较好掌握这一知识点,既愉快又高效。

此外,P老师在筹备主题教育公开课的过程中又发现了一个课堂妙招。课堂主题围绕着电子产品展开,课堂之初P老师提问孩子们有没有随意摔坏过电子产品。小朋友们回答说,他们曾经砸坏过手机、手表等等。这些回答反映了小朋友们真实的情况,但在公开课的紧张状态下P老师担心自己会忘记这些回答,于是就准备了小卡纸,画上对应电子设备的卡通图形,课堂中,用来教授如何正确使用、如何保护、如何处理电子产品。在课程最后,P老师再让小朋友拿着画有电子产品的小卡片,回答现在是否可以找到爱护这个电子产品的好办法。P老师对这个课堂小环节的设计非常满意:"我特别喜欢这个课堂生成的环节,这个设计让课堂开头引入的提问和最后的总结对呼应起来,还让小朋友们感觉课堂学的知识和自己息息相关,要把方法用到生活中去。"P老师表示要把这样的思路也用到其他课堂中去,这样课堂会更鲜活,能根据学生的回答生成新内容,而不是每个环节都是固定的,或者像在教案中预设的,应该真正地让课堂回归学生的生活本身。

2. 勇于完成挑战,在线上教学中磨炼技能

Y老师正式担任教师初期即经历了新冠疫情全面爆发。这无疑是对其教师生涯的一个重大挑战,让仍处在职业适应期的Y老师面临巨大的成长压力。当在线教学成为主要形式,如何组织课堂教学、如何评估教学效果就成了难题。Y老师说:"常规的课堂教学,教师不需要过多使用多媒体,但是网络教学,不仅要求教师制作优秀的课件,同时还要求教师要吃透每节课的教学目标、教学要求以及重难点。如果网络教学只是播放课件,那么孩子们自己在家就能够学习,完全不需要老师来讲。"同时,空间距离的阻隔使老师们无法实时接收到学生们的

反馈。最终，Y 老师摸索出自己的一套备课方法："首先，在确定每节课的教学目标、重难点以及教学要求的情况下，我会再参考各种优秀的教学视频和教学案例，形成自己的教学笔记和备课日志，再结合班级学生实际情况，设计好适合班级特点的课件，比如增加一些动态图片，来提高学生们的课堂专注力等。其次，在线上教学中还会提高互动频率，调动学生们的积极性和专注力。最后，线上教学相对于课堂教学来讲很多方面都是受限的，但唯一不变的是，教师要时刻关注孩子们的课堂反应、学习进展和对知识的接受程度，将课堂的重心放回到孩子身上，因为他们才是课堂的主角。"凭借着自己独特的备课习惯以及课堂风格，Y 老师带领着班级顺利度过了线上教学阶段，这段经历也极大激发了 Y 老师提升自身教学能力的愿望和动力。

3. 以教育变革为契机，催化教师专业活力

近年来，新课程改革如火如荼地进行着，对于素质教育以及因材施教的教育模式提出了更高要求。为了达到这些高要求和高标准，Y 老师采取了符合自身特点的、与众不同的学习方式来提升教学专业素质及能力。首先，Y 老师不断现场旁听优秀教师的课程，对优秀教师的教学模版进行总结，并与自己以往的教学模式进行对比，再结合新课改的要求，形成了极具个性化的课堂流程。基于个人教学风格，Y 老师增加了课堂互动的占比，在课堂上鼓励学生发言，提高学生们的学习兴趣，力求寓教于乐、及时反馈、快乐学习。其次，Y 老师高效参与各种培训："每一次听优秀老师们分享自己的案例和成功经验，对我来说都是非常珍贵的学习机会。在他们身上都可以看到和学习到之前没有接触过的内容，开阔了自己的视野和眼界，通过不断观摩和学习，我的教学质量也能极大提升，学生愿意听我的课，领导也非常认可我的教学理念，在评价其他老师的课程时，也能有自己的见解和思考，这些都让我觉得只要学习就会有进步。"

4. 内化课文精神和背景，精心设计课堂环节

A 老师的学生说："虽然 A 老师讲的是语文，但她总告诉我们文史不分家，在课上她不仅分析课文本身，还会对文章整体的时代背景以及作者写作时的个人处境做介绍。"在多年工作中，A 老师早已将这些内容牢记于心，虽然会携带教案去上课，但是从不依赖讲义，内容生动、语言风趣的课堂让学生们印象尤其深刻。

"课堂绝不是照本宣科，老师必须得把需要讲的知识自己看完，然后加以吸

收消化，最后才能上课给学生讲。”A 老师能保持这样一种授课状态得益于自身的不断积累，对于教材中的知识，知识背后的时代背景和历史中的文人骚客之间的故事，A 老师积累了好几本厚的笔记，“教材上没有现成答案，你需要列出这节课重难点是什么，文章结构是什么。想把课讲好就要自己设计，计划给学生讲哪些问题，如何把重难点设计在问题序列中。”对于一节好课的定义，A 老师认为真正优秀的课堂有一个行云流水、起承转合的过程是非常重要的，当然这也对老师的水平有很高要求。“我认为有些教辅书提供的答案并不好，所以需要自己去钻研，比如说问题是让学生从各个不同的角度续写文章，我就得做好几个答案，这样通过我自己先对设计的问题答案进行研究，才能在课堂上更好呈现给学生。”

5. 立足教育理念，释放学生个性

谈及学校建设和教育教学几年来的飞速发展，W 老师显得饶有兴致，他通过一次亲身经历为我们讲述了办学理念内涵的重要性，某次教研活动结束后，正好下了一场几年未遇的鹅毛大雪。操场上所见仅有白花花的一片，安静地几乎听不见雪落的声音，教学活动像以往一样照常进行。然而当老师们驱车回到学校时，W 老师惊叹“把我都看傻了！”几乎所有年级的学生，在非下课时间齐刷刷地从教学楼一涌而出，感受着飞雪带来的惊喜，抚过每一寸雪花留下的痕迹，脸上洋溢着青春的喜悦。回忆此情此景，W 老师再次感叹，“这是一种很自然的写照，美好得有些不真实”。冷冷清清与沸沸扬扬的强烈对比给 W 老师留下了很深刻的印象。正是基于学校鼓励释放天性的教育理念，学生可以自由快乐地与自然互动。

W 老师通过对学校发展历程的讲述，展现了对办学理念和学校发展的坚定支持。W 老师补充了关于校史的细节：“原先校歌中有一句叫作‘源溯西童奠初基，凯歌声里新更张。好学不倦勤攻错，力行不怠贵自强’。正是秉承这样的教育追求，学校形成了独特的教育思想和‘海派’校园文化。因此，校园环境宽松，学生思想活跃，体育、文娱等自主活动的开展使学生个性、体魄和能力都得到了发展。”

6. 紧跟科技发展，拓宽教育边界

W 老师回忆起十年前的校园，当时正是学校建设的蓬勃发展期，学校拥有非常丰富的学习资源，微型讲座开展了上百场。但如何安排座位、确定日期时间、调整场次却成了难题。于是 W 老师与信息能力较好的同学共同研究开发了讲座预约系统，这使得这位同学获得极大的成就感。刚入学的他尽管对人生之路略感茫然，后来没想到自己做的系统真的被全校使用了，原来作为学生也可以为学校建设献出自己的绵薄之力。W老师认为，“这是一次很好的历练，也丰富了他对信息化技术的认知。”基于对“海派”文化培养模式的认同，W老师更能基于对自身能力的判断去积极灵活地调节和控制教学活动，并将这种精神外显于行动之中，潜移默化感染学生，与学生保持积极互动，形成良好的师生关系。

在W老师的组织下，学校也建设成上海市“AI＋学校”的第一所场景学校，也有了全国中小学首批人工智能实验室。这一系列科技资源提升了教育内容的丰富性，激发了学生的积极性和主动性，提高了学生思维能力和学术素养。

7. 分层教学，打造安全且有挑战性的课堂

L老师深信，如果教师和学生都能够在课堂中找到全情投入的状态，专注于当下，那么这就是一节具有教育成果的课堂。她的教学理念是将课堂打造成既安全又富有挑战的环境。首先，她意识到，有些学生会因为害怕回答不出来老师的提问而感到恐惧和压力，这给他们在课堂上享受学习的机会带来了困难。因此，她努力打造一个安全的课堂环境。在课堂上，她采取分层教学的形式，对于基础薄弱的学生，她会提出一些符合他们能力范围的问题，给他们一种安全感，并鼓励他们积极参与；而对于成绩较好的学生，她会创造一些有难度、富有挑战性的任务，让他们感到课堂是有挑战性的。这样的课堂设计满足了不同学生需求，使得每个学生都能跟上课堂进度，学有所得。在课后作业方面，L老师继续延伸分层教学的理念，她将作业分成了ABC三个等级，提倡学生们在完成符合自己能力等级的作业之余可以适当去挑战一些难题。L老师说：“作业要布置得有价值、有意义，而不是一种应付的工具。怎么样让各层次的学生都能在作业中获得知识巩固、理解应用，并带来适度的学业挑战，这才是值得深思的问题。”

（三）建立与学生、家长的积极关系

1. 以爱生作为工作动力，成为被学生放在心里的老师

P老师认为学生是她专业成长的最大动力。P老师主动担任班主任工作，因为班主任是和学生情感联结最紧密的教师。她觉得最幸福的事情就是看到学生成长，例如前些天中考结束的学生们来学校看她，其中一个学生激动地说他这次中考英语能考150分！（满分）并表示这主要归功于P老师给他在小学阶段打

下了的良好英语基础。这句话让P老师非常感动，她认为自己的教学水平得到了学生真诚而真实的认可，还在学生心中树立了良好的形象，尽管学生可能在进入初中或高中后不再记得她的名字，但她确实曾给学生们带去积极正向的影响。每次收到几年前毕业学生的信息，从孩子们口中听到喜欢她、感谢她的话，P老师都会感到很温暖，这也是她在专业上持续前进的动力。

此外，P老师也提到小朋友们经常给她小惊喜。例如节日中的一句小的祝福、一张手绘小卡片、一个热情的拥抱。尽管这些只是一些微小的细节，但对P老师来说，这种亲近感让她感到独特而满足，这些温暖的举动让她更加喜欢教师的工作，这是其他职业无法给予的情感体验。

2. 拉近师生关系，做学校里亲切的“妈妈”

在学生们眼里，P老师是学校里的“妈妈”。P老师总是亲切地叫学生小名，放学时和每个学生　道别，经常和小朋友牵手、击掌。她认为通过这些小细节的参与，可以建立起更好的师生关系。P老师还积极参与到学生们的活动当中，例如在“班班有歌声”的校园合唱比赛当中，她给学生们准备了服装、道具，也给自己买了一套，并与他们一起表演合唱。“我是整个学校里唯一一个和学生一起表演的老师，”P老师骄傲地说，“学生们都特别兴奋和惊讶，觉得他们的老师与其他班级不同，能够与他们一起做任何事情。”

今年六一节，P老师给学生们补过了十岁集体生日。先前因为疫情没能给学生们好好过六一节，P老师一直记挂在心，今年精心策划了小游戏，为了营造生日的氛围，在教室里贴了彩带，还准备了印有名字的可乐。六一前夜，P老师和同事在放学后一直布置到十点多才回家，但第二天看到小朋友们开心的笑脸，觉得这一切都是特别有意义的。

3. 建立家校信任联结，共同呵护学生成长

P老师接过一届特殊的学生，在此之前这个班级已经换了五个英语老师，而P老师成了他们的最后一位老师。在接手这个班级后，P老师发现学生们在英语学习方面的基础非常糟糕。为了帮助他们，P老师基本上每个周末都会录制很多小讲解视频。“我当时并没有意识到自己做了一件让家长们记在心里的事情，”P老师回忆说，“没想到在毕业典礼那天，家长们给我送了感谢信，说我是一个非常负责任的老师，因为遇到我，孩子们的成绩明显提高了。”收到这份感谢信时，P老师被家长的认可和鼓励深深感动。她意识到自己所做的努力被家长们

记在心里，这让她觉得每个周末花费的时间都是有意义的。

还有一位特殊学生让P老师印象深刻，那是一位患有肌肉萎缩症的学生(L同学)，P老师时常关照他，还教导同学们不能嘲笑、排斥生病的同学，而是应该友爱地鼓励他。因为P老师的言传身教，班级的同学们都争相帮助L同学，班级氛围也非常温馨。在毕业时，L同学的妈妈特地来学校感谢，一句又一句表达感激之情，还给P老师送了一面锦旗。

这些事情虽然很小，但对P老师来说都是有意义的。她的努力得到了家长们的认可，家长们也通过自己的方式来感谢她，P老师非常感动和满足。在这样的良性循环中，P老师与她的家长们建立了很好的信任关系，每次班级活动都能得到家长们的大力支持。

4. 将心比心，与家长积极沟通

"我是学校中处理家校沟通问题的能手。"P老师自豪地说，"这主要归功于我总是将心比心地去交流。"每当学校里有棘手的问题，比如家长的不满或投诉，校领导就会请P老师去指导帮助同事们。P老师认为家校沟通的秘诀是"将心比心"，要能换位思考，如果自己是家长会有什么样的诉求，去理解家长的心情，然后再平和友善地沟通。P老师坦言："我经常和同事说，要先建立同理心，然后保持微笑，让家长放下戒备，之后才开始真正协商解决问题。"事实上，P老师也不是一开始就善于处理家校问题，在新手班主任阶段，和家长沟通时P老师非常紧张，但在工作过程中渐渐发现，家长和老师的目标始终是一致的，那就是为了孩子健康快乐成长。在共同目标的驱动下，只要积极沟通就没有解决不了的问题，总能找到合适的解决方案。

5. 尊重学生多元发展，助力梦想闪光

Z老师始终认为每个学生都是独特的，他们有自己的热爱，而教师应该在尊重和理解的基础上，帮助他们找到适合自己发展的方向。Z老师曾在不同的学校工作过，他提道："我就职的第一所学校非常重视升学率，一切活动以提高学生的学业成绩为目标。而我目前就职的学校不仅注重升学率，同时也注重学生的多元渠道升学，比如学校有三种班型，第一个是文化班，第二是美术班，第三是传媒班；除此之外，学校还举办非常多的活动，例如辩论赛、戏剧节等，学校和老师都会为了孩子在舞台上闪闪发光而感到骄傲。这些办学理念和方式其实也都在潜移默化地影响着我的教育方式，也就是更加注重孩子的多元发展，尊重孩子的兴趣爱好。”

在Z老师的职业生涯中，最让他印象深刻的学生是X同学，她是一位极具艺术天赋的女孩。她热爱时尚服装设计，经常在课堂上不听讲，在自己的课桌上写写画画，然而，几乎没有人支持她的梦想和热爱。同学的冷嘲热讽，父母的不理解，一度让她怀疑，自己的热爱真的有错吗？Z老师了解到X同学有意向走艺术这一条路的时候，本着对学生负责的态度，将X同学的作品交给专业美术老师评估，这位美术老师对X同学的作品给予了高度评价和认可。得到美术老师和Z老师的支持，X同学得以向艺术发展迈出新的步伐。如今，她成功就读于墨尔本皇家理工大学的时尚管理专业，为自己的梦想和热爱而努力。

6. 家校联动共育，赋能学生成长

在信息时代，每个人接收到的信息都是纷繁复杂的，特别是竞争压力异常激烈的现在。很多家长为了不让孩子“输在起跑线上”，会让孩子参加很多培训班。面对家长超负荷地给孩子报名培训班的问题，Y老师说：“我始终认为，小学阶段最主要的是培养学生们对于学习的兴趣，技能和技巧都可以后天培养。‘培训班现象’是家长们焦虑心情的缩影，焦虑是很正常的，人类作为群体生物，在生活的过程中，家长与家长之间都会有交流，一旦得知别人的孩子在学习各种技能，就有了攀比心态，家长会不由自主地产生焦虑。作为老师，我们要了解家长的这种心态，跟他们沟通的时候，就要结合整体的社会发展方向、学校的培养方式以及孩子的具体情况，因材施教，逐步改变家长的深层认知，让家长认同快乐学习的观念，从而慢慢引导家长将学生从各种培训班解脱出来。”

如何与父母有效交流一度让Y老师感到棘手：“我所在的学校是河南省高校的附属小学，学生家长的文化水平和认知层次都比较高，对孩子的期望也高。”在这样的背景下，老师们需要保持耐心和细心，全方位思考解决策略。Y老师说：“首先必须要对事情的来龙去脉了如指掌，从点到面地辐射其对应的深层次原因；其次借助可以利用到的一些资源，适时向学校领导寻求协助，与学生家长进行详细沟通；再一步一步引导，最终达到皆大欢喜的效果。”

7. 同呼吸共命运，家校生联动促发展

“老师和学生之间要同呼吸共命运，学生的一举一动都在牵动着老师的心弦。”A老师坚信只要用心对待每一次课堂，关心每一个学生，就一定能帮助学生成为更好的自己。在与学生不断沟通、共同努力的过程中，她感觉到自己是一个引路者，在人生的大道上推动学生们前进。这种信念是A老师保持专业活力的精神支柱，她在这个过程中也找到了教师和自己的价值所在。

关于家校沟通，A老师这样说："首先要让家长感受到你对孩子的关注与了解，这是沟通的基础，沟通开始就要取得对方信任。在沟通时，先肯定孩子的闪光点与长处，以此为切入点进行家校沟通，让家长们愿意听你讲；然后再具体分析孩子如何变得更好，哪些方面还可以改进，哪些问题和不足需要家长在生活中关注，通过老师和家长之间的配合来解决问题；通过不断尝试，主动沟通，再收到家长的反馈。长此以往，逐渐建立起了家校之间的联系，能让家校之间产生良好的联动，促进学生的学习。"从A老师的话语中不难看出一名有经验的教师如何有方法、有准备地去承担家校沟通的桥梁作用，让家庭与学校这两个对孩子的成长产生最大程度影响的环境相互配合，从而让学生能有更好的进步与发展。

8. 以爱破冰，抓住教育的契机

L老师刚入该所中学任教时，就被任命为八年级某班的班主任。从前辈口中，她得知她已经是这个班级的第四个班主任了。班级学生的排斥、散漫的班风、糟糕的成绩像一座座大山挡住了她前进的道路。她认为自己得先打入学生内部，获取学生信任，最后才能逆风翻盘，向阳而生！她利用两个星期的时间与班级学生进行磨合，和他们搞好关系。

面对班里的女生打架，她睿智的处理方式不仅妥善解决了冲突，而且还赢得了学生们的肯定和喜爱。她将扭打在一起的学生分开，没有责备，而是共情他们的想法、行为以及情感。她设身处地地站在学生角度去思考，理解他们，尽力避免对学生的刻板印象。面对学生的缺点，她坚持正面教育，用真情去感化。梅须逊雪三分白，雪却输梅一段香。她始终相信每个孩子身上都有闪光点，不失时机抓住机会向科任老师了解掌握每个学生的动态发展，并真诚表达对学生的赞美，最终得到了学生们的喜爱，班级也渐渐走向正轨。

9. 用心灵浸润心灵，用爱的魔法温暖学生

在中考结束之际，L老师意外收到一则来自S学生的信息："老师，我有很多话想对您说，但是我参加不了谢师宴了，只能以这样的形式去给您说说心里话。老师，我没有母亲，在认识您之前也从来没有体会过母爱，直到遇见了您，是您让我体会到了什么是母爱。"朴实无华的文字却最抚凡人心，看似平平无奇的几句话满含着心酸和感恩。这就是来自S同学最纯洁的告白，用简单的话语表达着

最真挚的情感。

L老师讲述了她和S同学的暖心故事。该学生并不是L老师班上的学生，只是以前上过她的课，但是L老师却给了学生许多无微不至的关怀。在一次体育课上，S学生低血糖，出现了头晕、心跳加速等一系列不适的症状，L老师知道后马上赶去照顾他。等到晚上查寝的时候，L老师还特地去了S学生的宿舍，用手摸摸他的额头，亲切地询问情况。就是这样，L老师用博爱、关心、无私在学生心里种下了一颗温暖的种子。教育温暖的影响无处不在，从课堂到生活，它都能带来积极向上的影响。教育温暖的影响是巨大和无可估量的，它能够带来跨界的、代际的传播。当教师让学生们感受到自己被关心和珍视的时候，他们的认知、情感和行为都会慢慢地发生翻天覆地的变化。伴随着对L老师的喜爱，S学生的英语成绩也从刚及格上升到优秀以上。也许这就是教育温暖的魔法，L老师的故事很好诠释了何为用生命影响生命，用心灵浸润心灵。

10. 是权威的教师，也是知心的朋友，更是温柔的妈妈

“师生关系是老师和学生之间看不见却又很重要的联系。”L老师这样说，“无论是对于哪个阶段的学生而言，只要师生关系融洽，教学就能顺利开展。”青少年处于热爱交际且非常看重关系价值的敏感时期，维系良好的师生关系是教师工作的重要组成部分。L老师与学生的相处分为课堂和课下两个方面，在课堂和班级管理上，教师是绝对的权威，学生必须尊重教师，听从教诲。对于一些扰乱课堂和违反班级纪律的学生，她在严格批评教育的同时也会给予循循善诱的引导，理解原因并且引导改正。她认为权威压制并不能从心理上使学生真正认识到错误，采用说服引导的方式更能取得好的效果。而在课下，她则充分尊重学生的自由。生活里，她也会到女生的寝室去跟女生们聊八卦，听听她们的生活琐碎，增进感情；而对于男生，她也是无微不至地关怀他们，倾听他们的烦恼，并为他们提供学习和生活上的建议。

(四) 专业化发展与自主学习

1. 携手共进，与同事们一起成长

由于P老师在工作中充满热情且专业能力强，学校推荐她担任校班主任工作室的主持人。P老师说：“我非常用心地打理这个工作室，也为学校的班主任团队带来了一些帮助，尽管影响不是面面俱到。”P老师认为工作室活动的意义

是要帮助老师的实际工作，内容必须贴合教师实际工作，希望每次活动都能给班主任们带来一些收获，不做没意义、低效率的培训。同时，把自己擅长的技能和有效的经验分享给同事们。最近一次的交流活动中，P老师就请一位护理专业出身的老师分享了如何处理学生流鼻血、外伤流血、扭伤、骨折等突发情况，一起研究如何让其他老师学习一些对孩子有用的知识。参与活动的老师们记了很多笔记，也很愿意主动参与这样的活动。

虽然P老师担任班主任的年份不长，但同事们都认为她在家校沟通方面很有经验，遇到困难经常向她寻求帮助。无论是通过电话还是亲自去办公室找她，P老师都会分享自己的家校沟通秘诀，帮助老师们并及时处理问题。谈及此，P老师自豪地说："大家都认可我的建议，事情解决之后还会特意感谢我，称赞我的方法好用。"尽管P老师的经验目前只在学校内部产生影响，但她认为这是非常值得和有意义的事情。

2. 汲取前辈教师的经验，做教书育人的好老师

带教老师H老师是P老师的职业引路人。H老师当时是学校的德育主任，她与孩子们交流时，总是蹲下来与学生对话，这给P老师留下了深刻印象。在搭班过程中，她发现H老师每天进教室的第一件事不是开始数学课，而是要求孩子们整理桌子和个人卫生，问孩子们"小桌子小椅子摆放整齐了吗？小手手伸出来看看指甲剪干净了没有？"这对于培养学生的卫生意识和行为习惯非常重要，P老师也在这个过程中领悟到教师不仅要教授知识，还要育人。"每天进校门或者在走廊里看到小朋友时，她（H老师）都会热情地跟孩子们挥手示意，用她的实际行动告诉我应该如何与孩子们相处，如何成为一名好老师，而不是用大道理来灌输。她在我的新手教师期给了我很多帮助。"

3. 用碎片化时间自主学习，拓宽知识储备

在访谈中，P老师分享了她对学习的热爱和自主学习的意识。从小学到中学再到大学，她一直是一个好学的人。"相比等着父母逼迫我学习，我更愿意主动去阅读、看书。"P老师说这种习惯从小学时就开始养成，如今她也将这一理念传递给她的学生。

P老师每天上下班大约需要40分钟的单程时间，而她并不像其他人一样听音乐，而是利用这段碎片时间去听书，每个月都能听完好几本，包括历史、地理、文化以及家庭教育、亲子教育等。即使在白天工作的时候，她也会利用碎片化时

间不断充电、学习；午休时她会阅读学校订阅的教育类杂志，这样可以更深入地了解相关领域的最新动态和经验分享。这样的坚持使她接触了很多优秀的作品，她深信这些知识对她的个人成长和工作都有重要影响。尤其是那些关于家庭教育和亲子沟通的书籍，不仅能够帮助她更好地教育自己的孩子，也能够在教学和育人工作中发挥作用。

4. 积极投入专业培训，专业成长无止境

为了提升自己的教学水平，P老师始终珍惜每一个出外参加培训的机会。她参加了班主任高研班等培训，并且每次都克服着艰苦的通勤时间。对于P老师来说，只要有机会去学习，她就会全力以赴，不会浪费时间。除了参加线下培训，P老师也会参加一些线上培训。她知道现在资源很丰富，所以尽管不能保证每次培训都能全神贯注，但只要有时间和精力，她一定会认真听讲并思考。她认识到，参加培训就是站在前辈们的肩膀上，看看他们已经取得的成果和经验。比如，最近P老师参加了H老师的教科研讲座，她发现教科研并不是遥不可及的，也不是可怕的。她意识到，这些都是前辈们几十年的经验总结，参加讲座可以获得很多有益的知识。

P老师深知学习没有捷径，世上没有事情是可以一蹴而就的。她明白只有不断钻研和学习，才能不被落下。她坚持不放任自己，时刻保持学习的状态。对P老师来说，教育是一条永无止境的道路，只有不断地追求与学习，才能成为更好的教师。

5. 精益求精，科研之路的"痛苦"

亲其师，信其道。不止一位Z老师的学生说过："Z老师是我遇到的所有老师中政治教得最好的老师！"Z老师的风趣幽默与平易近人，通常能够激起学生对政治学科的热爱并发现政治学科中的趣味所在。毋庸置疑，在幽默风趣的背后，课堂中的每一个互动和精彩环节，都是Z老师精心设计和打磨所呈现的结果。然而，Z老师却越来越感到时间和精力都不够用了，他坦言："在任教初期曾经有一段时间很痛苦，我感觉自己没有办法在专业领域方面有所创新，我在'吃老本'。在课堂教学方面，自己的大部分技能和方法都是在大学中学到的。出于政治学科时政性强的特点，我们需要与时俱进地选择新的案例和风趣的故事才能讲好一堂政治课。然而，当了班主任之后，我发现沉下心来去研究教学的时间是非常少的，同样一个笑话反复讲，我自己都听倦了。这是我在职业生涯中遇到的最大困难。”再后来，Z老师不断平衡好自己的生活和工作，开始钻研属于自己的教育方法。“我通常会跟不同的人交流，多多了解各行各业的人的生活，然后将这些东西带到课堂当中去；同时我每天也会有阅读时政和社会新闻的习惯，争取能够将一些社会新闻融入课堂中。”Z老师这样说，“比如说贵州最近开办的村超（足球赛），我就会将其与文化自信结合起来，我认为这不仅是一场体育赛事，更是一场文化盛宴。”结合学生的发展特点，不断摸索与钻研，不断研磨创新，与时俱进，这就是Z老师专业能力飞速发展的秘诀。

6. 书法竞赛引领专业能力提升

作为一名语文老师，当被问及应该具备怎样的专业技能时，Y老师说：“作为一个中国人，汉字是中华民族的灵魂，写好中国字是最基本的。尤其是作为一名语文老师，肩负着教好中国字的使命。”Y老师经常告诉学生们，从字体上就能知道一个人是什么样的，一个写字潦草的人，他的学习态度就有待观察，而一个学习态度端正的人，写字的时候是一笔一画非常规整的。

在没有成为教师之前，Y老师其实对书法没有任何兴趣，是工作激发了她对于专业能力提升的愿望。首先，Y老师所在的学校每月都有教师钢笔字和硬笔字竞赛，Y老师从最初的未上榜到后来每次都能获得校级一等奖，其间的努力和坚持成为其专业能力提升的内源性动力，也使她认识到书法对于教学工作的重要性。其次，Y老师选取了同办公室内的一位书法造诣较高的同事作为标杆，该同事在学校举办的六一汇演时，曾当场书写令人拍手叫绝的书法作品，因此Y老师怀着羡慕和钦佩之情，下定决心开始向榜样学习。Y老师取得的一系列进步和荣誉也证明了书法学习不分早晚，只要愿意学，认真去学，一定能取得进步并写出自己的风格。而这正是Y老师在将专业技能转化成现实教学过程中所体现出来的教师专业活力来源——成就感和可实现的目标。

7. 实现自我价值，点亮更多的生命

谈及未来的专业发展规划，L老师说：“我还是希望继续追寻自我价值，争取获得更高职称，或者努力赢得竞赛奖项，成为一名更优秀的育德育人的专业教师。”L老师表示自己要在专业上继续深耕，去追求更加精准高效的课堂，她清楚知道自己目前的教学短板在于写作课程，如何给学生呈现一堂精彩而又有所收获的英语写作课是她下一阶段的目标。在与学生的相处上，她希望可以继续保持现有相处模式，但要增强应对突发情况的能力，能够用教育智慧解决面临的困难。

L老师将自己比喻成引路人，通过更优质教学提升学生们的学业成绩，让他们在下一个学段里进入更好的学府。同时，她认为德育无处不在，要将价值观教育巧妙融合在精彩的课堂里，体现于学生们喜闻乐见的娱乐活动中，促进学生的全面发展，培养他们适应社会的能力。L老师说："我始终希望在给学生们传授知识和塑造正确的价值观同时，能够引导学生走向更大的世界舞台，这就是教师的价值。"

(五) 教师叙事小结

教师专业活力的来源、持续释放以及对师生发展的作用是教育领域中备受关注的重要议题。本章通过对6位专业活力强的教师进行深入访谈和观察，进一步探索了教师专业活力的本质及其对教学和学生发展的重要意义。这一研究旨在为教育实践提供有益的经验和启示，以促进教师专业活力的培养与持续释放，为学生的学习成长提供更好的支持。

首先，教师专业活力的来源可以追溯到教育者内在的热爱和激情。正如苏格拉底说："教育的本质是点燃、鼓舞和唤醒，一万次的灌输不如一次真正的唤醒。"教师专业活力的源泉在于对教育事业的热爱，他们始终将教育视为一种使命和责任，将自己视为人类灵魂的工程师。同时，教师激情也是持续释放专业活力的重要动力。作为教师个体的内部能量，激情可以激励教师充满热情地投入工作，保持高度的内源动力和积极心态，提升教学效果，促进教师个人和职业的成长。因此，对教育事业高认同、对工作有激情、富有能量感的教师们往往能够持续地释放专业活力。

其次，教师专业活力的持续释放需要通过持续学习和专业发展来实现。苏霍姆林斯基说："只有当教师的知识视野比学校教学大纲宽广得无可比拟的时候，教师才能成为教育过程中真正的能手、艺术家和诗人。"教育是一个与时俱进的领域，随着社会的不断变化和教育理念的更新，教师们需要不断学习和适应变化，成为一名终身学习者。专业活力强的教师们从不将自己限定于已有成就和经验，他们总是在职业生涯的各个阶段中，通过持续学习和专业发展来增强自身的知识储备和教学技巧，以应对不断变化的教育需求。同时，他们也乐于分享，积极参与专业交流和研究活动，与同行分享经验和教学方法，进一步激发专业活力的释放。

最后，教师专业活力对师生发展具有重要的作用。学生是第一受益群体，当教师充满活力，充满热情地传授知识和技能时，会激发学生的好奇心和求知欲，激发他们的学习动力，让他们更加积极主动地参与学习。教师专业活力的释放还能够营造积极向上的学习氛围，给予学生积极鼓励和支持，帮助他们树立正确的学习态度和价值观，激发他们的自信心和自主学习能力。这有助于学生更长远的发展，培养乐观向上心态，养成健全人格。同时，教师专业活力的持续释放也对教师群体自身的发展具有积极影响。当一个教师表现出积极活力时，他们的情绪可以感染周围的同事，激发他们的积极性和热情。这种情绪传播可以在教师团队中形成良好的情绪氛围，增进团队合作和协作意愿，提高整个教师队伍的工作效率和满意度。

综上所述，一位专业活力强的教师能够对自身和学生群体产生积极影响，还可通过专业活力的辐射作用影响身边的教师群体乃至学校的工作氛围，这对建设高质量教育体系有着重要的意义。

第八章
教师专业活力实践指要

前述各章对教师专业活力的研究背景、概念内涵、现状特征、发展机制、典型案例等问题展开了理论与实证研究，研究结果揭示了教师专业活力系统性、综合性、阶段性的内涵、结构以及复杂、协同、多层次的影响与作用机制，为教师专业活力实践路径的构建提供了充足的理论依据。教师专业活力的促进与提升是教师专业活力研究的根本落脚点。本章在前面研究的基础上，从实践体系优化、外部资源赋能和内部资源激活三个角度，论述教师专业活力的实践机制，为教师专业活力的发展实践提供指导与启示。

一、实践体系优化

教师专业活力的保持是一个动态生成、连续发展的过程，而教师专业实践是维系这个发展过程的动力枢纽。自新中国成立，特别是改革开放以来，为促进教师专业发展、激发教师专业活力，党和国家颁布了一系列的政策法规（见第一章）。在这一系列教师专业发展政策的引领下，激发教师专业活力发展的教师教育实践模式以及促进制度如雨后春笋，推陈出新、层出不穷，例如“见习教师规范化培训”“名师工作室制度”“国外访学进修计划”“教师评价改革制度”等，类型多样、内容丰富，为促进教师专业活力的发展提供了诸多可供推广的经验。在此背景下，本节将对具有代表性的教师专业活力实践模式以及促进制度进行梳理，从实践体系角度出发展开论述，分析教师专业活力实践体系现状及存在问题，并提出相应的实践体系优化对策。

（一）实践体系现状

目前，我国教师专业活力实践主要通过两类渠道实施，一是在国家政策引领下，由各级教育行政部门组织的各类教师专业实践活动；二是由民间学术团体和学校自组织开展的教师教育活动。在这两类实践体系下，根据教师队伍中不同教师发展实际情况，进一步推出了分别针对职初期教师、成长期教师、成熟期教师等多层次的实践模式，分层分类分岗开展。另一方面，随着信息技术的进步，新技术手段的应用帮助打破时空界限，以此为载体的各类网络研修也日益成为教师活力提升的重要方式。同时，与教师专业活力实践相配套的教师管理体系的完善始终贯穿我国教师专业实践体系的建设。

1. 国家战略引领

改革开放以来，随着社会的发展进步，我国教育改革逐步进入“深水区”（董奇，2020）。为大力推动师资队伍建设，2010 年起我国开始全面实施“中小学教师国家级培训计划”（简称“国培计划”）（中华人民共和国教育部，2010）。截至目前，国培计划已历经“国培”1.0、2.0 时代，整体上提升了我国中小学幼儿园教师队伍素质，尤其是中西部地区和乡村教师群体，推动了基础教育均衡发展。2019 年后至今，国培计划进入 3.0 阶段，开始以提质增效为导向，强调分层分类施训，推动教师队伍高质量发展。

在国培计划引领下，我国地方教师发展机构也逐步焕发活力。2012 年，江苏省在全国率先开启了地方教师发展机构体系的建设，实行自下而上、分级推进、逐步完善的策略，县级机构率先启动，市级、省级稳步推进；到 2020 年初，省、市、县三级教师发展机构已初步建成（徐伯钧，2020）。与此同时，其余各省也出台了相应的实施意见和办法，全国地方教师发展机构的省域实践陆续展开，“国—省—市—县—校”五级联动的教师培训体系逐步建立（董奇，2020）。在此催化下，各区域内的教师发展资源也逐步整合，原本各自为政的教研、科研、电教、培训机构实现集约化运行，开放协同联动的中国特色教师教育体系在此过程中不断完善，我国教师专业发展内涵不断提升，教师专业实践持续焕发活力（中华人民共和国教育部，2022）。

2. 基层实践探索

学校是教师成长的土壤，教师专业活力的发展很大程度依赖于学校教学研修活动的开展。借力国培计划，各地基层学校也在不断探索中形成了具有自身特色的校本研修体系，本土化、常态化、创新性的教师专业实践活动正在如火如荼地开展着。例如2003年上海市9区联动积极开展的教师研修创新实践，提出了以课例为载体的“三个阶段，两次反思”的行动教育模式，在此模式的引领下，各项目学校立足本校实际又接连探索出了许多具体实施途径和方式，包括“群体学习式”教研、“先导小组式”教研、“问题会诊式”研修等（丁玉，2023）；又例如重庆融汇沙坪坝小学提出的以学校生态转型为旨归的嵌入式学校研修变革，以“在工作中学习”和“在学习中工作”的工作场学习论为指导，通过学校嵌入式空间的打造，建设教师高效协作学习社群，为教师搭建资源聚合的学习场域，提供无所不在的协作学习机会，帮助教师养成持续学习的习惯，唤醒了教师学习动能与职业幸福感（郭先富，2021）。除此之外，还有江苏无锡市凤翔实验学校构建的“2＋2”校本研修体系（许昌良，蔡静燕，2017）、杭州东城中学的“四备三思”校本教研模式（陈沪军，2018）、北京第十八中学教育集团的“翻转式研修”（管杰等，2016）等等。这些各具特色的校本研修活动从不同角度具体深化了教师专业发展的实施形态，通过研修实践帮助教师们不断学习、研究、反思，加强教师交流，产生思维碰撞，激发教师专业活力，为不同学校环境条件下的校本研修提供了诸多经验。

3. 精准分层分级

1）师徒带教制度

入职教育是教师教育中上承职前培养、下启继续教育的过渡环节，是帮助新教师尽快适应、胜任教育教学工作的重要手段。“师徒带教”是现实中很多学校采用的新任教师教育模式，通过有经验的教师与新教师结成“一对一”的带教小组，帮助新教师迅速适应职业角色（马力克·阿不力孜，2011）。师徒带教模式下，师傅不仅需要为徒弟提供直接的教学示范、问题解答等知识能力层面的帮助，还需要给予徒弟包容、咨询、信心等情感文化适应层面的支持，帮助新教师感受学校氛围，融入学校人际圈，化解入职之初的陌生感和孤独感（宋萑，2012）。

我国师徒带教制度由来已久，自20世纪90年代，国家教委规定必须要在小学教师入职的第一年内为其安排有经验的指导教师，这样的带教模式广泛助力了大中小学年轻教师的专业成长与发展（李阳杰，2020）。然而师徒带教制度发展至今，传统“一对一，结对子”式的带教模式也逐渐显现弊端。例如有研究发现“一对一”模式下的新教师易出现过于依赖师傅个体作用的现象，单一个体的信息传递渠道易限制新任教师的专业视野，无形中为新教师发展设立了一个虚拟的社会边界，影响了新任教师与非带教老师的交流协作（马力克·阿不力孜，2011）。还有研究显示，传统师徒带教基本上由师傅来主导，新教师作为“接受指导者”往往处于被动位置，这就导致了新教师自主探索、主动建构、自觉反思、创造教学的能力受到影响（蔡亚平，2018）。传统师徒带教制度狭隘化倾向所带来的问题在教师专业实践中不断显现，对此，相关研究者提出了解决办法。例如学者蔡亚平（2018）基于实践共同体理念提出的“团队带教指导模式”，将教学经验丰富、教学技能娴熟的优秀教师组成“师傅团队”，将有关的新教师组成“初任教师团队”，由“师傅团队”对“初任教师团队”进行集中指导，双方探讨真实教育情境中的各种问题，通过对话、交流与协商，在相互学习、彼此协作、分享实践的过程中共同发展；类似的还有学者宋萑（2012）提出的“教师专业学习社群”，通过营造教师学习的良好氛围，让新教师以独立自主的身份进入教师社群，主动学习、自主实践，激发教师专业发展的内驱力。

2）见习教师规范化培训

见习教师规范化培训是上海市教委在传统“师徒带教”模式基础上进行优化的新任教师指导模式。通过汲取以往传统带教模式的经验，同时克服其不足，上海市于 2012 年在全市建立了见习教师入职教育规范化培训体系，规定首次任教人员在职业生涯的第 1 年，以见习教师的身份在聘任学校与认定的基地学校接受为期一年的系统性、规范化培训（上海市师资培训中心见习教师规范化培训项目管理组，2019）。

见习教师规范化培训从组织管理、培养方式、培训内容、考核评价等多方面对新教师入职培训进行了系统地再规划。在组织管理上实行市区校三级协同运作，上海市教委统筹领导整体培训工作；各区基于本区实际，制定区层面的相关政策制度，组织落实，保障实施。在培养方式上，遴选出市级、区级见习教师规范化培训基地学校，与聘用学校合作培养新教师，规定新教师要在具有良好学校氛围的基地学校接受不低于培训总时长 50％的培训。同时为克服传统“一对一”带教的弊端，上海见习教师规范化培训实行导师团队带教制度，从基地学校挑选最优秀的学科教师与班主任组成指导教师团队，建立学习共同体，为新教师提供全方位的指导。在培训内容上，上海市规定了见习培训的四方面共 18 项任务，并开发出了匹配新教师专业发展的系列课程与教材，形成一套可推广、可复制的培训资源包。在考核评价上，除每年开展的中小学及幼儿园见习教师规范化培训展示活动，上海市还建立了首次任教教师的教师资格证书和规范化培训合格证书“双证书”制度，新教师只有在取得双证书之后，才会成为一名正式教师（上海市师资培训中心见习教师规范化培训项目管理组，2019）。

见习教师规范化培训助力见习教师的职业成长，帮助他们正确认识与适应教师角色，形成良好的教育教学规范，强化教育教学实践能力。同时，见习培训制度的实施也激活了基层学校教师专业发展的活力，市、区、校、团队与见习教师间的联动协作，基地校与基地校、基地校与聘任校之间的互动交流，盘活了优质资源，激活了基层学校教师专业发展的活力。各学校教师队伍建设的意识与能力大大提升，为各地新任教师的培训提供了可供参考的实践培训体系。

3）青年教师教学赛事

教学比赛是富有中国特色的一种教师专业培训方式，对于调动教师特别是青年教师的专业活力、强化教学意识、提高教学水平具有正面推进与积极引领的作用。自2016年中华全国总工会下发的《2016—2020年劳动和技能竞赛规划》中提出“将劳动和技能竞赛作为提高职工素质、推动企业进步、促进经济发展的重要途径”开始，教师教学比赛便成为教师成长过程中必不可少的实践活动。

到目前为止，从赛事名称上看，青年教师教学赛事包括课堂教学比赛、青年教师教学基本功大赛、微课教学大赛、青年教师教学能力大赛等；从赛事的级别上看，除校级还有市级、省级和全国赛事，其中国家级赛事包括由教育部办公厅举办的“一师一优课、一课一名师”活动、“全国中小学实验教学说课”活动、中华全国总工会和教育部主办的“全国中小学青年教师教学竞赛”活动等（中华人民共和国教育部，2019a，2019b；中国教科文卫体工会，2023）。通过让青年教师参加教学赛事，帮助教师在竞赛过程中磨炼教学技能，在不断地反思与批判中得到成长，提升自身的思想素质和业务能力，激活实践热情，实现以赛促训、以赛促长。

4）名师工作室制度

名师工作室是骨干教师专业成长的摇篮，是集教学、科研、培训职能为一体的教师合作、学习的成长共同体。2002年，教育部颁布的《中小学教师队伍建设“十五”计划》中明确提出“培养和造就名师，充分发挥名师的示范与辐射作用”（杨春茂，2002）。在此政策的支持下，各地名师工作室、名校长工作室等不同类型的工作室研修体系相继建立。名师工作室将不同学校有着不同优势的学科骨干教师汇集在一起，树立共同成长的奋斗目标以及勇于创新的研究精神，通过专业阅读、课例研修、专题论坛、课题研究、实践改进等研究方式，在和谐、民主、平等的互动交流过程中，共同解决教育问题，实现自我和团队的发展，激发专业活力。

当前，名师工作室在运行实践中主要包括以下三种基本类型：一是以教研活动为组织形式，通过名师示范课堂、专题研讨、共同备课、相互反馈等活动形式，推动团队内教师专业成长，激发教师专业活力；二是以科研课题的形式组织开展学术活动，在科研活动中提升成员的科研素养和关键能力；三是以自主学习的形式组织开展活动，名师以专业阅读为抓手，激发成员学习动力，注重成员的自我成长。名师工作室制度是推动教师交流协作、减少教师职业倦怠发生的重要方式（王栋，2018；袁成，廖洪森，2016），以名师为中心，辐射优质教育资源，优化教师队伍建设，带动区域学科发展，帮助教师在实践中养成深度反思与专业对话的品质（杨维风，2019）。

4. 教师管理体系

1）教师评价改革制度

教师评价是教育管理的重要手段，也是对教师工作水平和教育教学贡献的重要评判。对教师进行科学、合理和有效的评价改革既是学校教育教学的需要，也是新时代新形势下激发教师专业活力、促进教育高质量发展的关键环节。

目前，常见的教师评价有考核情境下的教师评价、教研情境下的教师评价以及日常管理中的各项检查。就我国实际情况而言，无论上述哪一种教师评价，结果大都局限于对教师进行评定和考核，而非促进教师专业实践的改进（周文叶，2021）。对此，国内研究者提出了不同的改革观点，如构建教学述评制度（钟铧等，2021）、教师分类评价（赵岚，邱阳骄，2021）、“学为中心”的教师评价框架（周文叶，2021），强调以“弱化相对评价、非净效应评价、他人评价、顶线评价和强化绝对评价、增值性评价、自主评价、底线评价为基本取向”的改革方向（吴全华，2021），通过改进结果评价、强化过程评价、探索增值评价、健全综合评价，最终实现新时代教师评价破“五唯”而立“四有”（王鉴，王子君，2021）。更有研究对国内24个省（市、区）的8347名中小学教师就教师评价改革的进展现状进行调查，提出未来的中小学教师评价应以发展性评价为价值导向，提高教师在评价中的主体地位，创新教师评价分类标准，优化教师评价的进阶方法，并重构教师评价的文化生态(张辉蓉等,2023)。

2）教师荣誉制度

德国法学家赫伯特·克吕格尔认为,除了命令、强制和惩罚之外,荣誉奖励是激励和促进民众自愿做出设立者所期望的行为的重要手段(张树华,潘晨光,2011)。教师荣誉制度的构建对于鼓励全国教师热爱并积极从事教育事业,激发教师专业活力具有重要作用。

我国教师荣誉制度可追溯到古代,虽然古人没有形成专门的制度体系,但对历代名师的封赠、赐号、祭祀从未间断,尊师重道传统世代相传,是后代教师荣誉制度的起源(施克灿,2017)。改革开放以来,党和国家高度重视教师荣誉制度的建设,先后设立了"特级教师""全国模范教师""全国教育系统先进工作者""全国优秀教师"等荣誉奖项。为提高农村教师的积极性,2015年,国务院出台《乡村教师支持计划(2015—2020年)》,明确提出了"建立乡村教师荣誉制度";2012年,《国务院关于加强教师队伍建设的意见》提出"完善教师表彰奖励制度",探索建立"国家级教师荣誉制度";2013—2017年,教育部持续将"探索和推动建立国家教师荣誉制度"作为工作要点;2021年,《中华人民共和国教师法(修订草案)(征求意见稿)》提出"国家建立教师荣誉表彰制度,设立国家教师奖",赋予教师崇高的国家荣誉,提升广大教师职业认同度,激发教师们更有热情地投入到教育事业中(王爽,刘善槐,2021)。

5. 网络研修制度

在教育数字化转型背景下,网络研修已成为促进教师学习与专业发展的重要研修方式。网络研修是基于网络学习平台开展的教师自主研修活动,是信息时代传统线下教研与培训的变革与创新(马立等,2011),目前已经成为教师专业活力促进最常见的实践形态。网络研修既包括大规模在线教师能力培训(McLaughlan, 2022),也包括短期的教师培训在线课程(Vilppu et al., 2019)。作为传统教科研的有益补充,网络研修打破了时空界限,有效整合多种资源,具有自主性、个性化、共享性、互动性、信息化等特征,为群体教师创造了和谐、开放、主动、协作、互动的研修平台,促使教育教学研修更深入、高效,为教师提供长期、持续、高效的专业化成长途径(黄锐等,2019),有助于发展教师的学科教学知识(Ma et al., 2022)、教学实践能力(Amador et al., 2021),增强教学信念(Griffin et al., 2018),缓解情绪压力(Lang et al., 2020)。

教师学习投入不足、网络研修效果不佳是目前教师网络研修过程中出现的普遍问题。对此，相关学者提出了一定的方法建议。例如张思等人(2020)认为网络研修效果不佳的主要原因在于教师对网络研修课程的重视程度较低，可以通过发布有价值的研修任务，重视对不同感知研修胜任力教师的动机调节策略的培养，帮助提升网络研修社区中教师的学习投入程度，从而促进其专业发展活力。此外，陈鹏和曹丽娜(2022)认为，通过构建教师网络研修的"意愿—条件—行为"作用机制模型，可在智能时代融入技术变革，创新已有的教师学习形式和机制，来支持教师进行自适应、个性化的研修，促进实践场景中理论知识的迁移应用，并提供多元化、针对性、即时性的支持服务。

(二) 实践困境解析

教师专业实践对于激发教师专业活力、助力教师专业发展提质增效具有重要作用，但结合文献以及有关调查发现，教师专业实践过程中依然存在着一些发展中的问题。

1. 组织管理：缺少对各层级机构的深度规划与监督

如上文所述，除校本研修之外，委托第三方机构如地方高校、教师发展机构以及其他中小学实践基地进行的教师研修活动是教师专业实践的主要方式，这些实践机构的运行质量是保障中小学幼儿园教师学习培训质量的关键。当前，我国对各层级教师实践机构的统筹管理越来越重视，教育部对中小学幼儿教师培训工作也出台了相应的课程标准和规范意见，承担实践培训项目的机构在课程设计方面的差异较小，但课程本身能否转化为培训对象的现实经验，则更取决于培训者课程的实施过程与水平。然而目前我国对教师培训质量层面的规划与监督力度不足，在实际操作过程中依然存在着一些问题。首先，对于参与培训的高校在职教师和一线优秀教育工作者来说，他们本身就承担着日常的教学科研工作，培训往往是他们本职工作以外的"附带任务"，一方面他们缺乏充足的时间和精力完全投入到培训工作中(宋岭，2018)，另一方面也不能排除部分机构责任意识淡薄，无法保质保量完成培训(尤妤冠，2017)。其次，各类教师专业实践机构对于教师实践的开展缺少协调与合作。在培训管理上缺少统筹规划，这种分散行为导致培训成本与培训质量大大降低，各层级培训机构的优势资源没有得到充分发挥(宋岭，2018)。

2. 实践内容：与教师实际需求相错位

近年来，教师实践体系尤其是教师专业培训体系的构建越来越重视对一线教师的需求分析，但在实施过程中仍然存在着需求与实践相错位的情况。这种错位主要表现在两个方面：一是简单、静态的训前调查与复杂、动态、境遇性的教师发展事实及实际发展需求相错位；二是千人一面的研修内容与千人千面的教师需求相错位(冯晓英等，2021)。在参与培训过程中，教师除了是教师，同时也是一个学习者，他们是发展中的、独特的、具有独立意义的个体，教师自身所处的地域文化背景、工作环境决定了他们的培训需求和发展诉求。然而现实中国家、省市等地区所设计的实践活动很大程度上传授的是一种普适性知识，这种实践知识与实际需求之间的错位极易导致参与教师的积极性受到挫败，实践的精准性和实效性大大降低，尤其是对于乡村教师来说。一项对参与国培计划的乡村教师的调查发现，52.7%的乡村教师反映培训内容存在"城市化""前沿化"的问题，偏重理论性以及背离农村教师专业发展实际的实践内容让他们难以消化，并且也无法运用到自身的课堂教学中(国建文，赵瞳瞳，2023；王艺娜，2019)。与此同时，现有的教师实践大部分是采用集体授课、集体学习和集体培训的方式，然而一线教师的教学任务繁重，他们参加实践培训的目的也十分明确，更多是弥补自身教学技术、能力与素质上的不足。集体性的实践培训虽然追求了培训本身的高效率，但也忽视了教师个性化学习需求的满足，教师们的参与感、获得感以及实践积极性都会大大降低(马莉，2019)。

3. 实践成效：培训成果难以转化落地

教师专业实践的最终目的是促进教师理论与实践的结合、提升教师专业实践能力。然而调查研究显示，当前我国教师专业实践对教师认知的影响较高，但对于教师实践能力的影响较低(冯晓英等，2021；骆舒寒等，2021)。其主要原因有二：一是科学教师培训评估机制的缺失，二是教师培训跟踪指导的缺失。

首先，是教师培训评估机制的缺失。我国目前大部分地区实施的培训评估工作呈现单一化、片面化、形式化现象。在评估内容上，大部分是针对教师培训机构和培训项目本身的优劣评价，过分看重培训活动本身，而对教师培训前后发展能力的变化则较少体现，忽视了对学习者学习成果的检验(刘建银，2020)；在评估方式上，也往往是依据简单的问卷或者评价工具，采用自评结合即时性评价的方式，缺少对教师发展状况的综合评估和培训结束后的跟踪性评估，导致评价所获得的信息不够客观和全面，对培训效果的揭示并不完整，无法充分反映参训教师接受培训后的实际发展状况（亓俊国等，2020）。其次，教师培训结束后的跟踪指导一直是教师实践项目实施的难点和共性问题，但现实中大多数培训专家和培训机构往往专注于培训前期的课程设计、实施环节，对于后期的跟踪指导较少参与，他们对于培训者来说只是一个"匆匆过客"（宋岭，2018）。因此，参训教师在实践结束后是否能将所学运用到自己的教育教学实践中？在知识迁移过程中又会遇到哪些问题？培训所得的新理念、新方法在实践中的应用效果又如何？这些往往都不得而知。实践机构忽视对培训后的效果评估与跟踪指导，这种虎头蛇尾的实践方式使培训机构无法了解教师参与培训后的收获和不足，与教师需求、教学实际需要脱节，陷入实践效果越来越差的恶性循环中，同时也造成了教育资源的极大浪费。

（三）实践体系发展

根据对教师专业活力实践体系现状以及相关问题的分析，要想充分发挥专业实践对教师活力的促进作用，提升教师专业实践水平，还需要从以下几个方面来采取策略。

1. 加强政策引导，保障实践体系执行效能

加强相关政策的引导作用，是打造高质量教师培训，保障执行效能，激发教师专业活力的关键。首先，加强师资培训机构的建设，进一步明确教师培训机构的定位和作用，在政策上给予支持，使机构建设与新时代的发展相适应（赵丽，钟祖荣，2023）。一方面，需要完善机构建设标准，强调教师培训的专业性。目前的教师实践机构强调综合、开放、灵活，对于教师培训的专业性强调不足，遴选出的承训机构包括师范院校、综合大学在内，在培训方面也未必是高水平的。因此，在机构建设过程中，需要在政策上作出进一步的细化规定，包括机构遴选标准、承训机构的师资队伍建设标准、课程标准、培训质量标准等，以及培训流程的规范化，包括需求调研、能力诊断、跟踪指导，将这些标准进行细化并在制度层面形成政策，更好地落实教师专业实践，促进教师专业化实践目标的实现。另一方面，出台相关政策，加强各级各类实践机构的分工与合作，整合培训资源，构建高校、县级培训机构和中小学上下一致的协同实践机制。在实践过程中挖掘各自优势，发挥高校的专业引领作用，为培训前期的需求调研、课程设计、培训评价等

环节提供专业指导；而中小学作为教师培训的末端组织，应为培训后的跟踪指导提供实践环境和直接反馈，帮助反馈教师培训后在实践过程中的效果及相关问题，是培训扎根实践的基础；县级培训机构则为教师培训实践提供组织服务，是上联高校、下联中小学的区域性资源服务中心。这种协作制度的确立，为促进区域内教师专业实践、激发区域内教师专业活力提供了制度保障。

其次，参训教师积极性的激发对教师实践体系的优化也非常重要。对于教师参与培训的促进制度，日本教师的研修制度对我国的在职教育体系具有很大启发。目前我国实行的是教师资格证证书终身制，这在一定程度上导致了部分教师群体安于现状，缺乏教师专业活力。仿照日本教师的管理制度，我国可以通过取消教师资格证书终身制度，转而实行教师资格更新制来激发教师专业活力成长。一方面，明确规定教师资格证书的有效期，要求在职教师只有参加相关培训并且取得足够学分后，才能获得新的证书，将教师晋升和评优与实践培训挂钩，实行教师资格更新制度；另一方面，促进教师福利制度的发展，实行带薪进修制度和进修加薪制度，激发教师继续学习的动力（房艳梅，2013；高峡，2014）。

最后，保障教师专项经费的落实是促进教师培训质量提高的关键。随着中小学教师专业化实践培训力度的加大，教师培训过程中使用的经费规模也越来越大。因此，为长期发展考虑，确立教师专业培训经费制度，确保政府对教师培训经费的投入及有效使用，对于教师专业实践的发展具有重要作用。

2. 重视教师需求调研，优化实践课程设计

教师需求调研不仅是教师实践项目设计不可或缺的重要环节，也是教师实践主题、内容确立的主要前提，并最终影响整个实践效果。教师的需求调研包含对教师实际发展现状和专业发展需求两方面的分析。要想了解教师的真实需求，一方面，项目设计者与组织者需要进入一线学校、一线课堂，通过体验、参与、观察来帮助他们了解学校、教师和学生的基本情况，体察不同实践背景下教师们在具体真实的情境中对专业实践培训的理解和需求。另一方面，随着信息技术的发展，教师实践项目还可以依托智能建模和大数据等过程性采集技术诊断教师专业发展的不同需求；同时通过记录并分析教师的专业学习数据，追踪挖掘教师专业发展的动态性需求和发展水平。

对教师需求的评估分析能够明确实践内容的设计和实施的方向。在课程设计方面，在充分尊重教师已有教学经验和专业发展需求的基础上，以教师问题为

导向，引导教师将新的教育理念转化成教学实践，解决教学过程中的困惑或冲突，并且吸收有丰富教学经验的基层一线教师参与课程开发，发挥教师在培训中的主体作用。同时，丰富课程资源体系，建立良好的课程共享资源平台，推动线上线下混合式的学习方式，实行教师根据自身需求自主择课，满足教师们的不同需求，形成共享互助的学习实践氛围。

3. 完善评估体系，监督实践成果转化

评估是决定实践质量的重要因素。通过评估，可以清晰地了解教师的学习效果，为下次学习实践活动的开展提供有效参考。建立完善的评估体系，需要构建多维度的评估机制，除了训后简单的满意度调查外，更要注重对教师在专业知识、实践技能、情感维度方面的发展状况评估，以及对教师教学实践改进和学生学习成果方面的影响评估。落实训后的跟踪评估，在培训结束后的一段时间内，深入基层，采用观察法、访谈法、问卷调查法等多种方式，考察教师在参加完培训后回到岗位上的情感变化、能力提升、教学应用变化，对学生的学习成果以及对学校教学组织的影响等。教师的主要职责在于教育培养学生，其专业活力的提升最终需要通过学生发展状况才能得以体现，因此学生的认知、情感、成绩等方面的改变是检验教师实践应用效果的较为直观的指标（亓俊国等，2020）。此外，教师自身所处学校组织的发展变化也是影响教师实际运用所学效果的重要因素。学校运行过程具有相对稳固的实践模式，教师通过培训所获得的变革教学的相关知识、技术在实践应用过程中获得的学校组织支持或者阻碍程度也是影响教师实践的客观因素，也需要纳入教师实践评估的范围内。

除此之外，在评估方法上，可以通过实施教师自评、互评和授课教师他评相结合的评估方式，引导教师们之间积极的经验交流；同时结合训前教师的需求调查，突出对教师的发展性和过程性评估。通过信息化技术手段搜集教师发展的各项数据，掌握教师的专业发展特点以及教学行为，对其在培训前、培训中以及培训后的发展情形进行对比，帮助教师直观了解自身的实际发展状况，切实反映实践效果。

4. 依托智能技术推动发展模式变革

智能时代背景下，新兴技术应用为教师专业发展提供了新的途径，推动教师专业发展模式的变革和发展范式的转变（冯晓英等，2021）。在此背景下，可以通过以下三种发展模式的变革促进教师专业活力。一是基于资源匹配的协同发展模式。通过对教师专业学习诉求的精准诊断与分析，以及优质资源的精准推送，智能技术可以匹配适切的高校专家、教研员、优质教师等(郝建江，郭炯，2023)，利于教师借助新空间的支持，打破时空限制，组建多元主体参与、跨时空、灵活多样的共同体，为专业活力发展汇聚优质的智力资源，开展专家引领、教研员指导、优质教师协助、企业技术人员辅助等多样化的研修。此外，研修时可以利用智能技术开展精准的备授课、教学观察、教学诊断与教学干预(李阳，曾祥翊，2022)，助力教师更好地开展同侪互助、研学。二是基于诊断反馈的自主学习发展模式。大数据等技术的支持，可以实现对教师教学设计、教学过程、学生学业质量等的全方位数据采集与分析，实现对教师专业发展需求的精准诊断，通过开展自主学习研修，满足其个性化发展诉求。三是基于数据驱动的研究性发展模式。教师可以基于技术诊断，开展问题分析、方案设计、实践应用、反思调整的研究性分析，如通过课堂行为分析工具分析诊断教学问题，开展精准反思，进行合理改进。借助技术赋能，通过虚拟课堂开展教学试讲、练习，帮助教师专业发展走向科学化、精准化，促进教师专业活力的迸发与稳定，推动教师向研究性、专家型教师转变，真正实现理论与实践的无边界对话。

二、外部资源赋能

发展资源(developmental assets)指的是一系列能够有效促进个体获得健康发展的相关资源，包括外部资源和内部资源两类(Benson，1998，2003)。堆积假设是发展资源理论的基本假设之一，该假设认为内外部资源的累积程度与个体的发展水平呈显著正相关(常淑敏，张文新，2013；常淑敏等，2017)。发展资源是促进个体成长的积极因子，教师作为社会系统内部的存在，专业活力发展必定离不开教师个体发展资源的累积。因此，本章的第二节与第三节内容将从发展资源的理论视角来探察教师专业活力的实践机制。

外部资源指能够促进个体健康发展的环境特征，又称生态资源(Benson，2002)。外部发展资源使得个体的基本发展需求得到满足，从而促进了其健康发展(Chen，Han，2017)，是教师发展、保持活力的基础。那么从实践中如何促进与维持教师专业活力呢？如何真正提供好教师专业发展所需要的外部资源呢？鉴于此，本节将从外部资源赋能的实践方向，探讨如何通过外部资源的赋能与支持来激发、维持教师专业活力。

(一) 学校组织支持

学校组织环境作为教师日常教学工作最重要的场所，其对教师专业活力有着最直接的影响。研究发现，组织环境与教师发展存在显著的正相关关系（刘婕，2021）。基于社会交换理论的观点，当教师获得来自领导、同事、家人较多的支持时，教师会回报所处环境，提高工作积极性（李兰，方建华，2023），即处于一个积极健康的工作环境中并能够获得稳定的关系支持对于教师发展有着重要影响（肖薇，罗瑾琏，2016），能够缓解工作带来的压力、焦虑、抑郁以及情绪衰竭（Ghasemi，2022；Li & Li，2020；Maas et al.，2021）。反之，如果教师的支持感知不足，则无法维持其职业使命感（李东斌，2021），会降低对工作的满意度，从而影响教师专业活力，甚至使其产生离职倾向（李紫菲等，2021）。总之，教师如果从组织环境中得到足够的支持将有利于教师保持专业活力，促进教师专业发展，且教师的活力、生命力反过来也会影响学校文化、制度和总体氛围。

1. 学校资源支持

教学情境中涉及的设施资源、设备资源、资料资源以及现代信息技术资源等，都已经成为促进教师发展、激发教师活力的重要资源（刘海芳，2019）。学校如果资源缺乏或者资源分配不公都会影响教师对于教育教学工作的热情，影响教师的专业活力（李琼，吴丹丹，2014）。因此，学校要从各个方面提供教师所需要的资源支持。第一，需要优化教学工作环境（李琼等，2014），改善教育基础设施，更新必要的设施、设备，提供丰富的课程、教材资源等（Howard & Johnson，2004），营造良好的教育教学环境以充分保障教师能够全身心地投入教书育人工作。第二，教师专业活力的保持离不开持续的学习与进步，学校要提供专业平台，分阶段、分层次地对教师进行适当培训与指导，如对新入职教师开展定期培训，帮助他们更好地度过角色适应期。同时，也要搭建“走出去”“请进来”的平台，“走出去”指教师到外参与名师教研活动，寻找自我突破，实现专业提升，保持专业活力；“请进来”指邀请专家、名师到校进行专题讲座，打开教师的视野和思路（刘远桥，陈肖娟，2023）。第三，学校要构建恰当的评价体系和激励机制，以发展性的评价体系（张根顺等，2011），突出教师在评价中的主体地位，尊重个体差异，重视教师个人发展潜能的评估，以促进教师专业成长，激发教师活力。此外，学校要根据教师各阶段的发展需求建立健全激励机制。根据马斯洛的需求层次理论，当个体的低层次需求得到满足后，才会去追求更高层次的需求。学校应将物质激励与精神激励结合起来，提高教师福利待遇，保障落实各方面的优待政策，满足教师日益增长的物质需求，同时也不忘从精神上对教师工作给予肯定与认同（包志梅，2017），如强调荣誉激励，建立优秀教师评选制度，对教育教学业绩突出，成果显著的教师予以奖励，营造有利于教师专业发展的激励环境（程诚，2020）。

教师专业活力的激发也不能将目光仅仅局限于改善学校治理结构，或者加大绩效工资改革力度，还应深入关切教师健康，着力提高教师的身心健康水平（赵德成等，2022）。学校要关心教师身体状况，建立健全教师健康检查、促进与干预机制，结合现代医疗手段切实保障教师身体健康，建立个人健康档案，做好教师职业病检查。心理健康与身体健康同样重要，学校要重视教师的心理健康状况，为教师定期开展集体心理辅导以及个体心理咨询，掌握教师的心理健康状况，及时为教师排解压力，疏通积郁。学校可以联合上级教育部门，为教师设立心理咨询室或者心理热线，保证教师的心理健康，对出现心理障碍的教师进行早期干预，对存在严重心理疾病的教师，应加强重视，主动关怀，动员其积极寻求专业人士或者医院的帮助。学校要做好教师减负工作，缓解教师工作压力，探索实施弹性上下班和补充休息制度，优化教学评比考核和督查检查安排。为及时了解教师的意见和建议，各地各校应定期对教师进行问卷调研、座谈访谈等，让教师的诉求和心声得到有效反映，对教师增加人文关怀，为教师安心、静心、舒心从教创造良好环境，从而涵养、焕发与提升教师活力。

2. 学校领导支持

在学校场域中，学校领导是学校管理系统的最高层，担负着整个学校教育工作的重要任务（包志梅，2017），是教师获取资源、支持的重要来源之一（李琼，吴丹丹，2014）。学校领导要清楚地认识到教师是一种特殊的劳动者（刘世丽，2023），要为教师提供必要的组织支持。不少研究表明，当教师感受到来自学校领导的关心与支持时，他们会有更强的组织归属感，更能激发工作积极性（李晓华，2021）。学校领导与教师之间要建立一种民主、平等的人际关系，充分尊重教师的尊严和品格，及时给予必要的支持与鼓励，充分激发教师工作积极性，保持教师专业活力。同时，学校领导与教师间要建立起一种相互信赖的朋友关系，学校各项工作的顺利展开，与学校领导、教师间的配合息息相关，只有配合默契，才能有较高的工作效率，而这离不开学校领导与教师间建立起来的组织信任。良好的信任关系能够缩短教师与领导间的距离，增强教师的工作信心，同时也有利于教师的创新行为，能够提高教师的工作满意度以及专业活力（李琼，吴丹丹，2014；廖宁，2016）。

3. 同事关系支持

同事间合作既是激励教师学习前进的重要力量，也是教师形成职业认同感、保持专业活力的重要路径（刘婕，2021），缺乏同事的社会性支持容易导致教师的情感枯竭与冷漠（Gu & Day，2013）。现实中教师同事间的关系确实存在着各种各样的问题，或因竞争存在戒备与隔阂，或因代际存在疏远与陌生。研究指出，教师间的职场友谊是一种动态而非静态的人际现象，涉及双方信赖、承诺、相互喜欢与共享兴趣和价值观，良好的职场友谊有利于降低工作压力，影响教师的外在表现，使得教师团队的氛围更加和谐（廖宁，2016）。因此，学校要努力营造学习合作共同体（刘婕，2021），促进教师间的合作学习，引导教师间的良性互动。

第一，学校要完善教师评聘制度，保证教师收获与付出相匹配，同时也要完善校内评价标准，改善以往过度注重研究成果等量化项目的评定标准，引入师德师风作为考核标准，突出教师的教学实绩，让教师回归对自身教学的努力和精进，而不是跟同事的竞争与攀比。学校也要给教师创设公平的竞争环境，为教师间良好友谊的建立奠定基础。第二，学校可以以“传、帮、带”的师徒结对（刘远桥，陈肖娟，2023），让新教师快速踏上教学的快速道，熟悉和熟练掌握常规教学事务，也让老教授在与新教师的碰撞中不断提升自己，打破新老教师沟通障碍。第三，以活动开展为依托，为教师们的深度交往提供机会，如教研活动、出游团建等活动，在这个过程中，关注、引导教师之间的沟通交流，不仅可以使教师在与同事交往过程中增长知识、提升能力，也可以使教师放松心情，增强工作幸福感和凝聚力（李兰，方建华，2023）。第四，教师与同事交往中要注意互相尊重、互相信任。既要有对自己正确的评价，也要有对他人全面、客观的评价。总之，教师之间的良好信任关系，对于激发、维持教师专业活力，建设融洽学校氛围尤其重要（李琼，吴丹丹，2014）。

（二）家庭系统支持

教师的家庭支持主要来自学生的家庭以及教师所在家庭。教育教学工作的有效开展以及教师活力的保持离不开学生家长的支持、理解与信任(李琼等,2014)。教师与家长的沟通交流离不开学校的主动作为,学校应扩宽家校合作形式,丰富家校活动内容,促进教师与家长的交流,增强彼此的理解与信任(王双徐,2022)。在教师与家长建立良好关系的基础上,家长应树立正确的教育期望,避免将教师过度圣人化;在面对一些媒体信息时,家长应先与教师进行沟通,主动了解教师,避免主观臆想或误会造成的家校关系紧张。同时,家长应该明确教育责权(张劲博等,2023),不要将所有的教育责任与期望都放在教师身上,要主动参与孩子的教育,与教师共同助力学生的发展进步(王双徐,2022)。家长与教师的双向合作,既共同助力了学生的健康成长,也为教师专业活力的激发与维持注入了能量。

家是教师个体的情感依托(李兰,方建华,2023),教师在教育前线的奋斗离不开家人的支持与理解。家人对教师职业的尊重与认可,能够让教师获得喜悦,激发工作动力、活力(包志梅,2017)。为了让教师更好地投入教育教学工作并保持专业活力,首先,家人要对教师职业保持尊重与理解,教师工作虽然普通但却高尚、富有挑战。其次,家人要多关心教师的身体健康,特别当教师遇到困难与烦恼时,家人要及时给予帮助与鼓励,帮助教师舒缓压力。同时,家人还要对教师工作多一点体谅,教师将大部分精力都放在学校、学生身上,难免会缺失对家人的陪伴,此时家人的体谅对于教师至关重要。长效持续的家庭支持离不开学校以及相关机构的重视与优待,对教师家人的优待一定程度上能够增加其对教师工作的理解与支持。因此,在教师家人保障方面,要保证相关法律法规的与时俱进,措施要落到实处,并加强管理与监督(张恒,2021)。

(三) 社会环境支持

教师专业活力的激发与维持离不开政府机关、组织机构的支持与促进。目前教师队伍建设、教师专业发展仍然存在问题,如面临矛盾性的负重困境。为了让教师真正地减负、切实地为教师提供激励与保障,让教师全身心地投入到教育教学工作中去,社会各方都要行动起来。第一,相关部门要积极响应国家政策号召,建立教师编制动态统筹机制,合理分配教师资源,促进城乡教师流动,实现教育资源均衡配置(程诚,2020)。创新中小学教师用人机制,合法规范地使用劳务派遣、人事代理等编外用人方式,积极吸纳优秀人才加入教师队伍,扩大优质教师资源供给。第二，社会组织要积极参与到学校建设、教师发展中来（包志梅，2017），引进优质校外教育培训资源参与到学校课后服务中来，扩大优质教育资源供给，充分利用公益性资源，创新课后服务提供方式。第三，社会认同理论认为，个体要保持积极的社会认同，必须从主观上去认同他们所在的群体，并将其成员身份内化成自我的一部分。在这个过程中，个体容易受到外界的影响，特别是目前大众传播媒介的快速发展，给很多教师带来了外界的压力（张恒，2021）。因此，大众传媒要加大对教师的正面报道，将“尊师重道”的理念紧密融于促进教师发展的相关建设举措中（高梦解，2021），树立教师的良好形象，提高全社会对于教师的职业认同，为教师群体营造良好的社会舆论氛围。

三、内部资源激活

外部资源指能够促进个体健康发展的一系列外部环境特征，内部资源则代表了个体具有的引导其行为的价值标准、胜任特征和技能等（Benson，2002）。发展资源理论强调内外部资源的共同作用，外部资源对于教师专业活力的激发与维持所提供的能量离不开内部资源的激活。自我决定理论认为环境因素通过个体内部的认知过程而对动机产生影响。个体与环境处在不断交互的过程中，当外部环境能够积极地回应个体内在的心理需求，或与其所处心理状态一致时，个体会有动力做出更为积极的发展与贡献（Berberoglu，2018）。因此，在激发教师专业活力的实践中，通过促进教师内部资源的激活从而更好地与外部资源互动，使内外部资源协同对教师专业活力产生促进的合力。本节从教师的心理需要、心理资本、动机以及专业认同四个角度对实践提出建议与启发。

（一）心理需要满足

教师专业活力能否产生的心理基础在于教师的心理需要是否得到满足，促进这种基本心理需要满足的关键在于教师外在环境对教师具体心理需要的关注、了解与支持。根据自我决定理论，人有三种基本心理需要：“自主性”“归属感”“胜任力”，当人的基本心理需要得到满足时，人就将朝着更加积极的方向发展，而当这些心理需要不能得到满足时，人的发展就将受到阻滞（Ryan & Deci，2000）。同时，人的基本心理需要在环境与个体的互动中起到中介作用，并存在跨文化的普遍性（刘靖东等，2013）。实践证明，教师的基本心理需要满足决定着教师专业发展的水平与可能（王文增等，2020；王晓丽等，2018；杨道宇，米潇，2013），教师是否主动寻求专业知识和专业技能并将其内化为教师自主行为，重要基础在于基本心理需求能否满足。

北京某重点小学校长提出“双主体育人”思想，在以学生发展为中心主体的背景下，将教师教学工作的发展提到与学生发展同等重要的位置上，并积极促进教师自主专业发展。该校提出学校管理者并不是教师的监督者而是“教师发展的促进者”，是服务教师发展的主体；认为教师是直接作用于学生发展的主体，而学校管理者并非直接作用于学生发展。学校管理者只有服务好教师，让教师获得胜任感与成就感才能激活教师专业发展的动力系统。该校积极关注教师的入职后工作、生活体验，通过定期的“校长沙龙”“校长聊天室”等活动紧密把握教师的思想动态、心理需求和工作体验。

山东省某中学提出“让教师享受教育的幸福”的教师专业发展理念，积极关注教师幸福感，促进教师专业成长，为教师打造幸福课堂，引导教师幸福成长。该中学强调教师的三种基本心理需要对教师教育工作的实践和未来专业发展的积极作用，并认为教师积极的心理健康状态是其实现与发展自身价值不可或缺的基础因素。

提升教师的基本心理需求满足感，充分发挥教师的自主性，让教师构建归属感，体验胜任力可以从以下几点入手。一是制定长期专业发展规划，为教师明确未来发展方向。教师的专业发展最终落脚点是教师自主性的自我发展，只有融入了教师自身的目标，才能产生更加持久的专业发展活力与动力。在指导教师制定个人专业发展目标时一定要注重目标设置的合理性，过低或过高都不利于教师专业活力的激发。二是构建教师成长共同体，引导教师团体发展。鼓励教师积极构建与参与学校中各类学习、成长共同体，如“科研能力发展共同体”等，为教师专业发展提供团体支持与组织归属。在教师成长共同体中，教师不仅能够体验作为专业发展学习者的经历，还能够进行身份转换，成为其他教师专业发展的促进者和引领者，从而增强教师专业发展的活力与自信。三是学校管理层以及教学评价管理部门，及时对教师的教学进行评价，及时的反馈是教师感受胜任感的重要途径。

教师职业还蕴含另一个高级心理需求，即教师的成就体验，这种成就体验也是唤醒教师专业活力的重要内在驱动力，且成就体验必须通过教育实践活动激发，即教师成就体验是与教师工作价值紧密联系在一起的。教师只有在教育实践工作中体会到了成就感，才能进一步验证作为教师的专业性和价值性。已有一些学校和教育管理部门在增强教师的成就体验，促进教师专业活力中进行了具体探索。杭州某区教育局自主设立了"新苗奖""红梅奖"等教师教学评价奖项，并通过成立特级教师工作室、名师工作坊、班主任工作室等形式，推动优秀教师引领其他教师实现专业发展，建立"一新两锐"教师培养工程以增强教师的成就感；同时还为广大教师提供全区中小学教师星级评价体系，通过不断优化教师评价体系让教师拥有"连绵不断的成就感"；个性化打造教师的发展通道，促进区域教师专业活力相互激荡、感染，拓宽区域教师队伍人才的成长空间。

激发教师成就动机以促进教师专业活力，总结以往实践经验有以下几点启示。一是要创新校园教育实施生态，优化教师专业思维。一线教师的成就体验来源于教育教学工作的主阵地，优化校园教育的教师创新场域，给予教师更多的"实在感"而非"凭感觉"。二是将教师课堂实践与理论研究相结合，促进教师专业活力。将教师大量课堂教学经验生成为蕴含教师个性化要素的研究课题，教师在将实践转化为理论研究的过程中体验到理论通达的成就感，以进一步促进教师专业活力。具体可以实施市、区级教研员、学科专家驻校指导，相关课题研究领域专家常态化入校指导等举措。三是为教师提供展示平台，增强教师专业自信心。以点带面，挖掘个别教师成就经验，组织基层教师经验分享，带动周围教师专业发展与活力提升。

（二）心理资本激活

心理资本作为能够提高个体竞争优势的教师内部积极心理资源，对于教师工作态度、绩效的影响，得到了组织行为学研究者的关注。工作要求—工作资源模型及心理资本理论认为，心理资本是个体积极的行为、态度等心理能量结合体，作为个体内部重要的工作资源能够提供心理能量，并且在工作要求带来的心理消耗过程中能够缓解消极情绪所引发的不良影响（毛晋平，莫拓宇，2014）。针对教师群体的研究发现，教师心理资本分为任务型心理资本与人际情感型心理资本。拥有较高心理资本水平的教师能够在工作中表现出更加积极的状态，在专业发展中也会展现出更多活力，并对职业发展有积极的期待。同时，教师的心理资本也能够对消极影响因素起到保护作用。有研究表明，人际型心理资本处于高水平时，教师的低成就感显著下降，这说明教师心理资本是教师心理需要满足的保护因素（毛晋平，莫拓宇，2014）。

关于教师心理资本激活的实施方式，已有多所学校以及区域研修中心进行了实践探索。例如，在2022年年底，北京市某区研修中心就以“一线教师应具备科学应对、提升心理资本、实现自我发展的能力”为主题进行了相关研修活动，通过鼓励教师自我调适、自我关怀、自我成长与提升生涯适应力，向教师提供对自身心理资本识别、定位、提升、转化的知识与技能，积极关注教师心理资本对教师专业发展以及其发展成果对学生的促进与激发作用。除了主题讲座的方式，河南省安阳市某小学实施了由区教育局组织的心理健康教育讲师团“以爱润心，温暖成长”三位一体教师心理资本提升活动，研究专家通过系列自我探索团体活动，为一线教师带去了更多发现自身心理资本的可能和发展的机遇。

通过引导教师主动积累心理资本促进教师专业活力的发展，过往实践有如下的经验启发。一是学校和区、市教育管理部门需要积极重视教师贡献以及关注教师的工作满意度和一般幸福感，即对教师提供组织环境上的支持。大量研究表明，组织专业性团体活动等组织支持对工作者的心理资本具有正向的预测作用（王静等，2022）。二是激励教师参与具有挑战性的专业发展工作，从而引起教师内部的激励。根据工作特征模型，工作挑战性等能够体现工作意义的工作特征会使工作者产生内部激励，促进工作者的积极情感体验（Hackman & Oldham，1976）。实证研究也针对这一观点进行了验证，发现具有挑战性的工作能够提升工作者的心理资本（尹小龙等，2012）。三是营造良好的学校氛围，通过提升校长与教育管理者的积极心理资本影响教师的心理资本发展。研究发现心理资本具有感染效应（contagion effect），即组织领导者和成员或成员与成员间的心理资本之间可以相互影响，通过对组织领导者的心理资本进行提升性干预能够同时影响他们的下属员工（Hodges，2010）。定期对学校领导者的心理资本进行积极干预，将有助于提升教师的心理资本以增强教师专业活力。

（三）教师动机激发

动机是决定个体行为的内在动力（叶奕乾等，2010），教师动机是教师进行教育实践活动、推动教师专业发展的重要力量。教师动机可根据工作不同领域细分为入职动机、教学动机、专业发展动机等等。21世纪以来，在职教师的动机及其对教师教学实践、专业发展的影响成为研究热点（董银银，姬会会，2008）。教师动机激励着教师在教育工作中积极发挥个人才干，并直接影响着教师对教学活动的参与性和延续性，也从教师内部为其工作热情和工作活力提供动力。“自上而下”“由外向内”的教师专业发展途径对教师动机激发并没有显著的作用（韩佶颖，尹弘飚，2014），要想激发教师专业活力，实现教师专业发展，就应当立足于教师的生活与工作，将教师的专业发展与教师个人的生涯发展联系在一起，注重教师个性化的动机激发。

在激发教师动机的实践上，一些地区和学校进行了积极探索。武汉市教育部门通过构建奖励体系、完善评教制度、营造人才培养氛围三个方面推动教师动机发展，促进教师专业活力提升。其具体举措为：在奖励体系方面，加强教学成果表彰，对在教学、科研工作中突出的教师开展“教学名师奖”评选，对做出积极探索、创新产生的教学成果进行激励；同时增加评选人数及奖励金额，提高教师的酬劳，巩固教学在教育发展中的基础地位；在评教机制方面，从教学工作考核评价与绩效激励等多角度入手，兼顾教学“质”和“量”；在人才培养氛围方面，坚持“以人为本”的理念，广泛宣传优秀教师专业发展心路历程，以先进教师典型事例鼓励其他教师，营造良好的教学氛围。

（四）专业认同提升

教师专业认同，决定了教师是否将追求自我专业发展作为自己职业生涯规划的重要基调（曹茂甲，姜华，2021）。激发教师专业认同分为三个强化层次：对教师专业认同意识的激发、对教师专业认同情感的培养和对教师专业认同行为的落实（李彦花，2009）。从这三个层面出发，可以探索增强教师专业认同以引领教师专业活力提升的实践路径。一是为教师提供反思教育行为的空间，引导教师建构对自身专业身份角色的自我认知。要将教师专业认同意识的觉醒放在首位，积极关注教师的工作体验与意义的构建，通过让教师获得专业认同意识和专业认同感受，赋能教师专业活力与发展。二是将教师专业认同的情感纳入日常教师培养，促进教师的专业发展活力。这种情感表现为教师形成专业认同时产生的情绪体验和内心感受，会对自己从事的教育事业产生更加积极的态度，能够为教师专业发展提供更多的牵引，使教师能够不懈地追求教育理想，以更加自主的姿态投入教学工作,并从中获得精神层面的满足。三是要将教师的专业认同行为融入教师专业实践行为中,为教师主动寻求专业发展提供深层次的指引和导向。总之,教师的专业认同需要长期教学实践的修正与完善,只有关注教师当下的专业发展,加强对其的指导与支持,才能通过增强教师专业认同进一步提升教师专业活力。

第九章
教师专业活力研究前瞻

本章提出未来三个方面的研究设想。在“活力感染初探”一节中，从师生间的专业活力和学业活力感染的角度，探究教师与教师间、教师与学生间活力的传递与互相影响的机制，基于社会认知理论、情绪感染理论和动机感染理论提出了活力感染的理论模型。继而，聚焦学校办学活力不足的现实问题，在“学校活力畅想”一节中提出和界定学校活力的概念，对学校活力的研究文献进行综述，基于发展资源理论和学校变革理论提出教师专业活力和学校活力之间的关系模型，并从教师主体和学校变革管理方面提出对策建议。提升教师专业活力，固然需要在职期间的内外部资源发挥作用，职前培养也非常重要，未来教师在师范院校读书期间就充满活力，带着活力走上教师岗位甚至具有源头性作用。因此本章节最后以“职前培养展望”为主题，初步提出了在职前培养阶段把专业活力作为重要培养内容的构想，通过能力培养、情感参与和体系建设厚积师范生的成长思维和专业活力。

一、活力感染初探

长期以来，人们在研究影响教师专业活力的因素方面着重考虑了教师自身的个体因素，如个人健康、生活压力、工作满意度、职业期望、从教意愿、职业认同等(赵德成等，2022)，而忽略了影响教师专业活力的特定情境因素，如课堂情境中学生及其活力对教师活力的影响，教研活动中其他教师专业活力对教师活力的影响。实际上，教师专业活力的产生和发展大部分都是在学校情境中师生、师师互动的背景下发生的，教师专业活力与学生的学业活力、同事的专业活力之间有着密切联系。有研究发现，教师在工作中越受到领导、同事和学生的尊重，关系越融洽，其创新活力也越强（张蓓，2014）。同时课堂情境中教师的言语行为、非言语行为和情绪信息等与学生的学业活动有直接的关系，如教师的努力度、自信心、愉悦感，微笑、手势、轻松的体态和清晰的声音等（Hsu，2010）。由此可以推论，教师对师生、师师互动中与教师活力相关的情绪和行为等线索的社会认知成为影响其专业活力的一个重要因素。本节将从社会认知的角度，以教育情境中社会感染模型的相关研究为基础，整合各个模型的特征，深入分析活力感染的发生机制，最后就促进活力感染的策略展开探讨，这对加强教师队伍建设，激发教师队伍活力，让教师找到从教的幸福感、满足感、荣誉感具有重要价值。

感染原指一个人的疾病能够较快地传递给他人的现象，后被应用到心理学领域中。心理学的“感染”包含无意识和有意识的两种认知传递过程，其中无意识感染过程强调自动性、自发性认知，有意识感染过程强调认知调节。在社会关系网络中，个体感受到并非孤独，而是群体中的一部分（郭媛媛，2017），其思想、行为和情绪等反应会因为成员间的相互感染的作用而趋向一致，即社会感染（Chancellor，2017）。而后，随着对感染的研究逐渐深入，研究者将社会感染根据情感、目标、动机等从A人（发起者）到B人（接受者）的传播，进一步细化到情绪感染（William，2016）、目标感染（王爱娟，2009）、动机感染（常涛，2019）等各种感染形式。研究者进而探讨了不同维度的情绪、目标、动机在不同主体间传递与感染的现象，如领导者的积极、消极情绪对员工情绪的感染，运动员间合作与竞争目标的感染，领导与员工创新动机的感染，教师对学生的内部动机感染，同事间的成就动机感染等。由此可推测教师专业活力与学生学业活力、教师间专业活力能够相互影响。在学校教育中的表现是，情绪饱满、拥有专业活力的教师，在教学过程中表现出激情；对学生产生活力感染，使得学生在认知上充满灵活性和创造性，表达上充满主动性，行为上充满积极性；对同事产生活力感染，使得教师更具有创造力，相互支持，碰撞出更多创新思维。充满活力的教师间、师生间彼此交流互动使学校出现思想、情感、行为上的动态变化，进而产生充满生机活力的校园氛围。

综合已有研究，本书将活力感染定义为一种社会互动的影响过程，指行动者双方在互动中，通过各自活力所激发的线索信息的社会认知来实现彼此的活力传递与实现，包含无意识感染过程和有意识感染过程。从目前文献看，从人际角度看教师间与师生间活力感染的研究鲜见。教育情境下，教师专业活力与学生学业活力水平之间是否存在关联？教师专业活力是否在彼此之间存在相互感染？因此，本书从教师与教师、教师与学生活力的双向互动切入，引入活力感染概念，探究教师与教师间、教师与学生间活力的传递与互相影响的机制。

（一）师生活力感染

1. 教师专业活力与学生学业活力的关系

已有研究表明，教师的教学风格和个人品质对学生活力有显著影响，其中教师个人热情和支持信任态度是正向激发学生课堂活力的主要因素（Patrick etc.，2000）。民主、平等、和谐、灵动的师生关系有利于调动学生活力（刘建良，翟启明，2009）。根据群体感染理论，个体因受到某种暗示自发地将某种观点或意识在群体中的传播，是通过语言和行为引起别人相同思想和行为发生的（宋劲松，2017）。在教育环境中，教师活力所激发的言语、行为和情绪等线索信息对学生学业活力的激发有直接影响，并可以促进学生积极跟进教师的思路。学生在师生互动中通过对教师活力所激发的线索信息的社会认知来实现与教师的活力感染。此外，在这个过程中，学生表现出的学业活力也会激发教师的专业活力，其强烈的求知欲，会触发教师倾囊而授的愿望。换句话说，教师的专业活力与学生的学业活力之间存在一个互相传递、互相影响的过程。

师生间的这种活力感染具有非常重要的意义。活力作为个体在与他人进行互动时产生的积极情感反应（Shirom，2007），可以有效地提高工作效率（Binyamin，2018）。当个体在经历高品质的人际关系时，他们展示出较高的工作活力水平，而这个活力水平会使他们在工作任务中有良好表现，对工作有更高投入，进而提高他们的工作绩效。教师的专业活力与其具有相似性：教师具有充沛的精力，能够全身心地投入工作，更好地完成教学任务，使得学生也充满活力，更能够完成其学习任务；活力水平高的教师认知较为活跃，在教学工作中遇到问题时能够多元思考，积极应对问题，而受活力感染的学生处理学习问题也更加积极；活力水平高的教师，拥有较高的情绪智力，会合理控制和表达自己的情绪，从而积极影响学生的学习情绪，提高学习的动机与成绩。总之，教师传递给学生的这种活力，无论是自然产生还是诱发产生的活力状态都对问题解决有促进性影响。

2. 教师与教师专业活力间的关系

基于资源保护理论，同事关系对教师来说是一种积极的关系资源，同事间的教研支持对教师而言是实际支持，而心理支持则是一种情感支持，都有助于教师产生高水平活力。这些积极的支持及互动之所以能够发生在教师之中，是因为在教师间高质量的人际互动和价值资源交换中，移情聆听和关注及相互学习不仅能够增强彼此的自信和自尊，让双方拥有积极的情绪能量，而且能够提高彼此的认知活力(Cameron et al., 2016)。对于教师来说，良好的人际关系可以带来更多的研究机会(Fox, 2010)，激发更多的创新思维或跨学科方法(Lewis, 2012)，增强归属感(Núñez, 2015)。不少研究也认为，教职员工与同事之间的关系与专业活力有关(Ponjuan, 2011)。

根据上述分析，教师彼此间提供教学支持、研究支持、社会心理支持和角色榜样，从知识、技能、心理等方面互相支持，将有助于提高教研士气和工作绩效。且高质量的工作关系能够产生积极的社会支持并增强彼此协同互动(Bakker, 2009)。因此，工作一段时间后，教师间紧密的交往和互动，使得教师之间的情感能够相互影响。人们影响彼此情感状态的方式包括情绪联动(Totterdell, 2004)、情绪感染(Neumann, 2000)、情绪交叉和溢出(Song, 2008)等，而活力包括了情绪成分(因为活力是以个体工作情境为背景的)，但比瞬时情绪持续时间长，往往能够持续数天甚至数个星期(Shirom, 2003)。因此，我们推知教师专业活力会因彼此相互交往支持而出现活力感染现象，且持续较长的时间。

教师间的这种活力感染同样具有非常重要的意义。根据积极情绪扩展建构理论，积极情绪属于思维-行动范畴，会促进特定活动上思考或行动的冲动(Fredrickson, 2002)，也就表明活力能促进积极行为的产生。研究发现，当员工在工作中与同事建立起良好的人际关系时，会表现出更高的活力，并产生行动动机，从而全力投入工作，进而提升创新绩效(Carmeli et al., 2009)。教师工作活力与影响绩效的某些行为有关，包括创造力提升、更有效的决策，以及与工作相关的亲社会行为。工作中充满活力的教师有足够精力帮助他人、维护组织、提供建议和传递善意。这样的教师是具有持续内生力、创新力、建设力和适应力的。

3. 研究意义

1) 理论意义

本书基于活力感染的视角，研究教师间和师生间活力感染对教师专业发展的影响，可以为教师专业活力的研究提供一个新的理论视角，拓展教师专业活力的研究领域、深化教师专业活力的研究、丰富教师专业活力研究的理论成果，有利于理论研究走向多元化。教师间和师生间活力感染的研究是教育理论研究尚未探讨的新领域，具有现实基础和学术价值。

2）实践意义

首先，研究师生活力感染，有利于转变教师教育观念，促进教师专业成长。活力感染模型要求教师转变教育观念，重新审视教学过程中的教师间、师生间关系，基于教学相长、教研相长、教教相长的理念，不断改进教学策略，作出相应的调整。理念上的更新势必会带来行动上的调整，行动调整也会相应地促进教师专业素质的提高。本书对于教师教育理念的更新和专业技能的发展有着一定促进作用。

其次，活力感染模型的建构有益于激发学生内在潜能，提高课堂学习效果。传统课堂教学存在着诸多弊端，在调动学生上课积极性和主动性的过程中显得心有余而力不足。活力感染强调师生间的有效互动，能够极大激发学生学习的内在动力，在充满生命活力的教学中，更好地激发学生的潜能，使学生在积极参与中实现学科核心素养的提升。

最后，经由教师-教师的活力感染路径，帮助教师更好地感知他人的专业活力，有助于达成共同教育的愿望，减少育人中人际磨合成本，提供团队凝聚力提升的新思路。

（二）活力感染理论

1. 相关理论评述

1）社会认知理论

社会认知理论认为个体行为是个体与周围环境之间相互作用的结果，强调活动过程中认知和动机因素以及认知调节能力对思想和行为的影响，包括三元双向决定理论、观察-学习理论、自我效能理论，并强调过程中自我调节的作用。三元双向决定理论认为，认知、环境和行为这 3 类因素互为因果、彼此联系(Thyer & Myers，1998)。换言之，个体可以通过对环境的认知加工来影响自己的思想和行为。该过程不是知觉者单向认知的过程，而是一个知觉者与被知觉者互动、相互影响的过程(刘智强，2015)。根据社会认知理论，观察学习是个体形成思想和行为的主要方法(Thyer & Myers, 1998),个体通过观察榜样在一定情景中的行为及其后果,并将其应用于自己所处的情景中,这并不是简单的行为重复过程,其动机和行为受自身的主动调节控制,而不是被动地接受内、外部环境的调控(Kuiper, 2004)。

总之,社会认知理论强调认知因素、能动性和自我调节在动机过程中的重要作用(胡晓娣,2011)。有研究进一步指出,社会认知过程既是一个外显的过程,又是一个内隐的过程(崔诣晨,2008)。外显的认知过程重视个体意识的作用,内隐的认知过程强调个体的无意识成分,即个体很难通过自省觉察到,内隐的过程是自动发生的,难以控制(邵志芳,2009)。换言之,人们对周围环境的社会认知加工既存在无意识的自动加工过程,又存在有意识的控制加工过程。由此推论,可以将社会认知理论应用到本研究中,探讨活力感染发生机制。

2) 情绪感染理论

情绪感染是一个人或群体以情绪展示来影响另一个人或群体的过程(Schoenewolf, 1990),是个体主动模仿他人的语言、声音、动作等信息,并实现情绪相互传递和同化(刘晓峰,2015;Vijayalakshmi & Bhattacharyya, 2012)。这一现象发生在个体之间,也发生在群体中。Barsade(2002)通过实验模拟团队会议的情景,发现群体中存在一种涟漪效应使情绪在群体中传递,证明了群体情绪感染的存在,以及群体情绪感染对群体中的个体及整个群体的行为态度均有影响。在研究面对面的群体互动时,研究者们用群体情绪感染解释群体情绪的产生(Parkinson, 2020)。在群体互动中,个体情绪既是群体情绪的原因,也是群体情绪的结果(Hareli et al., 2008)。具体来说,群体情绪感染可以表现为一对多感染,也可以表现为多对一感染。情绪发送者在群体中表现情绪,被群体中的其他人接收,接收者再次将情绪感染传递发送者,形成情绪循环(Hareli et al., 2008)。群体成员在情绪循环中实现群体情绪趋同,情绪也在循环中得到强化(Zheng et al., 2020)。

关于情绪感染的作用机制,目前最具影响力和说服力的是模仿-反馈机制和社会比较机制。模仿-反馈机制侧重于从行为角度解释情绪感染,认为情绪感染发生过程包括两方面:一是在与人接触中个体倾向于自动模仿、同步他人的反应,二是通过行为的模仿,个体的主观情绪受到影响。社会比较机制认为人们有自我评价和自我认识的内驱力,当人们无法通过自身条件去了解自己时,就会转向与其他人进行对比从而获得明确的自我评价，产生趋同效应或对比效应，人们也正是通过这种社会比较，实现社会化。本书中的活力作为一种积极情感反应，其内在机制也与情绪感染有相似之处。

3）动机感染理论

动机感染是社会感染领域新近出现的一个概念，在现实生活中，个体很难直接得知他人的动机，往往是通过观察他人的线索信息，如行为、情绪信息，进行动机的推理与追求。因此，动机感染被定义为个体在观察他人身边的线索信息的基础上，进行动机推理和追求，最后形成一致的动机过程（Burgess，2018）。

有关动机感染的机制，存在有意识和无意识两条基本路径。第一条路径是无意识的目标感染过程，目标感染（goal contagion）是指个体自动地采纳和追寻感知到的他人所努力的目标（Aarts，Gollwitzer，& Hassin，2004）。该理论从个体知觉他人行为、情绪等社会信息的视角，去理解人的目标追求，进而揭示动机的发生过程。其基本的两个假设是：第一，假定人们会从他人的行为信息中对其目标进行无意识的自动推理；第二，假定被推理的目标能被知觉者自动付诸自己的行动之中（Aarts，Dijksterhuis，& Dik，2008）。Aarts 和 Hassin（2005）认为，人类作为社会性动物，有一套高度复杂的知觉-认知（perceptual-cognitive）系统，这套系统使我们可以从他人的行为和情绪中获得有关动机和目标的丰富信息。感知到的行为线索解释了主要的动机-目标定向行为，更容易让人理解特定动机的目标取向（Dik & Aarts，2007）。通过观察他人的肢体动作、说话的方式和目标发生的背景，个体会对他人的行为进行自动的因果推理，进而直接影响其行为。当与教师动机相关的行为、情绪和情境等线索信息进入学生的社会认知加工过程时，就会产生自动的目标推理，进而发生目标感染现象。在目标感染中，学生不需要通过意识的努力去注意线索信息，因此是一个无意识的自动信息加工过程。

第二条路径是一个有意识的自我决定过程。Forgas 等（2005）认为，动机机制中存在一个有意识过程，其重要表现是包含调节的过程。在自我决定理论中，个体动机从无动机到外部动机，再到内部动机，对应无调节、外部调节、内摄调节、认同调节、整合调节和内部调节这样一个连续的调节过程（Deci & Ryan，2000）。一定的动机定向之所以能够从教师传递到学生，其中一个重要方面在于学生意识到自己的基本心理需要是否得到满足，这是一个不断进行自我调节的过程。学生感知自己所处的课堂社会情境，并对相关线索信息进行判断和推理，结合自己的心理需要和动机倾向，最后在学习上表现出一定的行为特征（柴晓运，2011）。

通过对现有研究的梳理，师生间的动机感染存在有意识与无意识两种认知加工过程。具体而言，当与教师动机相关的行为、情绪和情境等线索信息进入学生的社会认知时，一方面，学生无需刻意去注意这些线索信息就能进行自动的目标推理，实现教师对学生无意识的动机感染；另一方面，学生还会依据所处的课堂情境，在对这些线索信息进行加工理解后，识别线索信息是否符合自主、能力、关系的心理需要，进而选择遵循与否，从而实现教师对学生有意识的动机感染。我们认为活力的传递和发生与动机的传递有异曲同工之处。

2. 关于活力感染的推论

基于社会认知理论可知，教师和学生可以通过对周围环境的感知来调节自身动机和行为。教师与学生互为组织环境中重要的组成部分，彼此影响。当教师较多地表现出积极行为时，其学生就会有强烈的动机去感知、学习并模仿教师的思维方式和行事风格。榜样学习并不是单向模仿，而是需要在榜样和学习者双方思想和行为的互动中进行。当教师主动营造积极向上的有活力的氛围，建立平等、互信的师生关系时，学生愿意花费更多的精力和时间观察老师的行为，学习老师的行为方式。当老师具有强烈的专业活力时，会对学生有正向推动，促使学生勇于思考，而不会拘泥于固有的思维和模式中。学生感知和体验到的积极环境，决定着他们会形成什么样的学习活力，激发出什么样的学习行为。同理，如果学生学业活力强烈，希望发展，会创造出更有活力、积极向上的班级氛围，学生学业活力充足便会积极主动地与教师交往沟通，也会促进教师的专业活力。

除了学生学业活力与教师专业活力相互感染外，教师彼此在工作上经常进行互动，协作完成创新工作。互动过程中，彼此均会有意或无意地相互认知、影响，实现意识与活力传递。当教师拥有越多与工作有关的资源时，其专业活力就会越强。高质量的人际互动和价值资源交换也更容易增加教师的自信，为他们带来更多的情绪能量。

依据情绪、动机感染的机理可以推论，当教师与学生具有活力时，就会激发出活力思维，由活力行为和语言等信息形成情景线索，并由此形成教师（学生）层面与组织层面的活力环境，教师和学生通过对环境的判断，形成或改变其活力。

组织环境中教师活力与学生学业活力互相传递、互相影响的过程包含有意识感染过程和无意识感染过程。在有意识活力感染的过程中，学生通过感知教师专业活力的线索信息，进行自我调节，结合自己的活力倾向，自我决定是否形成学业活力；在无意识活力感染的过程中，学生不需要通过意识的努力去关注教师专业活力的线索信息就能自动地进行因果推理，进而形成自身的活力。具体活力感染理论模型图见图 9-1。

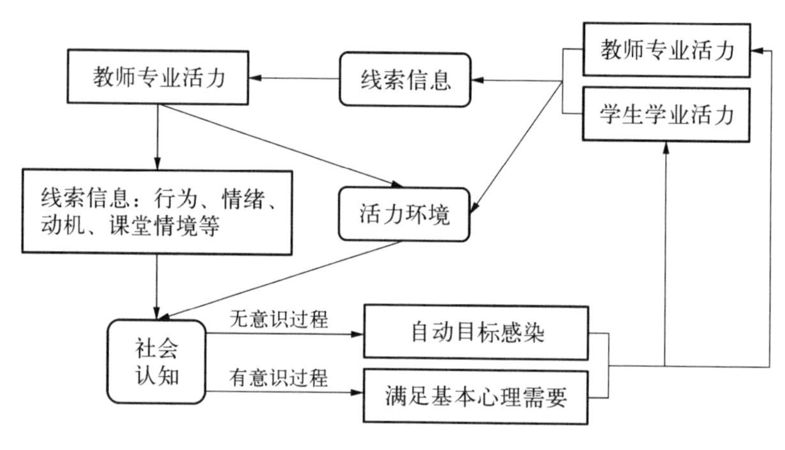

图 9-1 活力感染理论模型图

（三）活力感染促进

1. 优化教学主体，以有效性举措激发师生活力

课堂是否富有活力，首先依托于教师的教学实施行为，需要其具备科学的教育理念和过硬的专业素养，并采用有效的举措构建师生学习共同体，发挥教师专业活力的示范引领的作用，实现学生活力的唤醒与生成。

1）转变教育教学理念，构建师生学习共同体

教育教学理念是教育主体在教学实践及其反思中形成的对“教育应然”的理性感知和主观认识，是教学实施过程的内在指导。传统教学理念的流弊在师生关系上表现为师生分离，它立足于教师行为的技术操作来控制学生的学习活动，学生在知识和教师的双重控制下，丧失了课堂的自主性和交互性，师生学习共同体和课堂活力在师道权威中消失隐匿。由此需要教师在教学理念上做相应调整，重建师生学习共同体，以学生为主体，通过教师的智慧处理和灵活调试实现

学生多维立体的知识建构，使得课堂充满生机。

2）提升教师专业素养，对学生形成示范效应

教育者的专业素养体系是涵盖思想政治素质、理论知识素养、教育专业技能、师德师风品质乃至心理认知水平等在内的综合系统。完善教师素质体系，提升教师专业素养是上好课的关键所在，也在影响着活力课堂建构的深度和广度。这要求教师寻求素养体系与课堂教学的平衡一体，在专业素养的不断提升中增进引领作用，以"身正为范"的榜样力量提高课堂的吸引力，从而有效增进课堂活力。通过师生认知、情感、思维等的多向交互活动，打造促进学生发展、实现素养目标的动态、高效而愉悦的课堂。

3）充分利用学生学业活力，发挥双向感染作用

本书认为，教师-学生的活力感染是双向感染机制，教学实践中，不仅要关注教师对学生的影响，更要重视学生对教师的影响。学生学业活力对教师专业活力的推动和影响是对目前教师对学生单向影响关系的补充。因此实践中，不仅教师需要发挥榜样的作用，从上而下发自内心地带动学生活力，学生也不能被动等待指令，应该更加积极主动地参与到学习中。学生积极的活力态度和动机能够激发教师的专业活力，形成其对学习的支持。

2. 营造良好氛围，形成良性活力循环系统

提升教师活力要营造尊重个体、激励成长的教育氛围。以生为本的价值引领，体现在学校贯彻执行的以培养"德智体美劳全面发展的人"的育人目标之上，体现在学校始终基于学生立场组织各项学校工作之中。创造能够自由表达不同观点的环境，让教师与学生能够感受到学校对于学习的支持。

传统的"自上而下"式学校管理模式已不适应当下活力教师成长、优质学校发展的综合需求，现代学校民主协作的运行秩序亟待建立。每位教师都是学校发展的设计师，学校只有把未来的建设权交到教师手上，让教师能够深度参与其中，教师才能充满活力、更加积极地完成教育教学工作。从教育生态学的角度来看，学校处在开放的教育生态系统中，教师在其中既是重要个体，又是重要的组成因子，成长环境对教师活力有重要影响。学校需要构建一个适宜教师发展的氛围（王爽，2021）。

3. 加强人际和谐，以促进教师群体活力感染

每一位教师都是一个能量站，好的学校管理注重为教师充分"赋权"，并形成

“权责利”的统一。当教师在专业发展、自主提升等方面掌握更多的自主权时，就更能激发他们的活力与干劲。教师个体可以基于自身需求进行培训方式、内容等的自主规划与选择，同时充分发挥教师独立个性的特征，激励教师产生更有利于学校发展的行为。

教师的专业自觉需要不断寻求适当的参照物，成为教师的榜样，为他们树立前进的标杆，让教师可以“学有标杆，赶有榜样”。因此，教师共同体可以让教师与同事在合作中竞争，在竞争中合作，为教师明确工作基准，助力教师明确目标，更好地寻求进步的空间。当面对共同的问题，教师们携手共进，以带动、促进教师群体共同发展为目标开展各项活动，携手共同开展跨学科、跨学段的探究式学习，形成教师发展共同体，从不同视角挖掘教学资源、提升教研品质，从而达到教学相长、教研相长、教教相长的目的。

二、学校活力畅想

在教育实践活动中，常见一些学校沉闷乏味、管理僵化，教师积极性难以调动、职业倦怠加重，学生不喜欢学校、不喜欢课堂等现象。由此，激发学校活力，释放学校的办学活力和广大师生的教育教学及学习活力，是当前和今后教育改革、学校变革所要认真思考的现实问题。

（一）教育活力与学校活力

教育活力是反映教育系统总体健康状况的一个指标，是指教育系统或组织在一定社会和历史背景下按照系统或组织特性运行时所表现出来的生命力、适应性及可持续发展状态和能力（石中英，2017）。生命力是人的生命状态，适应性是应对变化时的主动性、积极性和创造性，可持续发展是对未来发展的支持度。一个有活力的教育系统一定是充满生命活力、对内外环境变化高度敏感，且能做出及时合理反应，面对未来能够可持续发展的教育系统。教育活力是宏观的教育体制机制的活力，而“办学活力”或“学校活力”指的是学校组织的活力、学校内部的活力，主要包括校长活力、教师活力以及学生的活力。根据教育活力的概念，可以将学校活力概括为自主性、适应性、开放性、创新性四个维度。其中，自主性是首要的维度，也是根本的指标。

当学校中的一切制度、关系、资源配置等都在不断增强和实现人的活动的自由自觉时，人的活力才能得到不断提升。反之，一个学校之中，只有当校长、教师和学生的活力都被激发出来，并且最终表现为学生积极的、自主的和可持续的学习与发展状态及成果的时候，这个学校才是真正充满活力的学校。学校活力主要来自三个方面：一是学校明确并追求自身的内在目的；二是学校活动，如教学、育人服务、管理等方面能够较好地反映教育活动的本质要求和教育规律；三是学校组织能忠实地履行自己的职责，为实现自身的发展目的创造适宜且充分的条件。一所学校，如果能做到这三方面，那么，它就是有活力的，欣欣向荣的；反之，则是缺乏活力，或者是活力不足的。

（二）学校活力研究进展

以中小学为对象的活力研究始于 Strommen（1980），他把学校中促进或阻碍变革的组织因素整理为"学校活力的八个因素"。第一，对变革必要性的认识。在学校活力的重要因素中，教职员感到变革的必要性是首要的。如果组织在成员感觉不到需要的情况下进行变革，就会失败。第二，对变革的抵抗。即使组织中只出现少数对变革的抵抗，也有可能会导致变革失败，需要管理好这种抵抗的力量。第三，对组织价值的认识。只有教职员赞同学校的任务和目标，学校才会有活力。第四，信息的沟通。信息通过事先准备好的个人之间的沟通渠道传播。第五，执行能力。如果执行能力不足，变革性的想法也会成为无用之物。执行能力包括可用的职员、财政手段、克服抵抗或引导奉献的方法和"可以做"的集体态度。第六，推进创新的时机。有提出新想法的适当时机，关键是预测变革的最佳时机。第七，推进创新的氛围。每个组织都有一种特别的氛围，让人采取行动或终止行动。第八，对成果的认知。重要的是评价成果，并反映在下一个过程中。他认为学校要想持续维持，就必须具有学校的活力，并以"变革"的概念解释了活力的核心属性，强调了"沟通"、主导变革的氛围和克服对变革的抵抗等要素。

一个有活力的学校是一个能够通过持久改进、足够支持和资源、长期发展的能力以及适应不断变化情况的支持性环境，来保持其作为一个教育机构的有效性的学校（Blankstein，2004）。Hobbie 等（2010）综述了教育背景、学术重视、教师正念和集体效能等对学校活力的影响。其研究中测量学校活力的 33 个项目的工具是由三种不同工具量表组成的，通过组织健康量表中的两个因素来衡量教师的教育背景（8个项目）和强调学术（6个项目），学校活力的学校组织特征采用教师正念量表（Hoy & Miskel，2004）的7个项目来衡量，学校活力的教师效能特征采用集体效能量表（Goddard，2002）的12个项目进行测量。这些调查项目的重点包括：教师与教师之间、教师与学校和学生之间的关系，对学业和学生学习动机的重视程度，教师在面对挑战和改变时坚持的能力，对知识的依赖程度，教师对自己成功的信心，以及社区和家庭资产。

Carr等（2005）在《创造有活力的学校——建立帮带、指导、协作制度》一书中，展现了美国佛蒙特州学校"人人乐学、人人会学"的校园文化，提倡学校教师既是教育者又是学习者，是通过组成学习小组，互相合作、共同研究和改进教学方式实现的，从而激发学生的活力促进学生学习。这种充满活力的专业学习共同体的建构，为教育领导者、学校校长以及基层管理人员实施学校变革、实现学校发展提供了参考性经验。他们还总结了一些学校拥抱变革和改进的关键功能：① 建立和管理有效的学习小组，反思当前的学校实践和调查新的方法；② 发展和支持帮带关系，促进整个教职工的专业发展；③ 设计和管理指导计划，最大限度地发挥资深教师和初任教师的才能和资源；④ 促进和维持共同的领导力，使每个人都专注于共同商定的目标。了解这些职能如何结合在一起，形成一个致力于持续改进循环的学习社区。

石中英（2017）认为学校活力包括理念、制度、活动、评价环境等方面，由此将学校活力具体概括为以下五个方面：第一，具有明确的办学理念。办学理念即办学的定位和目标。唯有明确办学理念，才会形成校长、师生、家长的共识和合力，这是学校活力得以自然释放的根基；第二，具有胜任力的师资。一个学校中校长和教师的胜任力是激发学校活力的关键所在，教师的胜任力主要包括岗位或职业认同力、育德树人力、教学执行力、学习研究力、协作沟通力，可以通过专项校本培训、聘请名师进行培训、胜任力考核等实现；第三，具有创造性的学校管理制度。处于创造性氛围之下的教师和学生会自然生长出创新能力，这又会反哺学校活力；第四，具有开放性的活动。学校活力通过主题性、开放性活动以释放和反馈学校活力的成效；第五，具有生活性的课程体系。课程要密切围绕"培养什么样的人"进行设置，融入社会教育，如进行研学旅行，让学生走出学校，将所学知识与生活结合，激发学生的学习热情与活力。

(三) 关系模型建构

学校活力是促进学校不断发展的内动力，反过来，高学校活力也是学校成功的必然表现。学校活力包括两方面的含义，一方面是学校知道何时需要进行变革，另一方面是学校提供力量来应对变革，而创新性和自主性则是激发学校活力的重要途径。对当下大量学校活力不足与少数学校活力充足的案例进行分析对比，不难发现校长的专业见识、能力发挥的作用越来越显著，越来越关键，越来越显得必要。校长们也指出，教师的专业成长问题、学校的活力激发问题、课堂的教学质量问题，都不是简单的教师问题、学生问题或是课堂问题，而恰恰都是学校组织自身的问题，那就亟需用系统变革再造组织活力。学校的组织活力，一定程度上又体现了其组织变革的能力。而教师是任何学校变革的基本实施者和全面推动变革的力量，教师的变革行为直接决定了变革的成败。Hargreaves 和 Fulan(2012)都曾强调，要关注教师对变革的价值和积极影响，解决教师问题就解决了学校变革的主要问题；叶澜教授(2016)更径直指出，转型性变革，必须读懂教师，“读不懂教师，不改变教师，则一切都是空话”。

教师活力是学校变革可行性的一个重要维度(Margolis & Nagel, 2006)。贺诚等(2023)有关学校变革改进的个案研究提出了激发学校活力的基本框架，主要通过强化学校办学自主性、开放性和创新性，提升教师职业胜任力和认同感等方式刺激学校活力。其中，政府的支持、校长的领导力、学校文化、教师专业发展、家长和学生的投入发挥着关键的动力作用。

Seligman(2011)具体阐释了“让生命充满活力”的 5 个因素(PERMA)，分别是积极情绪、投入、人际关系、意义和目的、成就感。这对于教师专业活力的激发和培养同样具有重要启示。宋洪波等(2015)又在以往研究基础上提出了活力典型的三个成分：能量、警醒和生机，并将活力的影响因素归纳为动、静和内外部因素三个方面，还综述了当前的活力影响因素研究热点，“动”主要为体育锻炼，“静”的因素如冥想，外部因素主要是外在物理环境，内部因素主要指人际环境等方面。此外，旺盛感的一个重要指标是活力，Porath 等(2008)关于旺盛感影响机制的研究发现，良好的组织氛围(如信任、尊重等)、组织对员工绩效的反馈、赋权员工自主决策、组织间信息的沟通与共享能够解释 42%的旺盛感变异。基本心理需求满足的三个成分，即自主需求满足、归属需求满足和胜任需求满足不仅可以解释54%的旺盛感变异，还能显著预测活力。这可以利用由自我决定理论发展而来的能量活力模型进行解释，该模型认为自我能量的可用性取决于人的主观活力，基本心理需求的满足会增加主观活力，使得能量得以维持或增强，而基本心理需求缺失会阻碍活力的产生，也就是会出现个体资源或能量的损耗。由此，当致力于个人或学校发展目标时，如果教师能感到自主性或内在的自我驱动，那么教师的这种活力会被强化，而当教师受到外在压力或强制时，这种活力就会被削弱。

学校的发展必须通过促进创新和变革来进行，由创新、教学、情景、技术或变革型领导引领。校长作为变革倡导者、组织者和领路人的领导力决定着变革走向和学校活力。富兰用教师专业知识、专业共同体、计划一致性、技术资源和校长领导力来界定学校能力，并指出校长的领导力能使前四项越来越完善。通过提升校长的变革型领导力提高教师对组织、他们所做的工作和他们自己的满意度，促使教师以创新心态对待变革中新的方法和技术。心理安全源于个体属性和情境条件的结合，这些结合产生了个体感知自己的能力并表现出冒险、成长和改变意愿，学校领导在变革时期为教师和学生营造心理安全氛围，会促进变革投入。学校变革领导者应该从设计到实施的过程中倾听并充分考虑教师的声音，从而就变革什么、如何变革形成共识，建立投票程序和举行公开讨论辩论会可能是很好的方式。校长作为变革代理人，需要发展干预行为和主动性领导能力，Kim(2004)对这种行为和能力的详细描述如下：对学校的去向有长期目标和清晰愿景；就他们对学校的目标作出决定；对教师和学生寄予厚望；清楚解释程序或规则；经常与教师交流。此外，学校的组织文化也是重要影响因素。校长在塑造合规文化和有效实施变革的战略规划方面发挥着关键作用。在学校实施新项目时，校长采用数据驱动策略，与老师交流时使用数据，为教师提供循证信息，他们的交流会更可信，帮助教师更好地理解改革的组成部分和学生的学业表现，进而提高他们的专业活力。

Fullan(2002)指出了在学校文化中开展变革过程的一系列指导方针：选择一个环境有利于变革实施的空间或教育中心，培训校长来领导变革过程，为教师提供培训，建立参与者之间的相互关系。当教师拥有充足的培训、教学资源、管理者支持以及对课堂改革实施的控制感时，他们最有可能充满专业活力。研究发现，强有力的行政支持可以提高教师的执行力，当教师感知到学校领导对其专业需求的支持时，可以培养学校领导与教师之间的信任，并成为增强教师专业活力的催化剂。同样，当学校领导分析教师的教学方法并提供有用的反馈时，教师会认为这是在培养他们的能力，这种认知有助于提高教师对学校变革的认同和投入。

教龄是影响教师专业活力的重要调节因素。Hargreaves(2005)分析了处于职业生涯早期、中期和晚期阶段的教师的相关情绪反应，发现年龄、职业阶段和代际差异对情绪反应有影响。具体而言，职业早期教师表现出更高水平的适应能力，他们对变革更具热情和乐观；处于职业生涯后期的教师，在以往经历的疲劳感和身体退化的影响下表现出更多倦怠；而处于职业生涯中期的教师仍然保留着一部分热情，持有开放态度，但有选择性和不确定性，大多数会随着他们信心和能力的发展而趋向积极的行为。还有研究表明教师在课堂上花费的时间越长，他们的教学知识和新的教学技能水平就越高(Kraf & Papay, 2014)。

综上所述，本部分提出教师专业活力与学校活力的关系模型(见图 9-2)，以期在未来研究中揭示其影响和作用机制。教师发展活力与学校活力的关系是双向相关的，共同影响学校发展和教师发展。根据发展资源理论，教师需要具备一系列的外部资源和内部资源才会充满专业活力。内部资源包括指导教师积极变革的技能、能力和价值观等个体特征，外部资源包括能够有效促进教师发展的

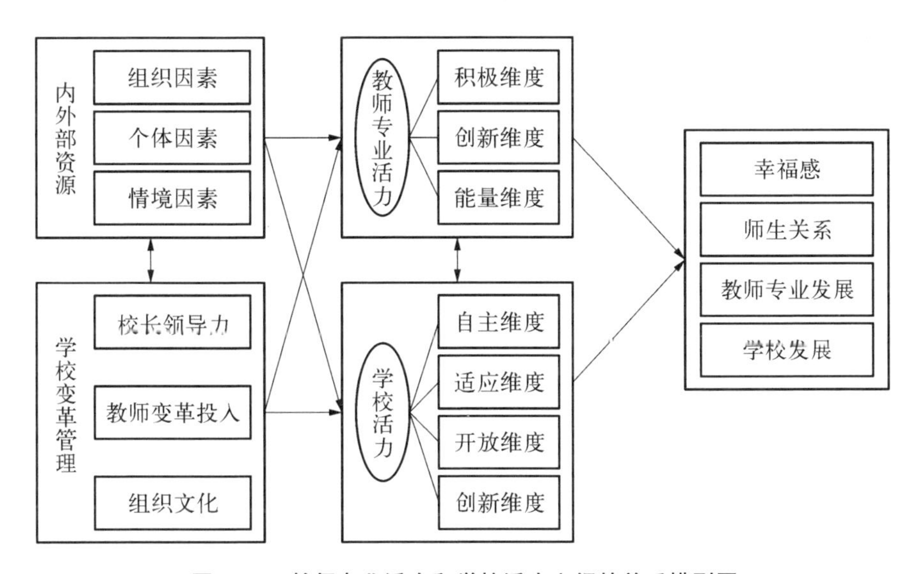

图 9-2 教师专业活力和学校活力之间的关系模型图

环境特征(Benson et al.，2011)。教师的专业活力是内外部资源综合作用的结果，外部资源需要通过教师的心理感知和评价起作用(马跃如，郭小闻，2020)。来自组织和同事的支持是重要的外部资源，教师个体的认同感、主动性人格和基本心理需求满足是其内部资源的重要来源。高质量的学校变革是激活学校活力的关键途径，成功的变革离不开成功的变革管理，其中需要重点关注校长的领导力、教师变革投入和组织文化等。

总之，教师专业活力与学校活力相辅相成，共同作用于教师幸福感、师生关系、教师专业发展、学校发展等，在实践中需要双管齐下、双线并举。

(四) 学校活力促进

综合以往研究和理论模型的构建，从教师主体、学校变革管理两个方面提出学校变革过程中促进教师专业活力和学校活力的建议。

1. 树立教师是学校变革主体的理念

教师是任何学校变革的基本实施者和全面推动变革的力量，教师的变革行为直接决定了变革成败。教师的学校变革主体力量是“教育力”与“变革力”的统一，这意味着学校变革中教师具有双重身份属性，即作为教师的变革者和作为变革者的教师。但作为“变革者”的教师往往缺乏身份认同和力量自觉，因此学校组织变革过程中，教师与学校组织要具有共同的愿景、成员之间相互协作，具有充足的管理和行政支持、共享决策、充足的资源和培训机会，建立教师变革自信和作为变革主体的力量自信，树立教师是学校变革主体的理念，使教师更有动力将变革付诸实践并成为自觉的变革者。正如Fullan(1994)在《变革的力量——透视教育改革》一书中所指出的那样：“教育工作者(行政人员和教师)必须把他们自己看作、也把别人看作变革动力的专家。要成为变革动力的专家，必须成为熟练的变革力量。如果教育工作者真的成为具有道德的、目标明确的和熟练的变革力量，他们将使各种背景的学生发生变化，这样做也会使社会更有能力对待变革。”

2. 加强学校变革的全过程管理

1) 通过宣传、建言、沟通等变革准备，形成变革共识、营造变革氛围

如果学校变革管理者制定变革内容时做了充分调研，广泛宣传变革信息，耐心沟通和解释变革内容，营造变革氛围，会促进教师对变革意义的认知进而减轻

变革阻力。然而，面对相互矛盾的、模糊的、不明确的变革目的和不确定的变革结果，教师会产生紧张和焦虑等消极情绪。尤其是当教师没有得到足够指导和培训时，他们往往会因为自我怀疑、压力和担心等情绪而对变革感到失望和沮丧。但如果变革管理者对教师的变革情绪做出及时有效处理，如鼓励教师建言献策，使其拥有适当的自主权，可以使教师对变革所带来的压力有更积极的感受和行为，正如情感信息理论指出的消极情绪信号推动个体寻求解决问题的方法。除此之外，还需要提供机会来获得实现变革的手段，即教师需要具备的变革知识和技能。掌握具体的新技能需要长时间学习，并有机会参与冒险和试误，因此应该给教师提供足够的时间和机会去理解变革，应对变革。

2）变革实施阶段，重视变革支持、授权、激励以及对教师情绪的调节

学校组织为教师提供变革上的帮助或情感支持是教师工作资源的重要来源，教师预测组织能够为自己的工作提供充足资源，感到自己是被尊重和支持的，便对学校变革管理有较高的信任度，会更有信心和意愿投入变革。变革授权包括教师对变革拥有决策权或一个他们可以为自己的任务负责的环境，不仅影响教师的工作能力、决策自主性，还会间接对变革工作过程和结果产生影响，可以说变革授权为教师的积极变革行为“铺平了道路”。如果变革希望实现其目标，教师必须被激励，并能够充分理解所提出的变革，最终他们必须采用新的课程或新的教学实践。学校变革管理、教师变革结果可能不会立竿见影，但会随着时间而逐见成效。管理者急于看到变革结果，而教师适应变革的过程又很长，两者之间的不协调是教师经历情绪动荡的主要原因之一。变革实施过程中，学校提供支持和授权，将有利于缓冲教师应对不确定变革结果的紧张和焦虑等消极情绪。学校应该把重点放在教师培训、员工工作小组以及教师对课堂实施的控制上，这些因素更有可能促使教师在实施改革的第一年及之后的投入。

3）变革反思阶段注重总结、反馈，形成学校的变革知识

学校变革不会一蹴而就，而是需要一个长期的过程，这个过程往往遵循一定的变革流程，在变革反思阶段，将目标指向组织内部的自我革新、价值提升、特色与文化引领等方面。学校变革政策制定者和项目开发者可以借鉴 Robert(2001)提出的学校变革过程的十个步骤（营造变革氛围——评估变革需要——树立紧迫感——评估优势和阻力——设计变革方案——变革授权——提供人员发展——实施变革——评价变革——变革制度化），在评估项目有效性的同时，对变革流

程进行回顾和描述，注重每个环节的总结和反馈。不断强化和鼓励教师做出的变革新行为，使之持久和稳定，把每位教师的变革经验“珍珠”串成线，形成学校变革的知识和可持续的文化。

三、职前培养展望

教师教育富有层次性、衔接性、灵活性，教师专业活力的促进更是复杂的、综合的动态过程。职前教育不是教师培养的终结，职后教育也并非教师发展的起始（陈时见，李培彤，2020）。教师专业活力固然需要教师在职期间的内、外部资源协同发挥作用，但教师的职前培养环节更是其专业发展的题中应有之义。未来教师们在师范院校读书期间就充满活力，并带着活力走向教师岗位，这具有源头性作用。只有真正实现职前、职后共进融通，学习者和教育者之间角色的联通互惠，才有可能打开教师终身发展的生涯视野，成为适教乐教的富有活力的教师。

如何实现职前教师高质量、高效率的培养，厚积师范生的成长思维和专业活力，探索激发职前教师专业活力的有效路径，满足教师教育终身学习和建设专业化，打造高质量教师队伍的需要，仍是广大教师教育工作者共同思考和努力推进的改革课题。本节从职前教师专业能力形成、对教师职业的积极情感投入、外部资源保障等角度，对职前教师培养提出了初步的设想，以期促进职前教师专业活力涵育，实现师范教育与基础教育的有效衔接。

（一）能力培养

1. 重视信息化教学能力

职前教师作为未来的教师，将要面对的是未来学校、未来教室、未来学生以及未来社会对人才的需求，信息化教学能力因而成为职前教师应具备的专业能力。

“技术融入（technology infusion）改革”的时代背景下（Foulger et al., 2019），职前教师信息化教学能力的实现，应该构建以课堂教学为核心的实践主渠道，努力实现职前教师情境化、灵活化、科学性地运用书本知识，达成信息性实践活动常态化，生成信息时代职前教师的教学智慧。其中，重塑职前教师信息化培养目标对职前教师的培养过程和培养方式具有重要的调控及评价作用。应训练职前教师在不断的实践应用中处理技术与教育现象间关系的能力，将教学理念和现代化手段有机融合，形成对信息化教学的正确认识，以自身的“不变”应对技术及时代的“万变”。在构建多元的信息化知识体系过程中，不仅应注重职前教师信息化教学能力的提升，更应培养其在信息意识、信息理念、信息道德等方面达到与教育信息化相适应的能力。

2. 提升科研能力

教师在职前教育阶段形成的科学研究能力是其未来职业生涯专业成长的重要基础。只有在职前教育阶段掌握基本的教育研究理论和实践技能，具备科学研究能力，才能更快地适应教育教学工作，有效解决实际教育教学中面临的问题，推动其专业性成长。事实上，教师职前阶段科研能力的发展水平在一定程度上也决定了其未来教师职业生涯中的可持续发展。

良好的科研环境为培养职前教师科研能力提供了外部保障，可以有效激发其参与科研活动的热情。高师院校应有意识地设立科研项目，配备科研经费，激励未来教师开展科研活动，组织科研讲座，在职前期解决“什么是科研”“为什么要做科研”的问题。例如，华东师范大学提出“师范生科研能力提升计划”，为职前教师提供科研支持。此外，在教育教学过程中，鼓励任课教师结合学科特点分享研究领域最前沿的发展动态和新技术，传递科研的价值理念，普及新课程改革现状，促使职前教师产生积极参与科研的动机，强化教育科研的使命意识；指导职前教师通过搜寻资料、阅读文献、撰写论文等增强发现问题、分析问题、解决问题的能力，从中获得新思想、新观念，开阔学术视野，促使职前教师在肥沃的科研土壤中生根发芽，顺利完成科研身份的转变。北京师范大学通过开展“课程与教学改革研讨会”，邀请任课教师分享自身的教学经验和研究成果；在职前教师人才培养方案中有意识地渗透科研思想，将科研能力培养作为综合素质培养的重要组成部分。如南京师范大学在人才培养方案中明确提出了“注重培养学生的科研能力和创新精神”的要求。也有研究者提出，以现实的教育教学问题为导向的高校探究式教学方法，可以有效地促进职前教师科研能力的提高及专业活力的发展（吴希，2023）。

3. 培养创新能力

作为未来教师，职前教师肩负着培养学生创新意识与开拓精神的重任和推动科学技术发展的使命，其创新教育能力直接关系到我国未来创新型人才的培养，培养质量关乎国家教育的质量（洪柳，2018）。由此，职前教师教育要把创新能力的培养作为重点，实现教育观念和人才观念更新。

高师院校等应具备教育创新的本领和能力，以实践为导向优化教师教育课程体系，积极参与创新实践，大胆改革教育教学方式方法，主动适应信息化技术变革。例如，在课堂中增加教学设计、教学案例、教学方法技能的训练，创新教学形式，注重不同知识之间的逻辑和关联，以理论为基础导向，以实践技能为依托，增强师范类课程与教学的前沿性、针对性、趣味性和实践性，真正让课程目标贴近基础教育教学需要。其次，更新教育理念，增加实践创新环节的比重，为创新能力提升增加实践机会。搭建多维平台，多方位、全方面地开展一系列与师范生学科专业发展紧密相关的、有利于创新能力培养的实践活动，例如师范生竞赛、学术讲座、学术论坛等。最后，优化教学培养过程的同时坚持产出导向，重视职前教师创新型毕业设计，实现创新思维与能力的完美融合，为核心素养的发展、教师专业能力成长打下坚实的基础，为基础教育输送创新型教师队伍。

（二）情感参与

1. 激发职前教师职业认同感

职业认同感是教师对其职业的爱与责任的心理特征（王汭晴等，2023）。教师职业认同指教师从心底接受教师职业，并能对教师职业做出积极感知和正面评价，从而愿意长期从事教师职业的主观心理感受（Beijaard et al., 2000），是个体维系教师职业情感的最持久源动力。职前教师作为即将成为教师队伍的新生群体，不仅要学习成为一名未来教师所具备的专业知识及专业技能，更应在职前期就具备职业认同感。这是职前教师从学习者转变成教师的关键（Malderez et al., 2007）。

职前教师的职业认同感是支配其行动的“核心价值”和“深层指令”，能够对职前教师在基础教育使命中的能动性发挥产生根本性影响。因而，职前教师只有认可教师身份，才能保障职业生涯的自然、顺畅和理性推进，担当起新时代教师责任，为教师队伍带来新鲜的活力和创造力。若职前教师的职业认同感不足，未来走上教师工作岗位后，会逐渐感觉后劲不足而导致职业倦怠的发生，产生职前与职后的“情感落差”。

职前教师职业认同的生成与发展，需要用充满育人效应的外部环境滋润。

从学校层面,高师院校应探索多样化方式营造教师积极的教育氛围和开放的育人文化,重视职业理想、职业情感和职业道德的教育,厚植教师教育文化和教育氛围,帮助职前教师获得积极的情感体验。从教师层面,应促使师范生对教师职业产生积极正面的认知体验和评价,使师范生在与教育环境互动中调整价值取向,坚定和强化教育信念,塑造正确的职业价值观,增强教师职业认同感、期待感和幸福感,形成良好的职业情感和职业行为。课堂教学实践是职业认同形成的重要途径(Goodson & Cole, 1994),学校应加强教师专业技能训练,激发教学的动力和潜能,处理好角色转换,培养乐教的态度,提升善教的本领,塑造砥砺品格和崇高理想。

2. 提升职前教师效能感

教师效能感是教师对自己在教学活动中能有效完成教学工作、实现教学目标的一种能力的知觉与信念(Cho & Shim, 2013; Skaalvik & Skaalvik, 2010; Tschannen-Moran & Hoy, 2001;俞国良,罗晓路,2000),反映了个体对自身能否利用所拥有的技能去完成某项工作行为的自信程度。研究发现,效能感较高的教师具有较高的工作投入(Burić & Macuka, 2018; Wang et al., 2015)。教师效能感是卓越教学行动的前提条件之一,也是职前教师职业发展的内在动力。

职前教师的教师效能感与师范教育密切相关。高师院校应加强职前教师专业知识的积累,要做好职前教师专业知识学习计划和职业生涯规划,优化职前教师专业知识学习模式和方法。同时,学校各部门应协调合作,加强沟通交流,夯实教育教学实习、教育见习、教育研习等环节,为职前教师形成合理的知识和能力结构提供良好的学习环境。此外,引导教师进行教师反思能力培养也是促使教师形成教学效能感的关键。

(三) 体系建设

1. 强化专业课程体系建设

课程体系是人才培养的蓝图,它直接决定和影响着职前教师的专业活力。职前教师教育课程体系的构建更是实现职前教师培养目标的重要载体。目前,高师院校教师教育课程存在口径过宽、课时比例失调、课程弹性不足、针对性缺失等问题。

师范院校是未来教师的摇篮和孵化器(韩益风,2022),应以教师核心素养理论为理论逻辑，促进教师教育课程体系的平衡，调适课程门类与课时，增加课程门类，设置多样化的课程方式和差异化的课程内容。既要注重基本知识、基本技能课程开设，更要关注教育信念、教育情怀、师德的培养。要优化教学内容，避免灌输枯燥的理论，强化案例教学、研究性学习，彻底打破课程教学内容滞后性、空洞化、单一性的局面，让理论回归到鲜活的教育实践中。由此使职前教师学习到的专业课程真正成为能指导其将来从事教育教学工作的内容，实现职前培养阶段专业知识积累与专业技能提升的整全性。

2. 构建多元化的评价体系

职前教师教育评价是对职前教师培养和教师教育发展需求优劣程度进行价值判断的过程，也是专业活力培养的重要环节。构建多元化的评价体系利于提升教师教育教学质量，推动高素质教师队伍建设。

职前教师评价需兼顾诊断和发展功能，评价指标应是多角度、全方位、成体系的。有研究者提出，可通过教师资格证国考、变革纸笔测试进行总结性评价，也可通过基于任务的表现性评价、作业分析、观察、问卷调查等进行形成性评价，测量职前教师的师德与理念素养、专业知识与能力素养、自主发展素养等维度的核心素养（何木叶，2019）。也有研究者为了更好地评估职前教师实际教学表现和提高教师教育机构培养质量，优化评估方式，建立了以教师表现性评价标准（the Educative Teacher Performance Assessment，简称 edTPA）为基础的教师资格认定体系，通过表现性评价与当前师范生培养体系相结合，帮助职前教师提高教学实践能力、丰富教学素养（张永蕾等，2022）。

3. 深化教师职前实践教学体系改革

目前，实践教学改革总体上形成了教育见习、教育实习和教育研习的校外实践体系和以教育演习（如微格教学、教育教学技能训练等）为主体的校内实训体系，这种实践教学有效地贯通理论学习与教育实践的空间性阻隔，打破了师范生培养中教育实习流于形式的尴尬境地。如河北师范大学的顶岗实习、西南大学的实习支教、首都师范大学的教师专业发展学校、浙江师范大学的驻校实习、湖北师范大学的卓越教师项目及忻州师范学院的扶贫顶岗实习支教等形式，均结合院校特色和地方实际走出了一条适应时代的道路，而且仍在不断改革。

未来，应持续深化职前教师实践教学改革，为职前教师的专业活力培养注入新动力。第一，强化和完善实践教学目标体系建设，切实提升职前教师的教学技能与实践智慧，拓展职前教师的就业竞争力。相比而言，应将职前教师的实践活动重点放在教育见习、实习、支教等具备“实践场域”的活动中，保障职前教师实践能力得到多维度、系统化、全面性的训练。第二，建立教师培育共同体。持续推进高校、地方政府和中小学“三位一体”协同育人实践体系（胡元林，曹如军，2021），改善实践教学的实施环境，帮助职前教师在见习、实习、研习中实现教育理论与教育实践的融通。第三，完善“双导师制”，切实加强实践教学师资队伍建设，进一步强化政策导向，加强指导教师遴选，把指导师范生实践教学作为教师评价、学校评估的重要依据。统筹见习、试教、实习与研习，利用顶岗实习、高校与中小学的师资互聘等活动，将职前教师的“实践场域”拓展到教学一线，让双导师真正共同指导未来教师，建构长效共赢的伙伴关系，切实增强职前教师的实践感，涵育未来教师的专业活力。

附录

教师专业活力问卷

问卷由积极性(1—10 题)、创新性(11—19 题)、能量感(20—28 题)等三个内容维度组成,要求被试回答每个题项的描述与自己的符合程度,采用 1—7 点计分,1=完全不符合,7=完全符合,标 * 为反向计分。

1. 学生展现的兴趣和才华,让我赞赏不已。
2. 我常常抓住教育契机对学生进行教育引导。
3. 与学生共同成长,我发自内心地感到幸福。
4. 引以为豪的是,我能以自己的专业服务他人。
5. 我自觉考虑言谈举止对学生的可能影响。
6. 每当同事请教工作上的问题,我都乐意献计献策。
7. 学生的学业进步让我感到很欣慰。
8. 即使学校没有要求,我也会自觉反思教学。
9. 家长咨询家庭教育的问题时,我总是倾力分享。
10. 我为自身教学能力的不断提升感到高兴。
11. 在教研活动中,同事说我的想法很有新意。
12. 我曾因独到的专业见解而受到大家肯定。
13. 当学校征求意见时,我常常能提出自己的创见。
14. 我开展的素质教育相关活动,在学生中反响很好。

续　表

15. 我有许多促进学生成长发展的新理念和想法。
16. 我形成了自己独特的教学风格。
17. 我能有效利用技术来改进我的教学。
18. 我有办法巧妙地调节学生之间的冲突。
19. 我常常有教学创新方面的想法。
20. 即使教学已很疲惫，我也能很快恢复精力。
21. 我大多数时候处于精神饱满的教学状态。
22. 我能够精神饱满地完成教学任务。
23. 我满腔热情地投入到学生课后服务工作中。
24. 我常常以充满活力的状态投入学生活动。
25. 我有精力去耐心地倾听学生。
26. 我有精力为社区做点力所能及的事。
27. 我展现出生机勃勃的状态以感染学生。
28. 当学校征求意见时，我常常感觉没有精力去思考。*

参考文献

一、中文文献

[1] 白磊.(2006).学习型学校中校长领导方式的转变.教育理论与实践,(10),43-45.

[2] 包志梅.(2017).资源整合：班主任专业化的外部支持系统.教育科学研究,(10),10-13.

[3] 鲍远根.(2018).学校领导方式对教师创新工作行为的影响机制：基于教师创新自我效能感的中介模型.教育理论与实践,38(23),34-36.

[4] 蔡亚平.(2018).团队带教：基于师徒制的初任教师培养模式革新.当代教育科学,(5),72-85.

[5] 曹茂甲,姜华.(2021).高校青年教师专业发展动力体系探析.教育科学,37(3),89-96.

[6] 曹少华.(2013).名教师工作室：走出精彩和实效.教学与管理,(31),19-20.

[7] 柴晓运,龚少英,段婷,钟柳,焦永清.(2011).师生之间的动机感染：基于社会认知的视角.心理科学进展,19(8),1166-1173.

[8] 常大群.(2009).混元体：道教精气神整体论的逻辑发展.中国哲学史,(1),95-100.

[9] 常淑敏,荆建蕾,郭玲静,孙晓颖.(2017).发展资源与主观幸福感：核心自我评价的中介作用及性别差异.心理学探新,37(6),555-560.

[10] 常淑敏,张文新.(2013).人类积极发展的资源模型：积极青少年发展研究的一个重要取向和领域.心理科学进展,21(1),86-95.

[11] 常涛,董丹丹.(2019).地位冲突对团队创造力的影响：共享内在动机视角.科技进步与对策,36(20),144-153.

[12] 陈沪军.(2018).让教师成为主动研究者："四备三思"校本研修模式的建构与实践.基础教育课程,(17),29-35.

[13] 陈鹏,曹丽娜.(2022).智能时代教师网络研修的影响因素与促进策略：基于扎根理论的质性分析.现代教育技术,32(9),109-116.

[14] 陈时见,李培彤.(2020).教师教育一体化的时代内涵与实现路径.教师教育研究,32(2),1-6.

[15] 陈镇城.(2021).高中思政课活力课堂建构研究(硕士学位论文).福建师范大学,福州.

[16] 程诚.(2020).农村教师专业发展的激励机制研究(硕士学位论文).江苏大学,镇江.

[17] 程红兵.(2022).以卓越教师引领教师团队走向卓越.中小学管理,(10),60.

[18] 程良宏,孟祥瑞.(2022).高质量教师的角色认同困境及其深化路径.当代教育科学,(11),66－75.

[19] 崔诣晨,王沛.(2018).他人知觉的个体构念动态交互模型.心理科学进展,26(4),678－687.

[20] 崔允漷,王少非.(2014).教师专业发展即专业实践的改善.教育研究,35(9),77－82.

[21] 崔允漷,郑东辉.(2008).论指向专业发展的教师合作.教育研究,(6),78－83.

[22] 邓林园,高诗晴,王婧怡,李蓓蕾.(2023).新冠疫情期间中小学教师工作-家庭冲突和抑郁：有调节的中介模型.心理发展与教育,39(1),121－131.

[23] 邓林园,王美璇.(2015).中学心理教师胜任力探索：对资深心理教师的访谈.教师教育研究,27(3),43－49.

[24] 丁玉.(2023)."问题会诊式"校本研修实践探索.上海教育科研,(4),61－65.

[25] 董奇.(2020)."国培计划"：示范引领中国教师发展.中国教育学刊,(9),4－8.

[26] 董妍,王琦,邢采.(2012).积极情绪与身心健康关系研究的进展.心理科学,35(2),487－493.

[27] 董银银,姚会会.(2008).我国教师动机研究二十五年之述评.教育学术月刊,(12),10－12.

[28] 杜静,常海洋.(2018).教师专业发展模型建构与因素分析.教育学术月刊,(10),48－56.

[29] 杜静,常海洋.(2020).教师专业学习共同体之价值回归.教育研究,41(5),126－134.

[30] 杜亚丽,丁娟.(2021).优质均衡发展视域下城乡教师专业成长的三重困境与路径突破.中国教育学刊,(2),93－97.

[31] 鄂冠中.(2014).区域性名教师工作室建设的困境及突围.教育科学研究,(12),71－73.

[32] 房艳梅.(2013).日本教师研修制度及对中国教师教育的启示.河南师范大学学报(哲学社会科学版),40(1),173－176.

[33] 冯契.(1996).逻辑思维的辩证法.上海：华东师范大学出版社.

[34] 冯晓英,郭婉瑢,黄洛颖.(2021).智能时代的教师专业发展：挑战与路径.中国远程教育,(11),1－8+76.

[35] 冯晓英,林世员,骆舒寒,王冬冬.(2021).教师培训助力教师专业成长提质增效：基于国培项目的年度比较研究.中国电化教育,414(7),128－135.

[36] 伽达默尔.(1988).赞美理论(夏镇平译).北京：生活·读书·新知三联书店.

[37] 高梦解.(2021).乡村青年教师专业发展困境与改善策略研究(硕士学位论文).东北师范大学,吉林.

[38] 高峡.(2014).日本的教师研修制度和教学研究的展开.教育学报,10(6),67－74.

[39] 葛晓永,吴青熹,赵曙明.(2016).基于科技型企业的学习导向、团队信任与企业创新绩效关系的研究.管理学报,13(7),996－1002.

[40] 龚宝成.(2019).乡村教师专业发展困境与疏解：地方性知识的视角.课程.教材.教法,39(3),126－130.

[41] 顾佳.(2019).新手型小学数学教师胜任力研究(硕士学位论文).四川师范大学,成都.

[42] 顾启洲.(2019).关于“活力校园”建设的微思考.教书育人,(32),48.
[43] 管杰,郭秀平,刘晓鸥,王志清.(2016).“翻转式研修”：教育集团校本研修新路径.中小学管理,(6),42－44.
[44] 郭存,何爱霞.(2023).基于结构方程模型的教师培训绩效影响要素测度分析：以TALIS 2018上海调查结果为依托.终身教育研究,34(2),71－79.
[45] 郭宏成,王丽萍.(2015).学校为什么要向教师放权.人民教育,(7),66－67.
[46] 郭先富.(2021).嵌入式研修：内涵,特征与路径探析：以重庆融汇沙坪坝小学基于工作场的校本研修变革为例.教育理论与实践,41(20),34－36.
[47] 郭媛媛.(2017).以社会感染理论探析在网络舆情中的网民心理.新闻研究导刊,8(7),87.
[48] 国建文,赵瞳瞳.(2023).农村教师参与“国培计划”低效化的内在成因及其应对策略：地方性知识的视角.教育学报,19(1),138－148.
[49] 韩佶颖,尹弘飚.(2014).教师动机：教师专业发展新议题.外国教育研究,41(10),88－95.
[50] 韩益凤.(2022).教师教育一体化发展体系的构建.东南大学学报(哲学社会科学版),24(6),140－145＋148.
[51] 郝建江,郭炯.(2023).新兴技术赋能教师专业发展：诉求、挑战与路径.开放教育研究,29(1),46－52.
[52] 何木叶.(2019).职前教师核心素养评价探析.教育观察,8(20),102－105.
[53] 贺诚,杨志平,谢翌.(2023).学校活力激发：学校改进的个案研究.教育理论与实践,43(10),23－29.
[54] 洪柳.(2018).创新视角下高师生实践教学能力研究.广西师范学院学报(哲学社会科学版),39(4),138－142.
[55] 洪松舟,王珊.(2022).中小学教师协同培养模式的浙江探索：基于对524所教师发展学校的调查.教育科学研究,(10),84－90.
[56] 侯浩翔.(2018).校长领导方式可以影响教师教学创新吗?：兼论学校组织创新氛围的中介效应.教育科学,34(1),26－32.
[57] 胡芳.(2013).走向教师生态管理.教育理论与实践,33(17),23－26.
[58] 胡晓娣.(2011).知识型员工建言行为的影响机制研究(博士学位论文).复旦大学,上海.
[59] 胡元林,曹如军.(2021).治理视角下教师教育“三位一体”协同育人的优化.教师教育研究,33(2),17－22.
[60] 黄成林.(2006).国外教师教学质量评价发展的研究及启示.清华大学教育研究,(6),101－105.
[61] 黄锐,王建华,姜南.(2019).利用网络研修促进教师专业化成长的策略研究.中国教育学刊,(S1),217－218＋221.
[62] 黄晓磊,邓友超.(2017).学校活力评价指标体系构建：基于德尔菲法的调查分析.教育学报,13(1),23－31.
[63] 姜丽娟,刘义兵.(2021).乡村教师专业发展内生动力的生成及培育.教育研究与实验,

(5),79 - 83.

[64] 蒋帆.(2023)."双减"背景下教师工作负担与教学热情的关系研究：基于身心健康的中介作用.湖南师范大学教育科学学报,22(3),163 - 174.

[65] 蒋亦华.(2008).本科院校小学教育专业学生从教意愿的调查研究.教师教育研究,120(6),62 - 67.

[66] 教育部师范教育司.(2001).教师专业化的理论与实践.北京：人民教育出版社.

[67] 金卫东.(2019).教师专业共同体建设和运行机制的校本化探索.上海教育科研,(6),66 - 71.

[68] 晋春霞,周成海.(2023).教师专业发展的重要途径：合作性课程设计.现代中小学教育,39(1),70 - 74.

[69] 柯江林,孙健敏,李永瑞.(2009).心理资本：本土量表的开发及中西比较.心理学报,41(9),875 - 888.

[70] 库恩.(2003).科学革命的结构(金吾伦,胡新和译).北京：北京大学出版社.

[71] 乐享.(2022).校本教研和优秀教师工作室.教育科学研究,(6),1.

[72] 雷炜.(2018).高校青年教师专业发展特征、现状及策略.教育理论与实践,38(24),41 - 43.

[73] 李爱霞.(2022).教师情境学习：潜藏于教师教学实践中的学习力量.教师教育研究,1,25 - 31.

[74] 李斌辉,张家波.(2016).师范生教育实习的风险及规避.教育发展研究,36(10),33 - 40.

[75] 李超平,李晓轩,时勘,陈雪峰.(2006).授权的测量及其与员工工作态度的关系.心理学报,(1),99 - 106.

[76] 李东斌.(2021).职业认同对乡村教师离职倾向的影响：领悟社会支持和职业使命感的链式中介作用.教育学术月刊,(9),28 - 36.

[77] 李兰,方建华.(2023).民办幼儿教师教育情怀与工资的关系：同事关系及家人支持的链式中介作用.兵团教育学院学报,33(2),79 - 84.

[78] 李梅.(2020).教师课程领导的张力与活力.教学与管理,(19),1 - 3.

[79] 李明军.(2016).中小学教师创新工作行为的影响因子及其作用机制(博士学位论文).陕西师范大学,西安.

[80] 李鹏,张志超,杨洋,杨佳奇,李洪玉.(2022).工作压力对中小学教师职业倦怠的影响：情绪劳动和工作满意度的链式中介作用.心理与行为研究,20(3),412 - 418.

[81] 李琼,裴丽,吴丹丹.(2014).教师心理韧性的结构与影响因素研究.教育学报,10(2),70 - 76.

[82] 李琼,吴丹丹.(2014).提升教师的心理韧性：学校工作条件与人际信任的影响作用.教师教育研究,26(1),62 - 68.

[83] 李伟.(2021).教师知识分享：瓶颈、过程与系统促进策略.教育发展研究,41(12),28 - 36.

[84] 李锡元,夏艺熙.(2022).悖论式领导对员工适应性绩效的双刃剑效应：工作活力和角

色压力的作用.软科学,36(2),104 - 109.

[85] 李晓华.(2021).校级领导胜任力影响因素及其作用机制研究(硕士学位论文).华东师范大学,上海.

[86] 李啸瑜.(2021).以学校发展规划"点燃"教师活力的路径探究.上海教育科研(9),80 - 84.

[87] 李彦花.(2009).教师专业认同与教师专业成长.课程.教材.教法,29(1),78 - 83.

[88] 李阳,曾祥翊.(2022).人工智能赋能教研高质量发展：智能精准教研的理论框架、实践蓝图与发展脉络.中国电化教育,430(11),99 - 107+122.

[89] 李阳杰.(2020).教师专业发展中的师徒带教：国际比较与政策建议：基于TALIS数据的分析.教育与经济,36(3),67 - 74.

[90] 李昱辉.(2018).日本教师育成标准述评.比较教育研究,40(6),76 - 83.

[91] 李紫菲,许丽媛,李东斌,叶宝娟.(2021).社会支持对特岗教师离职倾向的影响：链式中介模型.中国临床心理学杂志,29(5),1010 - 1013.

[92] 连榕.(2004).新手—熟手—专家型教师心理特征的比较.心理学报,1,44 - 52.

[93] 廖宁.(2016).家长式领导和中小学教师工作满意度：职场友谊和组织信任的作用(硕士学位论文).湖南师范大学,长沙.

[94] 列·谢·维果茨基.(2016).维果茨基全集(龚浩然,刘华山,黄秀兰,王光荣等译).合肥：安徽教育出版社.

[95] 林崇德,申继亮,辛涛.(1996).教师素质的构成及其培养途径.中国教育学刊,(6),16 - 22.

[96] 林杰,刘桂秋.(2012).教师专业发展的保障机制研究.沈阳工程学院学报(社会科学版),8(2),252 - 255.

[97] 林静,邓旭.(2016).从专业准则规定到专业发展引领：21世纪国际教师专业标准新导向.教育科学,32(5),7.

[98] 林攀登,张立国,周釜宇.(2021).从经验回顾到数据驱动：人工智能赋能教师教学反思新样态.当代教育科学,10,3 - 10.

[99] 林晓娇.(2022).组织支持感对大学教师发展动力的影响：基本心理需求的中介作用.中国健康心理学杂志,30(11),1654 - 1660.

[100] 刘海芳.(2019).资源本位视角下教师发展的理念更新与内容设计.中小学教师培训,(5),1 - 5.

[101] 刘胡权.(2017).论童年生活体验对教师专业发展的影响：基于教师生活史的"回溯".当代教育科学,12,13 - 16.

[102] 刘胡权.(2020).论教师专业发展的情感基础.当代教育科学,4,38 - 41.

[103] 刘建良,翟启明.(2009)."学生评价"应以培养学生活力为价值取向.太原师范学院学报(社会科学版),8(3),145 - 147.

[104] 刘建银.(2020).有效的教师培训应该是什么样的.人民教育,(Z1),117 - 119.

[105] 刘杰,孟会敏.(2009).关于布朗芬布伦纳发展心理学生态系统理论.中国健康心理学

杂志,17(2),250－252.
[106] 刘婕.(2021).释放与提升：中小学“教师活力”研究(硕士学位论文).东北师范大学,吉林.
[107] 刘靖东,钟伯光,姒刚彦.(2013).自我决定理论在中国人人群的应用.心理科学进展,21(10),1803－1813.
[108] 刘鹂.(2019).构建实践共同体：乡村教师专业发展路径探赜.内蒙古社会科学(汉文版),40(6),169－174＋213.
[109] 刘胜男.(2016).教师专业学习影响因素及其作用机制研究(博士学位论文).华东师范大学,上海.
[110] 刘世丽.(2023).激发教师团队活力　提升学校内涵发展.教育家,(18),40－41.
[111] 刘晓峰.(2015).情绪感染的内涵及其研究现状.江苏师范大学学报(哲学社会科学版),41(2),139－144.
[112] 刘玉新,朱楠,陈晨,张建卫,王帅.(2019).员工何以蓬勃旺盛？影响工作旺盛感的组织情境与理论模型.心理科学进展,27(12),2122－2132.
[113] 刘远桥,陈肖娟.(2023).“四动策略”,促乡村教师专业发展：乡村教师专业发展策略.新教育,(2),25－27.
[114] 刘正伟,李玲.(2016).美国中小学教师国家专业标准改革评述.比较教育研究,38(1),52－58.
[115] 刘志芳,卢旭.(2021).论教师师德失范的制度成因.教师教育论坛,34(9),36－42.
[116] 刘智强,邓传军,廖建桥,龙立荣.(2015).组织支持、地位认知与员工创新：雇佣多样性视角.管理科学学报,18(10),80－94.
[117] 卢家楣.(2012).情感教学心理学研究.心理科学,35(3),522－529.
[118] 陆欣欣,涂乙冬.(2015).工作投入的短期波动.心理科学进展,23(2),268－279.
[119] 罗英姿,陈尔东.(2021).基于人与环境匹配理论的高校毕业生职业发展评价体系构建.高等教育研究,42(3),70－78.
[120] 骆玲芳.(2006).学校即教师发展之所：基于学校的教师专业发展的思考与实践.全球教育展望,35(10),53－57.
[121] 骆舒寒,林世员,冯晓英,王冬冬,马小强.(2021).教师培训助力教师信息化教学能力提升：基于培训成效的年度比较研究.中国电化教育,413(6),128－134.
[122] 马力克·阿不力孜.(2011).中小学“师徒结对带教”机制的优化.教学与管理,(12),30－31.
[123] 马立,郁晓华,祝智庭.(2011).教师继续教育新模式：网络研修.教育研究,32(11),21－28.
[124] 马莉.(2019).教育新常态下高校教师培训：价值意义、实践困境与实现径路.黑龙江高教研究,37(10),98－101.
[125] 马艳云,董海霞.(2013).教师的教育信念研究述评.教育科学论坛,(8),77－79.
[126] 马勇占.(2005).体育教师教学效能感量表的建构.体育科学,(3),47－51.

[127] 马跃如，郭小闻.(2020).组织支持感、心理授权与工作投入：目标导向的调节作用.华东经济管理，34(04)，120-128.
[128] 毛晋平，臭拓宇.(2014).中小学教师心理资本、情绪劳动策略、工作倦怠的关系研究.教师教育研究，26(5)，22-28+35.
[129] 毛菊.(2019).从机械到复杂的范式转型：教师学习观变迁及启示.教育理论与实践，39(31)，35-39.
[130] 孟瑶，陈莅蓉，周仁来.(2019).皮质醇分泌缓解负性情绪的证据及其机制.中国临床心理学杂志，28(1)，28-32.
[131] 宁莹莹.(2020).新专业主义框架下的英国教师入职教育实践模式解析.外国教育研究，47(10)，91-103.
[132] 牛利华.(2007).教师专业共同体：教师发展的新模式.教育发展研究，(24)，40-43.
[133] 亓俊国，白华，高美慧.(2020).中小学教师培训效果评估的改进策略研究：基于教师持续性专业发展的视角.当代教育论坛，300(6)，77-85.
[134] 乔雪峰，卢乃桂，黎万红.(2013).从教师合作看我国校本教研及其对学习共同体发展的启示.教师教育研究，25(6)，74-78.
[135] 全力.(2009).名师工作室环境中的教师专业成长：一种专业共同体的视角.当代教育科学，(13)，31-34.
[136] 饶从满，张贵新.(2007).教师合作：教师发展的一个重要路径.教师教育研究，(1)，12-16.
[137] 阮彩霞.(2012).教师专业化视角下高职院校教师工作室的探索.教育与职业，(14)，63-64.
[138] 上海市师资培训中心见习教师规范化培训项目管理组.(2019).见习教师规范化培训：扣好教师专业成长“第一粒扣子”.中小学管理，(1)，14-16.
[139] 邵志芳，高旭辰.(2009).社会认知.上海：上海人民出版社.
[140] 申继亮，刘加霞.(2004).论教师的教学反思.华东师范大学学报(教育科学版)，3，44-49.
[141] 施克灿.(2017).教师荣誉制度的历史渊源.教师教育研究，29(4)，98-104.
[142] 石中英.(2017).学校活力的内涵和源泉.河北师范大学学报(教育科学版)，19(2)，5-7.
[143] 宋传颖，秦启文，潘孝富，李志强.(2020).大学生活力量表的编制.中国心理卫生杂志，34(3)，212-218.
[144] 宋洪波，符明秋，杨帅.(2015).活力：一个历久弥新的研究课题.心理科学进展，23(9)，1668-1678.
[145] 宋萑.(2012).新教师专业发展：从师徒带教走向专业学习社群.外国教育研究，39(4)，77-84.
[146] 宋劲松.(2017).论高校思想政治教育的志愿服务活动载体：以湖南科技大学为例.思想理论教育导刊，(4)，151-154.

[147] 宋岭.(2018).“国培计划”跟踪指导的现实困境与突破.教师教育研究,30(3),33-38.
[148] 宋文豪,顾琴轩,于洪彦.(2014).学习目标导向对员工创造力和工作绩效的影响.工业工程与管理,19(2),28-34.
[149] 苏涛永,李雪兵,单志汶,王泽民.(2016).外部联结、知识共享有效性与团队创新绩效:来自汽车产业的实证研究.科学学与科学技术管理,37(7),26-33.
[150] 万勇.(1984).关于教师地位的建议.外国教育资料,(4),1-5.
[151] 王爱娟,汪玲.(2009).目标感染研究述评.心理科学进展,17(6),1257-1263.
[152] 王春晖.(2011).CFG:教师专业发展新模式:以一项越南外语教师教育的研究为例.全球教育展望,40(5),55-59.
[153] 王栋.(2018).行动学习视角下基于名师工作室的教师专业发展机制探究.中小学教师培训,(4),18-21.
[154] 王夫艳.(2012).教师专业实践能力的三维构成.高等教育研究,33(4),72-76.
[155] 王火炬.(2019).提升教师职业幸福感激发教师活力.福建教育学院学报,20(3),119-121.
[156] 王鉴,王子君.(2021).新时代教师评价改革:从破“五唯”到立“四有”.中国教育学刊,(6),88-94.
[157] 王鉴.(2019).论教师专业发展之“教”与“学”及其关系.云南师范大学学报(哲学社会科学版),51(6),104-110.
[158] 王静,张志越,陈虹.(2022).中学教师组织支持感与心理授权的关系:心理资本的中介作用.教育学术月刊,358(5),91-96.
[159] 王凯,韩翼.(2018).企业师徒关系对徒弟工作活力与创新绩效的影响.科技进步与对策,35(5),147-153.
[160] 王汭晴,曾天德,梁嘉欣.(2023).师范与非师范类小学初任教师职业认同感的比较.中国健康心理学杂志,31(05),678-682.
[161] 王爽.(2021).激发教师活力:点燃学校高质量发展的“绿色引擎”.中小学管理,(7),54-56.
[162] 王双徐.(2022).县域小学教师人际关系现状调查研究(硕士学位论文).海南师范大学,海口.
[163] 王爽,刘善槐.(2021).荣誉何以提升农村教师的地位认同?:基于混合研究设计的分析.复旦教育论坛,19(5),65-72.
[164] 王爽,孟繁华.(2022).对“双减”背景下教师活力状态的识别与激发.中小学管理(5),52-54.
[165] 王文增,魏忠凤,王一鸣.(2020).胜任力对中小学体育教师专业发展的影响:职业认同和工作旺盛感的链式中介作用.中国临床心理学杂志,28(6),1289-1292.
[166] 王献玲,常小芳.(2017).职业生涯辅导“混沌理论”与“人职匹配”之比较.职教论坛,26,31-34.
[167] 王晓丽,齐亚静,姚建欣.(2018).乡村教师教学自主权对专业发展能动性的影响:工

作投入的中介作用.中国特殊教育，11，92－96.
[168] 王艺娜.(2019).乡村教师专业发展支持体系的困境及构建.教学与管理，(16)，8－11.
[169] 王兆璟，戴莹莹.(2017).论教育活力.教育研究，38(9)，37－45.
[170] 王振勇，黄希庭，支富华.(2002).高中生理想人格结构分析.心理科学，(5)，562－564＋639.
[171] 魏戈.(2019).教研组活动中教师实践性知识发展路径探析：基于文化—历史活动理论的案例研究.教育学术月刊，(7)，70－77.
[172] 文雪，慕容勋.(2013).论新任教师的专业成长.教育评论，(6)，48－50.
[173] 翁清雄，卞泽娟.(2015).组织职业生涯管理与员工职业成长：基于匹配理论的研究.外国经济与管理，8，30－42＋64.
[174] 吴全华.(2021).中小学教师评价改革的基本取向.当代教育科学，(7)，75－80.
[175] 吴希.(2023).高校探究式教学与师范生教育科研能力的培养.教育教学论坛，(13)，123－126.
[176] 伍新春，齐亚静，余蓉蓉，臧伟伟.(2016).中小学教师职业倦怠问卷的进一步修订.中国临床心理学杂志，24(5)，856－860.
[177] 席梅红.(2018).论乡村教师专业发展的政策支持：基于关心关系的伦理学视域.中国教育学刊，(4)，81－85.
[178] 肖丹，陈时见.(2012).促进学生发展为导向的教师专业发展：澳大利亚教师专业发展及教师专业标准的启示.教师教育研究，24(6)，87－90＋72.
[179] 肖薇，罗瑾琏.(2016).男女高校教师职业成功感的影响机制比较研究.妇女研究论丛，(4)，111－119.
[180] 辛涛，申继亮，林崇德.(1999).从教师的知识结构看师范教育的改革.高等师范教育研究，(6)，12－17.
[181] 徐伯钧.(2020).我国地方教师发展机构建设研究：基于江苏省的实践探索.中国教育学刊，(6)，56－62.
[182] 徐富明，吉峰，钞秋玲.(2004).中小学教师职业倦怠问卷的编制及信效度检验.中国临床心理学杂志，(1)，13－14＋95.
[183] 徐彦红.(2017).大学青年教师专业发展影响因素研究(博士学位论文).首都经济贸易大学，北京.
[184] 许昌良，蔡静燕.(2017).“2＋2”校本研修：助教师精彩蜕变.中小学管理，(11)，44－45.
[185] 许科，于晓宇，王明辉，林云云.(2013).工作激情对进谏行为的影响：员工活力的中介与组织信任的调节.工业工程与管理，18(5)，96－104.
[186] 薛雨康，田梦源，李芊芊，郭雅绮，马晓晴，谷传华.(2022).社会创造性的微观变化：基于虚拟仿真技术的研究.心理与行为研究，20(1)，65－72.
[187] 闫纪红，吴文平，代新语.(2022).“双减”背景下中小学体育教师专业发展的生态化路径研究.体育学研究，36(2)，9－20.

[188] 严虹.(2023).教师教育政策视阈下职前教师专业素质要求的国际比较研究.山东高等教育,11(1),71-79.

[189] 颜晓程,吕立杰.(2019).情境匹配的校长课程领导方式建构：基于菲德勒权变理论的分析.教育理论与实践,39(4),31-35.

[190] 杨兵,夏凌翔,黄希庭.(2009).教师工作自主问卷的编制.西南大学学报(社会科学版),(1),17-20.

[191] 杨春茂.(2002)."十五"期间中小学教师队伍建设走向：访教育部人事司副司长管培俊.人民教育,(2),15-17.

[192] 杨道宇,米潇.(2013).教师专业发展的动力机制研究.教育评论,(6),45-47.

[193] 杨汉洲.(2021).从"得法"到"得道"：教师专业发展的方略与路向.教育发展研究,41(4),25-32.

[194] 杨洁,刘涛,时丽娟.(2022).从带教到共进：师徒带教模式的实践创新.教师教育研究,34(5),71-76.

[195] 杨晶照,崔亚梅,臧敏,白光林,甄美荣.(2018).领导—成员创新动机感染模型构建.管理科学,31(3),3-16.

[196] 杨骞.(2007).基于教师实践的教师专业发展.教育科学,(3),54-57.

[197] 杨维风.(2019).名师工作室机制下的骨干教师专业发展：以"活动型学科课程教学"为例.中学政治教学参考,(25),74-76.

[198] 杨秀梅.(2002).费斯勒与格拉特霍恩的教师发展影响因素论述评.外国教育研究,(5),35-38.

[199] 杨英,李伟.(2013).心理授权对个体创新行为的影响：同事支持的调节作用.中国流通经济,27(3),83-89.

[200] 姚翠荣.(2011).中小学教师自主性问卷的修编及发展特点研究(硕士学位论文).西南大学,重庆.

[201] 姚计海,张蒙.(2022)."双减"政策下教师专业发展的机遇、问题与对策.北京师范大学学报(社会科学版),6,41-49.

[202] 姚计海.(2009).教学自主：教师专业发展的动力.中国教育学刊,(6),83-86.

[203] 姚计海.(2012).论教师教学自主与创新.中国教育学刊,(8),39-42.

[204] 叶澜,白益民,(2001).教师角色与教师发展新探.北京：教育科学出版社.

[205] 叶澜.(1999).一个真实的假问题:"师范性"与"学术性"之争的辨析.高等师范教育研究,(2),11-17.

[206] 叶奕乾,何存道,梁宁建.(2010).普通心理学.上海：华东师范大学出版社.

[207] 易凌云,卿素兰,高慧斌,李新翠.(2022).坚持把教师队伍建设作为基础工作：习近平总书记关于教育的重要论述学习研究之四.教育研究,43(4),4-17.

[208] 尹小龙,邹琼,刘祚,文豹堂,张帅,何思婷.(2012).中国企业青年职工心理资本的因果关系验证.科技管理研究,32(6),109-113.

[209] 尤妤冠.(2017).中小学教师培训质量保证体系构建研究.教育评论,(12),128-130.

[210]　余文森，连榕.(2007).教师专业发展.福州：福建教育出版社.
[211]　俞国良，罗晓路.(2000).教师教学效能感及其相关因素研究.北京师范大学学报(人文社会科学版)，(1)，72－79.
[212]　俞国良，辛涛，申继亮.(1995).教师教学效能感：结构与影响因素的研究.心理学报，(2)，159－166.
[213]　俞国良，辛自强.(2000).教师信念及其对教师培养的意义.教育研究，(5)，16－20.
[214]　袁成，廖洪森.(2016).让名师工作室助推教师专业成长.思想政治课教学，(3)，89－92.
[215]　张根顺，翟延河，董振卿.(2011).整合学校资源促进青年教师专业发展.基础教育参考，(5)，12－13.
[216]　张恒.(2021).乡村教师工作—家庭支持对职业认同的影响研究(硕士学位论文).湖南农业大学，长沙.
[217]　张红.(2022).教师专业发展共同体的模式探索与机制建设.中小学管理，(9)，36－38.
[218]　张辉蓉，刘燚，丁丁.(2023).中小学教师评价改革进展调查与未来路向.湖南师范大学教育科学学报，22(2)，82－92.
[219]　张剑，宋亚辉，叶岚，Zakaria，H.(2014).工作激情研究：理论及实证.心理科学进展，22(8)，1269－1281.
[220]　张剑，张建兵，李跃，Edward，L.D.(2010).促进工作动机的有效路径：自我决定理论的观点.心理科学进展，18(5)，752－759.
[221]　张劲博，吉淑虹，孙玉丽.(2023).家校共育中教师行为的边界与改善策略.教学与管理，(15)，10－13.
[222]　张景焕，初玉霞，林崇德.(2008).教师创造性教学行为评价量表的结构.心理发展与教育，(3)，107－112.
[223]　张阔，张赛，董颖红.(2010).积极心理资本：测量及其与心理健康的关系.心理与行为研究，8(1)，58－64.
[224]　张莉娜，陈靓瑜.(2016).情感传递模型在高等教育中的探索与思考.考试周刊，(29)，151－152.
[225]　张敏，张凌.(2012).教师创新工作行为与创新气氛的关系.人类工效学，18(3)，1－6.
[226]　张奇勇，卢家楣，闫志英，陈成辉.(2016).情绪感染的发生机制.心理学报，48(11)，1423－1433.
[227]　张姗姗，龙在波.(2021).活动理论视角下高校英语经验教师专业发展能动性研究.外语教学，42(6)，85－90.
[228]　张世英.(2018).教师专业发展的逻辑起点与动态策略.教育理论与实践，38(23)，31－33.
[229]　张树华，潘晨光.(2011).中外功勋荣誉制度.北京：中国社会科学出版社.
[230]　张爽.(2017).学校活力的表现和提升策略：基于两个案例的分析.教育学报，13(1)，39－45.
[231]　张思，何晶铭，邓露，吴林静，杨玉芹.(2020).网络研修社区中教师的动机信念对学习

投入的影响.中国电化教育,(4),109－117.
[232] 张文.(2010).中小学教师心理资本问卷的编制及其特征分析(硕士学位论文).西南大学,重庆.
[233] 张学民,申继亮,林崇德.(2009).中小学教师教学反思对教学能力的促进.外国教育研究,36(9),7－11.
[234] 张永蕾,刘新玲,刘淑杰.(2022).美国职前教师表现性评价探析：概况、挑战及启示.上海教育评估研究,11(4),62－67.
[235] 张忠华,周国华.(2013).强化工作针对性力促青年教师专业发展.中国高等教育,(6),24－26.
[236] 赵昌木.(2015).教师专业化的悖论：碎片化.当代教育与文化,7(5),64－69.
[237] 赵德成,曹宗清,张颖怡,李乾锋.(2022).教师活力表现及影响因素：基于区域性大规模样本的多水平分析.教育学报,18(6),101－116.
[238] 赵红丹,郭利敏,罗瑾琏.(2021).双元领导的双刃剑效应：基于认知紧张与工作活力双路径.管理评论,33(8),211－223.
[239] 赵建华,姚鹏阁.(2016).信息化环境下教师专业发展的现状与前景.中国电化教育,(4),95－105.
[240] 赵岚,邱阳骄.(2021).教师分类评价的价值意蕴、行动逻辑与实践进路.中国考试,(10),1－11.
[241] 赵丽,钟祖荣.(2023).新中国成立以来中小学教师培训政策：历史分期、发展特点与完善策略.中国远程教育,43(3),1－11＋35.
[242] 赵永勤.(2018).教育经验改造视域下的乡村教师专业发展路径研究.教育发展研究,38(20),49－54.
[243] 钟铧,王萍,徐立明.(2021).教学述评：教师评价改革新探索.教育评论,(10),126－130.
[244] 周春良.(2014).卓越教师的个性特征与成长机制研究(博士学位论文).华东师范大学,上海.
[245] 周文叶.(2021).试论“学为中心”的教师评价框架.教育研究,42(7),150－159.
[246] 周愉凡,张建卫,张晨宇,李海红,滑卫军.(2020).主动性人格对研发人员创新行为的作用机理：基于特质激活与资源保存理论整合性视角.软科学,34(7),33－37.
[247] 朱保良.(2021).让教师积累更多积极的心理体验.人民教育,(20),23－25.
[248] 朱伟文,宫新荷.(2020).高等工程教育教师专业能力可持续发展的思考.高教发展与评估,36(5),68－76＋118.
[249] 朱旭东,赵瞳瞳.(2022).论促进儿童全面发展的乡村教育生态系统建构：基于“新”教育生态学的理论视角.清华大学教育研究,43(3),42－50,60.
[250] 朱旭东.(2011).教师专业发展理论研究.北京：北京大学出版社.
[251] 朱旭东.(2014).论教师专业发展的理论模型建构.教育研究,35(6),81－90.
[252] 朱忠明.(2023).教师专业发展视野：定位演变与拓宽路径.教育理论与实践,43(14),

29 - 32.
[253] 庄玉昆，褚远辉.(2020).乡村教师专业发展的支持体系建设.教育科学，36(1)，51 - 57.
[254] 左岚.(2014).以“教师的转变”为核心的教师专业发展模型研究.教育发展研究，33(18)，80 - 84.

二、英文文献

[1] Aarts, H., & Hassin, R. R. (2005). Automatic goal inference and contagion: On pursuing goals one perceives in other people's behavior. In S. M. Latham, J. P. Forgas, & K. D. Williams (Eds.), Social motivation: Conscious and unconscious processes (pp. 153 - 167). New York: Cambridge University Press.

[2] Aarts, H., Dijksterhuis, A., & Dik, G. (2008). Goal contagion: Inferring goals from others' actions and what it leads to. In J. Y. Shah, & W. Gardner (Eds.), Handbook of motivation science(pp. 265 - 280). New York: Guilford.

[3] Aarts, H., Gollwitzer, P. M., & Hassin, R. R. (2004). Goal contagion: Perceiving is for pursuing. Journal of Personality and Social Psychology, 87, 23 - 37.

[4] Adrian, A. L., Adler, A. B., & Metzler, J. N. (2018). Vigor predicting health outcomes in a high risk occupational context. Military Psychology, 30(1), 54 - 62.

[5] Akın, A. (2012). The relationships between Internet addiction, subjective vitality, and subjective happiness. Cyberpsychology, Behavior, and Social Networking, 15(8), 404 - 410.

[6] Al harafsheh, A. N., & Pandian, A. (2016). The influence of social media on English language reading habits among Jordanian EFL students in Al-Mafraq province. National Journal of Advanced Research, 2(2), 18 - 22.

[7] Aldosari, S. A. M. (2020). The future of higher education in the light of artificial intelligence transformations. International Journal of Higher Education, 9(3), 145 - 151.

[8] Alhumaid, M. M., Khoo, S., Bastos, T., Gallego, D. I., García, J. P. F., & Parraca, J. A. F. M. (2021). The Effect of an Adapted Physical Activity Intervention Program on Pre-Service Physical Education Teachers' Self-Efficacy towards Inclusion in Saudi Arabia. Sustainability (2071 - 1050), 13(6), 3459.

[9] Alibakhshi, G., Nikdel, F., & Labbafi, A. (2020). Exploring the consequences of teachers' self-efficacy: a case of teachers of English as a foreign language. Asian-Pacific Journal of Second & Foreign Language Education, 5(1), 1 - 19.

[10] Amador, J. M., Gillespie, R., Carson, C., & Kruger, J. (2021). Online teaching labs: changes in design and facilitation for teacher learning in synchronous professional development. Professional Development in Education, 1 - 17.

[11] Amir, K., Zhang, Z. T., Yang, H. & Cynthia, A. (2021). Understanding group

dynamics: Theories, practices, and future directions. Malaysian E Commerce Journal, 6(1), 1 - 8.

[12] Armon, G., Melamed, S., & Vinokur, A. (2014). The reciprocal relationship between vigor and insomnia: A three-wave prospective study of employed adults. Journal of Behavioral Medicine, 37, 664 - 674.

[13] Assunção Flores, M., & Gago, M. (2020). Teacher education in times of COVID - 19 pandemic in Portugal: national, institutional and pedagogical responses. Journal of Education for Teaching, 46(4), 507 - 516.

[14] Bakker, A. B., & Xanthopoulou, D. (2009). The crossover of daily work engagement: test of an actor-partner interdependence model. Journal of Applied Psychology, 94(6), 1562.

[15] Bakker, A. B., Demerouti, E., & Sanz-Vergel, A. I. (2014). Burnout and work engagement: The JD-R approach. Annual Review of Organizational Psychology and Organizational Behavior, 1(1), 389 - 411.

[16] Bakker, A. B., Hakanen, J. J., Demerouti, E., & Xanthopoulou, D. (2007). Job resources boost work engagement, particularly when job demands are high. Journal of Educational Psychology, 99(2), 274.

[17] Bălăceanu, A., Vîrgă, D., & Sârbescu, P. (2022). Psychometric evaluation of the proactive vitality management scale: Invariance, convergent, and discriminant validity of the Romanian version. Evaluation and the Health Professions, 45(3), 303 - 312.

[18] Bandura, A. (1982). Self-efficacy mechanism in human agency. American Psychologist, 37(2), 122 - 147.

[19] Barsade, S. G. (2002). The ripple effect: emotional contagion and its influence on group behavior. Administrative science quarterly, 47(4), 644 - 675.

[20] Baruch, Y., Grimland, S., & Vigoda-Gadot, E. (2014). Professional vitality and career success: Mediation, age and outcomes. European Management Journal, 32(3), 518 - 527.

[21] Baumeister, R. F., & Vohs, K. D. (2016). Strength model of self-regulation as limited resource: Assessment, controversies, update. In Advances in experimental social psychology (Vol. 54, pp. 67 - 127). Academic Press.

[22] Baumeister, R. F., Vohs, K. D., & Tice, D. M. (2007). The strength mode of self-control. Current Directions in Psychological Science, 16, 351 - 355.

[23] Beijaard, D., Verloop , N., & Vermunt, J. D. (2000). Teachers' Perceptional Identity: An Exploratory Study from a Personal Knowledge Perspective. Teaching and Teacher Education, 16 (7), 749 - 764.

[24] Benson, P. L. (1993). The troubled journey: A portrait of 6th - 12th grade youth. Minneapolis: Search Institute.

[25] Benson, P. L. (2002). Adolescent development in social and community context: A program of research. New directions for youth development, 2002(95), 123 - 147.

[26] Benson, P. L. (2003). Developmental assets and asset-building community: Conceptual and empirical foundations. Developmental assets and asset-building communities: Implications for Research, Policy, and Practice, 19 - 43.

[27] Benson, P. L., Leffert, N., Scales, P. C., & Blyth, D. A. (1998). Beyond the 'village' rhetoric: Creating healthy communities for children and adolescents. Applied Developmental Science, 2(3), 138 - 159.

[28] Benson, P. L., Scales, P. C., & Syvertsen, A. K. (2011). The contribution of the developmental assets framework to positive youth development theory and practice. In R. M. Lerner, J. V. Lerner, & J. B. Benson (Eds.), Advances in child development and behavior: Positive youth development. (Vol. 41, pp. 197 - 230). Elsevier Academic Press.

[29] Berberoglu, A. (2018). Impact of organizational climate on organizational commitment and perceived organizational performance: empirical evidence from public hospitals. BMC health services research, 18, 1 - 9.

[30] Berliner, D. C. (2004). Describing the Behavior and Documenting the Accomplishments of Expert Teachers. Bulletin of Science, Technology and Society, 24(3), 200 - 212.

[31] Berry, J. (2010). Review of Teachers have it easy: The big sacrifices and small salaries of America's teachers. Professional School Counseling, 13(5), 276 - 277.

[32] Bertrams, A. (2020). A schema-activation approach to failure and success in self-control. Frontiers in Psychology, 11, 2256.

[33] Bertrams, A. (2021). Perceived self-control effort, subjective vitality, and general affect in an associative structure. Frontiers in Psychology, 12, 575357.

[34] Bertrams, A. (2021). The cognitive association between effortful self-control and decreased vitality. Frontiers in Psychology, 12, 631914.

[35] Bin-Bin, C., & Wen, H. (2017). Ecological assets and academic procrastination among adolescents: the mediating role of commitment to learning. Frontiers in Psychology, 8, 1971.

[36] Binyamin, G., & Brender-Ilan, Y. (2018). Leaders's language and employee proactivity: Enhancing psychological meaningfulness and vitality. European Management Journal, 36(4), 463 - 473.

[37] Birks, E., & Ridley, A. (2021). Evaluating student knowledge about sexual exploitation using an interprofessional approach to teaching and learning. British Journal of Nursing, 30(10), 600 - 607.

[38] Borrego, Y., Orgambídez, A., & Mora, J. B. (2023). Empowerment and job satisfaction in university teachers: A theory of power in educational organizations. Psychology in

the Schools, 60(3), 843 - 854.

[39] Brown, D. J., Arnold, R., Fletcher, D., & Standage, M. (2017). Human thriving: A conceptual debate and literature review. European Psychologist, 22(3), 167 - 179.

[40] Burgess, L. G., Riddell, P. M., Fancourt, A., & Murayama, K. (2018). The influence of social contagion within education: A motivational perspective. Mind, Brain, and Education, 12(4), 164 - 174.

[41] Burić, I., & Macuka, I. (2018). Self-efficacy, emotions and work engagement among teachers: A two wave cross-lagged analysis. Journal of Happiness Studies, 19(7), 1917 - 1933.

[42] Carmeli, A., Ben-Hador, B., Waldman, D. A., & Rupp, D. E. (2009). How leaders cultivate social capital and nurture employee vigor: implications for job performance. The Journal of Applied Psychology, 94(6), 1553 - 1561.

[43] Carr, J. F., Herman, N., & Harris, D. E. (2005). Creating Dynamic Schools through Mentoring, Coaching, and Collaboration. Association for Supervision and Curriculum Development.

[44] Carragher, N., Adamson, G., Bunting, B., & McCann, S. (2009). Subtypes of depression in a nationally representative sample. Journal of Affective Disorders, 113(1 - 2), 88 - 99.

[45] Chancellor, J., Layous, K., Margolis S, & Lyubomirsky, S. (2017). Clustering by well-being in workplace social networks: Homophily and social contagion. Emotion, 17(8), 1166 - 1180.

[46] Chen, B. B., & Han, W. (2017). Ecological assets and academic procrastination among adolescents: the mediating role of commitment to learning. Frontiers in psychology, 8, 1971.

[47] Chen, J. J., Li, Z., Rodrigues, W., & Kaufman, S. (2022). Thriving beyond resilience despite stress: A psychometric evaluation of the newly developed Teacher Stress Scale and Teacher Thriving Scale. Frontiers in psychology, 13, 862342.

[48] Chervonsky, E., & Hunt, C. (2017). Suppression and expression of emotion in social and interpersonal outcomes: A meta-analysis. Emotion, 17(4), 669 - 674.

[49] Chida, Y., & Steptoe, A. (2008). Positive psychological well-being and mortality: a quantitative review of prospective observational studies. Psychosomatic Medicine, 70(7), 741 - 756.

[50] Chiu, T. K. F. (2022). School learning support for teacher technology integration from a self-determination theory perspective. Educational Technology Research and Development, 70(3), 931 - 949.

[51] Cho, Y. J., & Shim, S. S. (2013). Predicting teachers' achievement goals for teaching: The role of perceived school goal structure and teachers' sense of efficacy. Teaching and Teacher Education, 32, 12 - 21.

[52] Conkling, S. W. (2007). The Possibilities of Situated Learning for Teacher Preparation: The Professional Development Partnership. Music Educators Journal, 93(3), 44 – 48.

[53] Converse, P. D., Oswald, F. L., Gillespie, M. A., Field, K. A., & Bizot, E. B. (2004). Matching Individuals to Occupations Using Abilities and the the ONET: Issues and an application in career guidance. Personnel Psychology, 57(2), 451 – 487.

[54] Correia, R., Louzano, P., Rivero, R., Sánchez, M., & Cona, G. (2022). Understanding Motivation towards Teaching in SerProfe UDP: A First Step to Foster Equity in Teacher Education Admission in Chile. Education Sciences, 12(5), 363.

[55] Cortés-Denia, D., Isoard-Gautheur, S., Lopez-Zafra, E., & Pulido-Martos, M. (2022). Effects of vigor at work and weekly physical activity on job stress and mental health. Scientific Reports, 12(1), 16025.

[56] Cortes-Denia, D., Lopez-Zafra, E., & Pulido-Martos, M. (2023). Physical and psychological health relations to engagement and vigor at work: A PRISMA-compliant systematic review. Current Psychology, 42(1), 765 – 780.

[57] Crick, K. A., Frickey, E. A., Larson, L. M., & Shelley, M. C. (2021). The Role of Teaching Self-Efficacy in Electrical and Computer Engineering Faculty Teaching Satisfaction. Journal of Higher Education Theory and Practice, 21(2), 192 – 201.

[58] Csikszentmihalyi, M. (2000). Beyond boredom and anxiety: The Experience of Play in Work and Game. San Francisco: Jossey-bass Inc.

[59] Csikszentmihalyi, M., & Larson, R. (2014). Flow and the foundations of positive psychology (Vol. 10, pp. 978 – 94). Dordrecht: Springer.

[60] Darling-Hammond, L. (2017). Teacher education around the world: What can we learn from international practice? European Journal of Teacher Education, 40(3), 291 – 309.

[61] De Lange, A. H., Taris, T. W., Jansen, P., Kompier, M. A. J., Houtman, I. L. D., & Bongers, P. M. (2010). On the relationships among work characteristics and learning-related behavior: Does age matter? Journal of Organizational Behavior (John Wiley & Sons, Inc.), 31(7), 925 – 950.

[62] De Neve, D., Devos, G., & Tuytens, M. (2015). The importance of job resources and self-efficacy for beginning teachers' professional learning in differentiated instruction. Teaching & Teacher Education, 47, 30 – 41.

[63] De Castro, R., Griffith K. A., Ubel P. A., Stewart, A., Jagsi, R., Geagea, A., Mehta, S., Abramson, E. L., Naifeh, M. M., Stevenson, M. D., Lu, D. J., Luu, M., & Yashar, C. M. (2014). Mentoring and the career satisfaction of male and female academic medical faculty. Academic medicine : journal of the Association of American Medical Colleges, 89(2), 301 – 311.

[64] Deci, E. L., & Ryan, R. M. (2000). The "what" and "why" of goal pursuits: Human

needs and the self-determination of behavior. Psychological Inquiry, 11, 227 - 268.

[65] Deci, E. L., & Ryan, R. M. (2008). Hedonia, eudaimonia, and well-being: An introduction. Journal of Happiness Studies, 9, 1 - 11.

[66] Deen, L., Dich, N., Head, J., & Clark, A. J. (2020). Changes in emotional vitality as a predictor of levels and change in allostatic load: Longitudinal results From the Whitehall II cohort study. Psychosomatic Medicine, 82(4), 432 - 439.

[67] Demir, S. (2020). The Role of Self-Efficacy in Job Satisfaction, Organizational Commitment, Motivation and Job Involvement. Eurasian Journal of Educational Research, 85, 205 - 224.

[68] Depaepe, F., Verschaffel, L., & Kelchtermans, G. (2013). Pedagogical content knowledge: A systematic review of the way in which the concept has pervaded mathematics educational research. Teaching and Teacher Education, 34, 12 - 25.

[69] Desrumaux, P., Dose, E., Condette, S., & Bouterfas, N. (2023). Teachers' adjustment to work: Effects of organizational justice and teacher resilience via psychological need satisfaction. Journal of Workplace Behavioral Health, 38(1), 52 - 74.

[70] Dewaele, J-M., Chen, X., Padilla, A. M., & Lake, J. (2019). The Flowering of Positive Psychology in Foreign Language Teaching and Acquisition Research. Frontiers in Psychology, 10, 2128.

[71] Dik, G., & Aarts, H. (2007). Behavioral cues to others' motivation and goal pursuits: The perception of effort facilitates goal inference and contagion. Journal of Experimental Social Psychology, 43, 727 - 737.

[72] Dubreuil, P., Forest, J., & Courcy, F. (2014). From strengths use to work performance: The role of harmonious passion, subjective vitality, and concentration. The Journal of Positive Psychology, 9(4), 335 - 349.

[73] Eisenhardt, K. M. (1989). Building Theories from Case Study Research. Academy of Management Review, 14(4), 532 - 550.

[74] Elci, M., Yildiz, B., & Erdilek Karabay, M. (2018). How burnout affects turnover intention? The conditional effects of subjective vitality and supervisor support. International Journal of Organizational Leadership, 7, 47 - 60.

[75] Ernst, J., & Erickson, D. M. (2018). Environmental education professional development for teachers. A study of the impact and influence of mentoring. Journal of Environmental Education, 49(5), 357 - 374.

[76] Evers, A. T., Verboon, P., & Klaeijsen, A. (2017). The development and validation of a scale measuring teacher autonomous behaviour. British Educational Research Journal, 43(4), 805 - 821.

[77] Evers, A. T., Yamkovenko, B., & Van Amersfoort, D. (2017). How to keep teachers healthy and growing: the influence of job demands and resources. European

Journal of Training & Development, 41(8), 670 - 686.

[78] Fejgin, Naomi; Hanegby, Ronit (1999). School Based In-Service Training of PE Teachers. European Journal of Physical Education, 4(1), 4 - 16.

[79] Ferguson, L. E., Bråten, I., Skibsted Jensen, M., & Andreassen, U. R. (2023). A Longitudinal Mixed Methods Study of Norwegian Preservice Teachers' Beliefs About Sources of Teaching Knowledge and Motivation to Learn From Theory and Practice. Journal of Teacher Education, 74(1), 55 - 68.

[80] Fernet, C., Austin, S., Trépanier, S.-G., & Dussault, M. (2013). How do job characteristics contribute to burnout? Exploring the distinct mediating roles of perceived autonomy, competence, and relatedness. European Journal of Work & Organizational Psychology, 22(2), 123 - 137.

[81] Fessler, R. & Christensen, J. C.(2005). The teacher career cycle: Understanding and guiding the professional development of teachers. [费斯勒,R.,克里斯滕森,J. C. (2005). 教师职业生涯周期.(董丽敏,高耀明,丁敏,王淑娴,李杲,陈黎佳,徐沁,崔颖译.)北京:中国轻工业出版社.]

[82] Forgas, J. P., & George, J. M. (2001). Affective influences on judgments and behavior in organizations: An information processing perspective. Organizational Behavior and Human Decision Processes, 86(1), 3 - 34.

[83] Forgas, J. P., Williams, K. D., & Laham, S. M. (2005). Social motivation: Conscious and unconscious processes. Cambridge: Cambridge University Press.

[84] Foulger, T, S., Wetzel, K, A.&Buss, R, R. (2019). Moving toward a technology infusion approach: Considerations for teacher preparation programs. Journal of Digital Learning in Teacher Education, (2) ,79 - 91.

[85] Fox, M. F.(2010).Women and men faculty in academic science and engineering: social-organizational indicators and implications. American Behavioral Scientist, 53(7), 997 - 1012.

[86] Fredrickson, B. L. (2001). The role of positive emotions in positive psychology: The broaden-and-build theory of positive emotions. American Psychologist, 56(3), 219 - 226.

[87] Fredrickson, B. L., & Joiner, T. (2002). Positive emotions trigger upward spirals toward emotional well-being. Psychological science, 13(2), 172 - 175.

[88] Freud, S. (1923). The ego and the id. New York: W.W. Norton.

[89] Fullan, M. (1995). Change Forces: Probing the Depths of Educational Reform. Canadian Public Policy, 21(1), 124 - 125.

[90] Fullan, M. (2002). The Change Leader. Educational Leadership, 59(8), 16 - 20.

[91] Fuller, F. F. (1969). Concerns of Teachers : A Developmental Conceptualization. American Education Research Journal, 6(2), 207.

[92] Funuyet-Salas, J., Martín-Rodríguez, A., Borda-Mas, M., Avargues-Navarro, M. L., Gómez-Bravo, M. Á., Romero-Gómez, M., Conrad, R. & Pérez-San-Gregorio, M. Á. (2019). Relationship between self-perceived health, vitality, and posttraumatic growth in liver transplant recipients. Frontiers in Psychology, 10, 1367.

[93] Genoud, P. A., & Waroux, E. L. (2021). The Impact of Negative Affectivity on Teacher Burnout. International Journal of Environmental Research and Public Health, 18(24), 13124.

[94] Ghasemi, F. (2022). The Effects of Dysfunctional Workplace Behavior on Teacher Emotional Exhaustion: A Moderated Mediation Model of Perceived Social Support and Anxiety. Psychological Reports, 1.

[95] Goodson, I, F., & Cole, A. L. (1994). Exploring the teacher's professional knowledge: Constructing identity and community. Teacher Education Quarterly, (2), 85 - 105.

[96] Gore, J., & Rickards, B. (2021). Rejuvenating Experienced Teachers through Quality Teaching Rounds Professional Development. Journal of Educational Change, 22(3), 335 - 354.

[97] Grace, A. A. (2016). Dysregulation of the dopamine system in the pathophysiology of schizophrenia and depression. Nature Reviews Neuroscience, 17(8), 524 - 532.

[98] Griffin, C. C., Dana, N. F., Pape, S. J., Algina, J., Bae, J., Prosser, S. K., & League, M. B. (2018). Prime online: Exploring teacher professional development for creating inclusive elementary mathematics classrooms. Teacher education and special education, 41(2), 121 - 139.

[99] Gu, Q., & Day, C. (2013). Challenges to teacher resilience: Conditions count. British educational research journal, 39(1), 22 - 44.

[100] Gudmundsdottir, G. B., & Hatlevik, O. E. (2018). Newly qualified teachers' professional digital competence: implications for teacher education. European Journal of Teacher Education, 41(2), 214 - 231.

[101] Guilford, J. P. (1967). Creativity: Yesterday, today and tomorrow. The Journal of Creative Behavior, 1(1), 3 - 14.

[102] Guskey, T. R., & Passaro, P. D. (1994). Teacher efficacy: a study of construct dimensions. American Educational Research Journal, 31, 627 - 643.

[103] Hackman, J R., & Oldham, G. R. (1976). Motivation through the design of work: Test of a theory. Organizational behavior and human performance, 16(2), 250 - 279.

[104] Harada, K., Sugisawa, H., Sugihara, Y., Yanagisawa, S., & Shimmei, M. (2018). Social support, negative interactions, and mental health: Evidence of cross-domain buffering effects among older adults in Japan. Research on Aging, 40(4), 388 - 405.

[105] Hareli, S., & Rafaeli, A. (2008). Emotion cycles: on the social influence of emotion in organizations. Research in Organizational Behavior, 28, 35 - 59.

[106] Hargreaves, A., & Fullan, M. (2015). Professional capital: Transformng teaching in every school. Journal of Education Policy, 30(3), 464 - 466.

[107] Heath, N. M., Hall, B. J., Russ, E. U., Canetti, D., & Hobfoll, S. E. (2012). Reciprocal relationships between resource loss and psychological distress following exposure to political violence: An empirical investigation of COR theory's loss spirals. Anxiety, Stress and Coping, 25(6), 679 - 695.

[108] Hobbie, M., Convey, J. J., & Schuttloffel, M. (2010). The Impact of Catholic School Identity and Organizational Leadership on the Vitality of Catholic Elementary Schools. Catholic Education: A Journal of Inquiry and Practice, 14(1), 7 - 23.

[109] Hobfoll, S. E. (1989). Conservation of resources: A new attempt at conceptualizing stress. American Psychologist, 44, 513 - 524.

[110] Hobfoll, S. E. (2004). Stress, culture, and community: The psychology and philosophy of stress. Springer Science and Business Media.

[111] Hobfoll, S. E. (2011). Conservation of resource caravans and engaged settings. Journal of Occupational and Organizational Psychology, 84(1), 116 - 122.

[112] Hodges, T. D. (2010). An experimental study of the impact of psychological capital on performance, engagement, and the contagion effect. Dissertation Abstracts International Section A: Humanities and Social Sciences, 71(4), 1368.

[113] Holmes, W., Bialik, M., & Fadel, C. (2019). Artificial intelligence in education promises and implications for teaching and learning. The Center for Curriculum Redesign.

[114] Howard, S., & Johnson, B. (2004). Resilient teachers: Resisting stress and burnout. Social Psychology of education, 7(4), 399 - 420.

[115] Hoyle, E. (2001). Teaching: Prestige, status and esteem. Educational Management & Administration, 29(2), 139 - 152.

[116] Huberman, M. (1989). Research on Teachers' Professional Lives. International Journal of Educational Research, 13(4), 341 - 466.

[117] ILO & UNESCO. (1966). The ILO/UNESCO Recommendation concerning the Status of Teachers. United Nations.

[118] Ji, D., & Yue, Y. (2020). Relationship between kindergarten organizational climate and teacher burnout: Work-family conflict as a mediator. Frontiers in Psychiatry, 11, 408.

[119] Kark, R., & Carmeli, A. (2009). Alive and creating: The mediating role of vitality and aliveness in the relationship between psychological safety and creative work involvement. Journal of Organizational Behavior: The International Journal of Industrial, Occupational and Organizational Psychology and Behavior, 30(6), 785 - 804.

[120] Karkkola, P., Kuittinen, M., & Hintsa, T. (2019). Role clarity, role conflict, and vitality at work: The role of the basic needs. Scandinavian Journal of Psychology,

60(5), 456 - 463.

[121] Katz, L. G., & Raths, J. D. (1991). Advances in Teacher Education. Volume 4.

[122] Kelly, S. (2004). An event history analysis of teacher attrition: Salary, teacher tracking, and socially disadvantaged schools. Journal of Experimental Education, 72(3), 195 - 220.

[123] Kim, Y. C. (2004). Factors predicting Korean vocational high school teachers' attitudes toward school change. (Unpublished doctorial dissertation). The Ohio State University.

[124] Kim, H., & Cho, Y. (2014). Pre-service teachers' motivation, sense of teaching efficacy, and expectation of reality shock. Asia-Pacific Journal of Teacher Education, 42(1), 67 - 81.

[125] Kleine, A. K., Rudolph, C. W., Schmitt, A., & Zacher, H. (2022). Thriving at work: an investigation of the independent and joint effects of vitality and learning on employee health. European Journal of Work and Organizational Psychology, 1, 1 - 12.

[126] Knowles, T. J (2008). An interpretive study of the motivation of language teachers in a Japanese university. (Unpublished doctorial dissertation). University of Bristol.

[127] Krasniqi, D., & Ismajli, H. (2022). Teacher Evaluation Feedback and Their Self-Efficacy in Classroom Management Skills. International Electronic Journal of Elementary Education, 15(1), 23 - 31.

[128] Kristensen, T. S., Borritz, M., Villadsen, E., & Christensen, K. B. (2005). The Copenhagen Burnout Inventory: A new tool for the assessment of burnout. Work and stress, 19(3), 192 - 207.

[129] Kubzansky, L. D., & Thurston, R. C. (2007). Emotional vitality and incident coronary heart disease: benefits of healthy psychological functioning. Archives of General Psychiatry, 64(12), 1393 - 1401.

[130] Kühnel, J., Sonnentag, S., & Bledow, R. (2012). Resources and time pressure as day-level antecedents of work engagement. Journal of Occupational and Organizational Psychology, 85(1), 181 - 198.

[131] Kühnel, J., Sonnentag, S., & Bledow, R. (2012). Resources and time pressure as day-level antecedents of work engagement. Journal of Occupational and Organizational psychology, 85(1), 181 - 198.

[132] Kuiper, R. A., & Pesut, D. J. (2004). Promoting cognitive and metacognitive reflective reasoning skills in nursing practice: self-regulated learning theory. Journal of advanced nursing, 45(4), 381 - 391.

[133] Kwakman, K. (2003). Factors Affecting Teachers' Participation in Professional Learning Activities. Teaching and Teacher Education, 19(2), 149 - 170.

[134] Kwok, A., Keese, J., Suárez, M. I., Mitchell, D., & Huston, D. (2022). Novice

Teacher Vertical Professional Development? Exploring Teachers' and Coaches' Beliefs throughout a Two-Year Induction Program. Learning Environments Research, 25(1), 255 - 270.

[135] Ladson-Billings, G. (1995). Toward a Theory of Culturally Relevant Pedagogy. American Educational Research Journal, 32(3), 465 - 491.

[136] Lam, C. F., Spreitzer, G., & Fritz, C. (2014). Too much of a good thing: Curvilinear effect of positive affect on proactive behaviors. Journal of Organizational Behavior, 35(4), 530 - 546.

[137] Lang, S. N., Jeon, L., Sproat, E. B., Brothers, B. E., & Buettner, C. K. (2020). Social emotional learning for teachers (SELF-T): A short-term, online intervention to increase early childhood educators' resilience. Early Education and Development, 31(7), 1112 - 1132.

[138] Lavrusheva, O. (2020). The concept of vitality. Review of the vitality-related research domain. New Ideas in Psychology, 56, 100752.

[139] Lazarus, R. S. (1991). Emotion and adaptation. Oxford University Press.

[140] Lewis, J. M., & Holden, T. (2012). The how and why of academic collaboration: disciplinary differences and policy implications. Higher Education, 64(5), 693 - 708.

[141] Li, Z., & Li, J. B. (2020). The association between job stress and emotional problems in mainland Chinese kindergarten teachers: The mediation of self-control and the moderation of perceived social support. Early Education and Development, 31(4), 491 - 506.

[142] Liu, S., Chen, Y., Shen, Q., & Gao, X. (2022). Sustainable Professional Development of German Language Teachers in China: Research Assessment and External Research Funding. Sustainability (2071 - 1050), 14(16), 9910.

[143] Lucero, H. R., Victoriano, J. M., Carpio, J. T., & Fernado, P. G. J. (2021). Assessment of e-learning readiness of faculty members and students in the government and private higher education institutions in the Philippines. International Journal of Computing Sciences Research, 5(1), 398 - 406.

[144] Luthans, F. (2002). "The need for and meaning of positive organizational behavior. Journal of Organizational Behavior, 23, 695 - 706.

[145] Luthans, F., Avolio, B. J., Avey, J. B., & Norman, S. M. (2007). Positive psychological capital: Measurement and relationship with performance and satisfaction. Personnel psychology, 60(3), 541 - 572.

[146] Ma, Q., Tang, J., & Lin, S. (2022). The development of corpus-based language pedagogy for TESOL teachers: A two-step training approach facilitated by online collaboration. Computer Assisted Language Learning, 35(9), 2731 - 2760.

[147] Maas, J., Schoch, S., Scholz, U., Rackow, P., Schüler, J., Wegner, M., & Keller,

R. (2021). Teachers' perceived time pressure, emotional exhaustion and the role of social support from the school principal. Social Psychology of Education, 24(2), 441 - 464.

[148] Malderez, A., Hobson, A, J., Tracey, L., & Kerr, K. (2007). Becoming a student teacher: Core features of the experience. European Journal of Teacher Education, 30 (3), 225 - 248.

[149] Mansfield, C. F., Beltman, S., Broadley T., & Weatherby-Fell N. (2016). Building resilience in teacher education: An evidenced informed framework. Teaching and Teacher Education, 54, 77 - 87.

[150] Margolis, J., & Nagel, L. (2006). Education Reform and the Role of Administrators in Mediating Teacher Stress. Teacher Education Quarterly, 33(4), 143 - 159.

[151] Maslach, C., & Jackson, S. E. (1981). The measurement of experienced burnout. Journal of Organizational Behavior, 2(2), 99 - 113.

[152] McDonald, M., Kazemi, E., & Kavanagh, S. S. (2013). Core Practices and Pedagogies of Teacher Education: A Call for a Common Language and Collective Activity. Journal of Teacher Education, 64(5), 378 - 386.

[153] McLaughlan, T. (2022). Chai Chats: An Online Teacher-Training Program of Observation and Social Connectedness Evaluated via Contribution Analysis. Journal of Educational Technology and Society, 25(1), 92 - 107.

[154] McLeod, J., Jenkin, A., Walters, G., & Irving, R. (2021). The role and performance of supporter directors: A social exchange theory perspective. Sport Management Review, 24(5), 862 - 885.

[155] Mikk, J., Veisson, M., & Luik, P. (2008). Reforms and Innovations in Estonian Education. Baltische Studien zur Erziehungs-und Sozialwissenschaft. Peter Lang Frankfurt.

[156] Mom, T. J. M.,Van Den Bosch, F. A. J., &Volberda, H.W. (2007). Investigating Managers'Exploration and Exploitation Activities: The Influence of Top-down, Bottom-up, and Horizontal Knowledge Inflows. Journal of Management Studies, 44(6), 910 - 931.

[157] Montero-Marín, J., Skapinakis, P., Araya, R., Gili, M., & GarcíaCampayo, J. (2011). Towards a brief definition of burnout syndrome by subtypes: Development of the "burnout clinical subtypes questionnaire" (BCSQ - 12). Health and Quality of Life Outcomes, 9(1), 74.

[158] Moorhouse, B. L. (2020). Adaptations to a face-to-face initial teacher education course "forced" online due to the COVID - 19 pandemic. Journal of Education for Teaching, 46(4), 609 - 611.

[159] Muijs, D., Harris, A., Chapman, C., Stoll, L., & Russ, J. (2004). Improving Schools in Socioeconomically Disadvantaged Areas — A Review of Research Evidence.

School Effectiveness and School Improvement, 15(2), 149 - 175.

[160] Muyan-Yılık, M., & Bakalım, O. (2022). Hope as a Mediator of the Link between Subjective Vitality and Subjective Happiness in University Students in Turkey. The Journal of Psychology, 156(3), 241 - 255.

[161] Neman, K, Burden, P. & Applegate, J. (1980). Helping Teachers Examine Their Long-Range Development. Teacher Educator, 15(4), 7 - 14.

[162] Neumann, R., & Strack, F. (2000). "Mood contagion": the automatic transfer of mood between persons. Journal of personality and social psychology, 79(2), 211.

[163] Nielsen, W. R., Saccoman, J. L., & Nykodym, N. (1995). Individual influence in organizational change. Leadership & Organization Development Journal, 16(1), 35 - 39.

[164] Núñez, A. M., Murakami, E. T., & Gonzales, L. D. (2015). Weaving Authenticity and Legitimacy: Latina Faculty Peer Mentoring. New Directions for Higher Education, 2015(171), 87 - 96.

[165] OECD. (2019). TALIS 2018 Technical Report. Paris: OECD. TALIS 2018 analysis plan.

[166] Okay, A., & Balçıkanlı, C. (2021). Autonomy for ourselves: development and validation of Teachers' Professional Autonomy Questionnaire (TEPAQ). Journal of Education for Teaching, 47(4), 513 - 530.

[167] Op den Kamp, E. M., Bakker, A. B., Tims, M., & Demerouti, E. (2020). Proactive vitality management and creative work performance: The role of self-insight and social support. The Journal of Creative Behavior, 54(2), 323 - 336.

[168] Op den Kamp, E. M., Tims, M., Bakker, A. B., & Demerouti, E. (2018). Proactive vitality management in the work context: Development and validation of a new instrument. European Journal of Work and Organizational Psychology, 27(4), 493 - 505.

[169] Owens, B. P., Baker, W. E., Sumpter, D. M., & Cameron, K. S. (2016). Relational energy at work: Implications for job engagement and job performance. Journal of Applied Psychology, 101(1), 35 - 49.

[170] Parker, S. K., Williams, H. M., & Turner, N. (2006). Modeling the antecedents of proactive behavior at work. Journal of Applied Psychology, 91(3), 636 - 652.

[171] Parkinson, B. (2020). Intragroup emotion convergence: beyond contagion and social appraisal. Personality and social psychology review, 24(2), 121 - 140.

[172] Parmar, V., Channar, Z. A., Ahmed, R. R., Streimikiene, D., Pahi, M. H., & Streimikis, J. (2022). Assessing the organizational commitment, subjective vitality and burnout effects on turnover intention in private universities. Oeconomia Copernicana, 13(1), 251 - 286.

[173] Patrick, B. C., Hisley, J., & Kempler, T. (2000). "What's Everybody So Excited

About?": The Effects of TeacherEnthusiasm on Student Intrinsic Motivation and Vitality. The Journal of Experimental Education, 68(3), 217 - 236.

[174] Pelletier, L. G., Legault, L., & Séguin-Lévesque, C. (2002). Pressure From Above and Pressure From Below as Determinants of Teachers' Motivation and Teaching Behaviors. Journal of Educational Psychology, 94(1), 186.

[175] Perttula, K., & Cardon, M. S. (2011). Passion. In K. S. Cameron & G. M. Spreitzer (Eds.), The Oxford handbook of positive organizational scholarship. Oxford: Oxford University Press.

[176] Peterson, C., & Seligman, M. E. (2004). Character strengths and virtues: A handbook and classification (Vol. 1). Oxford University Press.

[177] Ponjuan, L.,Conley, V. M., & Trower, C. (2011). Career Stage Differences in Pre-Tenure Track Faculty Perceptions of Professional and Personal Relationships with Colleagues. Journal of Higher Education, 82(3), 319 - 346.

[178] Porath, C., Gibson, C., & Spreitzer, G. (2008). Antecedents and consequences of thriving at work: A study of six organizations. Paper presented at the Presentation at the Academy of Management Meetings, Anaheim, CA.

[179] Prewett, S. L., & Whitney, S. D. (2021). The relationship between teachers' teaching self-efficacy and negative affect on eighth grade U.S. students' reading and math achievement. Teacher Development, 25(1), 1 - 17.

[180] Prichard, C., & Moore, J. (2016). The balance of teacher autonomy and top-down coordination in ESOL programs. TESOL Quarterly, 50(1), 190 - 201.

[181] Proudfoot, D., Kay, A. C., & Koval, C. Z. (2015). A gender bias in the attribution of creativity: Archival and experimental evidence for the perceived association between masculinity and creative thinking. Psychological Science, 26(11), 1751 - 1761.

[182] Richman, L. S., Kubzansky, L. D., Maselko, J., Ackerson, L. K., & Bauer, M. (2009). The relationship between mental vitality and cardiovascular health. Psychology and Health, 24(8), 919 - 932.

[183] Ritzer, G. (1975). Sociology: A Multiple Paradigm Science. The American Sociologist, 10, 156 - 167.

[184] Robert, H. P. (2001). Educational Choice and the Politics of Inclusion. Catholic Education: A Journal of Inquiry and Practice, 5(1), 6 - 27.

[185] Rodríguez-Muñoz, A., Moreno-Jiménez, B., & Sanz-Vergel, A. I. (2015). Reciprocal relations between workplace bullying, anxiety, and vigor: A two-wave longitudinal study. Anxiety, Stress, and Coping, 28(5), 514 - 530.

[186] Roth, G., Assor, A., Kanat-Maymon, Y., & Kaplan, H. (2007). Autonomous motivation for teaching: how self-determined teaching may lead to self-determined learning. Journal of educational psychology, 99(4), 761 - 774.

[187] Roybal-Lewis, A. (2022). Moving Towards Proficiency: A Grounded Theory Study of Early Childhood Teacher Candidates and Professional Development Schools. Early Childhood Education Journal, 50(6), 913 - 924.

[188] Rozanski, A., & Cohen, R. (2017). From vitality to vital exhaustion and other states of "tense tiredness": a new biopsychosocial risk domain. Psychosomatic Medicine, 79(3), 256 - 259.

[189] Rubenstein, L. D., McCoach, D. B., & Siegle, D. (2013). Teaching for creativity scales: An instrument to examine teachers' perceptions of factors that allow for the teaching of creativity. Creativity Research Journal, 25(3), 324 - 334.

[190] Ruiz-Zorrilla, P., Hernández, X., de Roda, A. B. L., Antino, M., & Rodríguez-Muñoz, A. (2020). Exploring daily patterns of work engagement among teachers: A Latent Growth Modeling approach. Psicothema, 32(3), 374 - 381.

[191] Runhaar, P., Sanders, K., & Yang, H. (2010). Stimulating Teachers' Reflection and Feedback Asking: An interplay of Self-Efficacy, Learning Goal Orientation, and Transformational Leadership. Teaching and Teacher Education: An International Journal of Research and Studies, 26(5), 1154 - 1161.

[192] Ryan, R. M., & Deci, E. L. (2000). Self-determination theory and the facilitation of intrinsic motivation, social development, and well-being. American psychologist, 55(1), 68.

[193] Ryan, R. M., & Deci, E. L. (2008). From ego depletion to vitality: Theory and findings concerning the facilitation of energy available to the self. Social and Personality Psychology Compass, 2(2), 702 - 717.

[194] Ryan, R. M., & Deci, E. L. (2020). Intrinsic and extrinsic motivation from a self-determination theory perspective: Definitions, theory, practices, and future directions. Contemporary Educational Psychology, 61, 101860.

[195] Ryan, R. M., & Frederick, C. (1997). On energy, personality, and health: Subjective vitality as a dynamic reflection of well-being. Journal of personality, 65(3), 529 - 565.

[196] Salas, P. S. Z., Yang, Y., & Zhang, Z. (2022). Student engagement in online learning in Latin American higher education during the COVID - 19 pandemic: A systematic review. British Journal of Educational Technology, 53(3), 593 - 619.

[197] Saloviita, T., & Pakarinen, E. (2021). Teacher burnout explained: Teacher-, student-, and organisation-level variables. Teaching and Teacher Education, 97, Article 103221.

[198] Sandberg, J. (2000). Understanding human competence at work: an interpretative approach. Academy of Management Journal, 43(1), 9 - 25.

[199] Schaufeli, W. B., Salanova, M., González-Romá, V., & Bakker, A. B. (2002). The measurement of engagement and burnout: A two sample confirmatory factor analytic approach. Journal of Happiness Studies, 3(1), 71 - 92.

[200] Schock, N., & Jeon, L. (2021). ECE Program Supports and Teacher-Perceived Support from Families: Are They Connected? Social Sciences, 10(10), 361.

[201] Schoenewolf, G. (1990). Emotional contagion: behavioral induction in individuals and groups. Modern psychoanalysis, 15(1), 49 - 61.

[202] Seligman, M. E. P. (2011). Flourish: A visionary new understanding of happiness and well-being. Free Press.

[203] Shapiro, J., & Donaldson, S. I. (2022). The Leader Vitality Scale: Development, Psychometric Assessment, and Validation. Frontiers in Psychology, 13, 884672.

[204] Sharp, C., & Randhawa, G. (2016). The Potential Role of Social Capital in the Willingness to be a Deceased Organ Donor: A Case Study of UK Polish Migrants. Transplantation Proceedings, 48(3), 680 - 688.

[205] Sharp, M. J. (2018). What a relief! A role for dopamine in positive (but not negative) valence. Neuropsychopharmacology, 43(8), 1 - 2.

[206] Shirom, A. (2003). Feeling vigorous at work? The construct of vigor and the study of positive affect in organizations. In Emotional and physiological processes and positive intervention strategies (Vol. 3, pp. 135 - 164). Emerald Group Publishing Limited.

[207] Shirom, A. (2003). Feeling vigorous at work? the construct of vigor and the study of positive affect in organizations. Research in Occupational Stress and Well Being, 3(6), 135 - 164.

[208] Shirom, A. (2007). Explaining vigor: On the antecedents and consequences of vigor as a positive affect at work. Positive Organizational Behavior, 86 - 100.

[209] Shirom, A. (2011). Vigor as a positive affect at work: Conceptualizing vigor, its relations with related constructs, and its antecedents and consequences. Review of General Psychology, 15(1), 50 - 64.

[210] Shirom, A., Toker, S., Jacobson, O., & Balicer, R. D. (2010). Feeling vigorous and the risks of all-cause mortality, ischemic heart disease, and diabetes: a 20-year follow-up of healthy employees. Psychosomatic Medicine, 72(8), 727 - 733.

[211] Shirom, A., Toker, S., Melamed, S., Berliner, S., & Shapira, I. (2010). Vigor, anxiety, and depressive symptoms as predictors of changes in fibrinogen and C-reactive protein. Applied Psychology: Health and Well-Being, 2(3), 251 - 271.

[212] Shirom, A., Toker, S., Melamed, S., Berliner, S., & Shapira, I. (2013). Burnout and vigor as predictors of the incidence of hyperlipidemia among healthy employees. Applied Psychology: Health and Well-Being, 5(1), 79 - 98.

[213] Shraga, O., & Shirom, A. (2009). The construct validity of vigor and its antecedents: A qualitative study. Human Relations, 62(2), 271 - 291.

[214] Skaalvik, E. M., & Skaalvik, S. (2010). Teacher self-efficacy and teacher burnout: A study of relations. Teaching and teacher education, 26(4), 1059 - 1069.

[215] Skaalvik, E. M., & Skaalvik, S. (2017). Still motivated to teach? A study of school context variables, stress and job satisfaction among teachers in senior high school. Social Psychology of Education, 20(1), 15 - 37.

[216] Solberg, P. A., Hopkins, W. G., Ommundsen, Y., & Halvari, H. (2012). Effects of three training types on vitality among older adults: A self-determination theory perspective. Psychology of Sport and Exercise, 13(4), 407 - 417.

[217] Song, Z., Foo, M. D., & Uy, M. A. (2008). Mood spillover and crossover among dual-earner couples: a cell phone event sampling study. Journal of Applied Psychology, 93(2), 443.

[218] Spanouli, A., & Hofmans, J. (2021). A resource-based perspective on organizational citizenship and counterproductive work behavior: The role of vitality and core self-evaluations. Applied Psychology, 70(4), 1435 - 1462.

[219] Spreitzer, G., & Porath, C. (2013). Self-determination as nutriment for thriving: Building an integrative model of human growth at work. In M. Gagné (Ed.), Oxford Handbook of Work Engagement, Motivation, and Self-Determination Theory. New York: Oxford University Press.

[220] Spreitzer, G., Sutcliffe, K., Dutton, J., Sonenshein, S., & Grant, A. M. (2005). A socially embedded model of thriving at work. Organization Science, 16(5), 537 - 549.

[221] Steffy. (1990). Teacher Career Development Pattern. Teacher Development, 12(3), 29.

[222] Strommen, M. P. (1980). Eight factors in school vitality. Momentum, 11, 32 - 35.

[223] Tang, S. Y. F., Wong, A. K. Y., & Cheng, M. M. H. (2015). The preparation of highly motivated and professionally competent teachers in initial teacher education. Journal of Education for Teaching, 41(2), 128 - 144.

[224] Tardy, A. L., Marguet, S., Costantino, H., Stewart, A., Mackie, D., Saba, G., & Amand, C. (2023). Profile and quality of life of the adult population in good health according to the level of vitality: European NHWS cross sectional analysis. BMC Public Health, 23(1), 1 - 13.

[225] Thyer, B. A., & Myers, L. L. (1998). Social learning theory: an empirically-based approach to understanding human behavior in the social environment. Journal of Human Behavior in the Social Environment, 1(1), 33 - 52.

[226] Toner, E., Haslam, N., Robinson, J., & Williams, P. (2012). Character strengths and wellbeing in adolescence: Structure and correlates of the Values in Action Inventory of Strengths for Children. Personality and individual Differences, 52(5), 637 - 642.

[227] Totterdell, P., Wall, T., Holman, D., Diamond, H., & Epitropaki, O. (2004). Affect networks: a structural analysis of the relationship between work ties and job-related affect. Journal of Applied Psychology, 89(5), 854.

[228] Tran, L. H., & Moskovsky, C. (2022). Students as the source of demotivation for

teachers: A case study of Vietnamese university EFL teachers. Social Psychology of Education, 25(6), 1527 - 1544.

[229] Tschannen-Moran, M., & Woolfolk-Hoy, A. (2001). Teacher-efficacy: Capturing an elusive construct. Teaching and Teacher Education, 17, 783 - 805.

[230] Tummers, L., Steijn, B., Nevicka, B., & Heerema, M. (2018). The effects of leadership and job autonomy on vitality: Survey and experimental evidence. Review of Public Personnel Administration, 38(3), 355 - 377.

[231] Uysal, R., Satici, S. A., & Akin, A. (2013). Mediating effect of Facebook ® addiction on the relationship between subjective vitality and subjective happiness. Psychological Reports, 113(3), 948 - 953.

[232] Valentyna, C., Olha Z, Kateryn, M., Olga, K. I., & Mykola, D. M. (2020). Development of professional competence of present and future teachers under the conditions of transformational processes in education. Journal for Educators, Teachers and Trainers, 11(1), 6 - 67.

[233] Vallerand, R. J. (2012). From motivation to passion: In search of the motivational processes involved in a meaningful life. Canadian Psychology/Psychologie Canadienne, 53(1), 42 - 52.

[234] Vallerand, R. J., & Houlfort, N. (2003). Passion at work: Toward a new conceptualization. In D. Skarlicki, S. Gilliland, & D. Steiner (Eds.), Research in social issues in management (Vol. 3, pp. 175 - 204). Greenwich: CT: Information Age Publishing Inc.

[235] Vangrieken, K., Grosemans, I., Dochy, F., & Kyndt, E. (2017). Teacher autonomy and collaboration: A paradox? Conceptualising and measuring teachers' autonomy and collaborative attitude. Teaching and Teacher Education, 67, 302 - 315.

[236] Varghese, M., & Jenkins, S. (2005). Challenges for ESL teacher professionalization in the US: a case study. Intercultural Education, 16(1), 85 - 95.

[237] Vijayalakshmi, V., & Bhattacharyya, S. (2012). Emotional contagion and its relevance to individual behavior and organizational processes: a position paper. Journal of Business and Psychology, 27(3), 363 - 374.

[238] Vilppu, H., Södervik, I., Postareff, L., & Murtonen, M. (2019). The effect of short online pedagogical training on university teachers' interpretations of teaching-learning situations. Instructional science, 47(6), 679 - 709.

[239] Vîrgă, D. (2022). Proactive strategies in work environments-precursors or outcomes of well-being and performance?. Psihologia Resurselor Umane, 20(1), 2 - 5.

[240] Wang, H., Hall, N. C., & Rahimi, S. (2015). Self-efficacy and causal attributions in teachers: Effects on burnout, job satisfaction, illness, and quitting intentions. Teaching and Teacher Education, 47, 120 - 130,

[241] Wang, P., & Rode, J. C. (2010). Transformational leadership and follower creativity: The moderating effects of identification with leader and organizational climate. Human Relations, 63(8), 1105 - 1128.

[242] Wang, Y., Derakhshan, A., & Zhang, L. J. (2021). Researching and Practicing Positive Psychology in Second/Foreign Language Learning and Teaching: The Past, Current Status and Future Directions. Frontiers in Psychology, 12, 731721.

[243] Ware Jr, J. E., & Sherbourne, C. D. (1992). The MOS 36-item short-form health survey (SF - 36): I. Conceptual framework and item selection. Medical care, 30(6), 473 - 483.

[244] Wenger, K. (2015). Overview of Learning Theory, Instructional Design, Development, Implementation, and Assessment of an Introduction to Web Development Course Incorporating 21st Century Technology. Journal of Applied Learning Technology, 5(3), 13 - 18.

[245] White, R. L., Bennie, A., Vasconcellos, D., Cinelli, R., Hilland, T., Owen, K. B., & Lonsdale, C. (2021). Self-determination theory in physical education: A systematic review of qualitative studies. Teaching and Teacher Education, 99, 103247.

[246] William, D. (2016). Emotional contagion. Psychology of Women Quarterly, 19(3), 355 - 371.

[247] Wittgenstein, L. (1953). Philosophical Investigations. Oxford: Blackwell.

[248] Wubbels, T. (1997). paying Attention to Relationships. Educational leadership, 54(7), 82 - 86.

[249] Xu, Y. T., & Brown, G. T. L. (2016). Teacher assessment literacy in practice: A reconceptualization. Teaching and Teacher Education, 58, 149 - 162.

[250] Zheng, W., Yu, A., Fang, P., & Peng, K. P. (2020). Exploring collective emotion transmission in face-to-face interactions. PLoS one, 15(8), e0236953.

[251] Zhu, M., Guo, C.-Y., Hou, A. Y.-C., & Chiu, M.-S. (2021). Graduate employment in higher education: applying bibliometrics to world-system theory. Journal of Education & Work, 34(3), 356 - 372.